本书为中国博士后科学基金项目
"汉代公羊家政治哲学探微"的最终成果

本书获得南昌航空大学科技成果专项基金与江西省重点学科
"马克思主义理论"建设经费资助

汉代公羊家政治哲学探微

平飞 ◎ 著

中国社会科学出版社

图书在版编目(CIP)数据

汉代公羊家政治哲学探微 / 平飞著. —北京：中国社会科学出版社，2016.5

ISBN 978 - 7 - 5161 - 7704 - 4

Ⅰ.①汉… Ⅱ.①平… Ⅲ.①政治哲学—研究—中国—汉代 Ⅳ.①D092.34

中国版本图书馆 CIP 数据核字(2016)第 041312 号

出 版 人	赵剑英
责任编辑	许　晨
责任校对	张金平
责任印制	王　超

出　　版	中国社会科学出版社
社　　址	北京鼓楼西大街甲 158 号
邮　　编	100720
网　　址	http://www.csspw.cn
发 行 部	010 - 84083685
门 市 部	010 - 84029450
经　　销	新华书店及其他书店
印　　刷	北京君升印刷有限公司
装　　订	廊坊市广阳区广增装订厂
版　　次	2016 年 5 月第 1 版
印　　次	2016 年 5 月第 1 次印刷
开　　本	710×1000　1/16
印　　张	13.75
插　　页	2
字　　数	233 千字
定　　价	49.00 元

凡购买中国社会科学出版社图书，如有质量问题请与本社营销中心联系调换
电话：010 - 84083683
版权所有　侵权必究

目 录

绪 论 ··· (1)
    一 政治的哲学思考与政治哲学 ··· (1)
    二 儒家政治哲学的主题关键词 ··· (5)
    三 汉代公羊家与政治哲学思考 ·· (12)

第一章 汉代公羊家政治哲学的历史文化根基 ································ (19)
    一 分裂的春秋社会与一统的汉代社会 ·· (19)
    二 可贵的子学资源与可尊的经学资源 ·· (27)

第二章 汉代公羊家政治文化考量的哲学方式 ································ (35)
    一 以"原道、征圣、宗经"为表征的经学思维方式 ······················ (35)
    二 以"文化、经化、王化"为表征的政治哲学思考 ······················ (39)
    三 以"察微、道义、褒贬"为表征的政治伦理特性 ······················ (50)

第三章 汉代公羊家一统王道政治的价值追求 ································ (56)
    一 公羊寿著录的大一统 ··· (58)
    二 董仲舒阐发的大一统 ··· (65)
    三 何休所解诂的大一统 ··· (71)

第四章 汉代公羊家伦理政治思想的名号呈现 ································ (79)
    一 政者正也与正德正名 ··· (80)
    二 书写名号与政治褒贬 ··· (84)

三　深察名号与政治伦理 …………………………………………（90）
　　四　解诂名号与政治礼制 …………………………………………（93）

第五章　汉代公羊家权道政治智慧的人文关怀 ……………………（99）
　　一　行权有道的本真蕴涵 …………………………………………（99）
　　二　行权有道的现实表征 …………………………………………（104）
　　三　行权有道的伦理诉求 …………………………………………（109）

第六章　汉代公羊家政治敬畏观念的灾异表达 ……………………（114）
　　一　公羊家灾异说的历史演进 ……………………………………（114）
　　二　公羊家灾异说与政治敬畏 ……………………………………（119）
　　三　帝王罪己诏与灾异说效应 ……………………………………（122）

第七章　近代的公羊情结与当代的政治儒学 ………………………（127）
　　一　康有为的公羊情结 ……………………………………………（127）
　　二　蒋庆的政治儒学 ………………………………………………（145）

第八章　儒家政治文化的核心元素与精神特质 ……………………（151）
　　一　儒家政治文化的核心元素 ……………………………………（151）
　　二　儒家政治文化的精神特质 ……………………………………（156）
　　三　儒家政治文化的双重启示 ……………………………………（167）

结　语 ………………………………………………………………（174）

附录一　孟子以求放心与得民心为核的治道 ………………………（177）
　　一　孟子以存本心与求放心为核的治心论 ………………………（177）
　　二　孟子以行仁政与得民心为核的治世论 ………………………（185）
　　三　孟子治道思想的合理内核与天然局限 ………………………（194）

附录二　儒家"礼"文化基因再探 …………………………………（197）
　　一　究元:礼之源 …………………………………………………（198）
　　二　索隐:礼之本 …………………………………………………（201）

三　明宗:礼之用 …………………………………………（204）
四　立章:礼之制 …………………………………………（207）

参考文献 ……………………………………………………（210）

绪　　论

政治有不同的思考方式，政治哲学在不同的国度有不同的具体表现，公羊家对政治的哲学思考有其独特的视角。从政治的哲学思考到政治哲学，从儒家政治哲学到公羊家政治哲学，一种"非常异义可怪之论"将一步一步地不断呈现出来，体现出哲学的韵味。

一　政治的哲学思考与政治哲学

人是政治的动物，对政治的思考体现了人对自身本性的高度自觉，也是人确证自身本质力量的重要表现。人类对政治的思考，实有不同的思考层次与思考方式。有学者认为："政治思考、政治思想的三种方式，分别是古典意义的政治学（Politics）的方式、现代意义的政治科学（Political Science）的方式以及试图将政治问题的基本预设揭示出来的政治哲学（Political Philosophy）的方式。"① 这种划分是从西方学科分类与分化的角度作出的，也较为清楚地勾勒出西方政治思考的历史逻辑，富有启示意义。其实，政治思考的这三种方式，可以简化为二，即政治的科学思考与政治的哲学思考。当然，这种划分只有在学科研究的意义上才有必要，真正实际的思考经常是两种思考同时呈现，只不过更侧重哪个层面而已。②

---

① 任剑涛：《政治哲学讲演录》，广西师范大学出版社2008年版，第19页。
② 现实生活的实际思考是复合的，学科理论的预设划界是明确的，而且随着学科的分化与研究的细化越来越明显。任剑涛指出："亚里士多德把古典政治学具有的两面学术性格凸显了出来：一方面，政治学在谈应然；另一方面，政治学又在谈实然。当政治学谈应然的时候，严格说来，它表达的是古典政治学里面的政治价值观、政治希望、政治理想。而政治学在谈实然的时候，它所表达的是政治操作过程中存在的诸实际制度的运行状况。注意，这就是古典政治学对政治现象的分类研究，对诸政治制度安排方式比较分类的一个描述。前一方面指出了政治的意义；后一方面指出了政治的实际从事方式。这样，我们才可能判断我们要选择什么样的政治生活，选择什

冯友兰在研究中国哲学史时曾指出："中国古代哲学家们比较少作正式的哲学论著。从古代流传下来的哲学史资料，大多是为别的目的而写的东西，或者是别人所记录的他们的言语，可以说是东鳞西爪。因此就使人有一种印象，认为中国古代哲学家的思想没有系统。如果是就形式上的系统而言，这种情况是有的，也是相当普遍的。但是形式上的系统不等于实质上的系统。"因此，他认为："中国哲学史工作者的一个任务，就是从过去的哲学家们的没有形式上的系统的资料中，找出其实质的系统，找出他的思想体系，用所能看见的一鳞半爪，恢复一条龙出来。在写的哲学史中恢复的这条龙，必须尽可能地接近于本来的哲学史中的那条龙的本来面目，不可多也不可少。"[①]按照这个来推论，中国古代思想家更没有正式的政治哲学论著，但立足思想表达的实质系统来考量，中国古代思想家肯定有对政治的科学思考与哲学思考。根据实质系统，勾勒出中国古代思想家对政治的哲学思考，也就是勾勒出中国古典政治哲学的形式系统，当是政治哲学研究工作者的一个任务。

政治哲学是一个很现代的术语，是现代学科不断分化发展的产物。正如著名的政治哲学史家施特劳斯所指出的："哲学和科学的分野得以确立，政治哲学和作为一种研究政治事物的自然科学的政治科学之间的区分也随之获得了广泛认可。然而，从传统上看，政治哲学和政治科学是一回事。"[②]传统中国就是把政治哲学与政治科学当作一回事的。

中国学者任剑涛曾认为："政治哲学思考问题的进路不是政治事实，而是政治价值、政治应然之类的问题。""政治哲学不向实际的政治生活具体负责，政治哲学的理论规范与现实的政治生活并不具有一一对应的关系。这是政治哲学的一个特点。在这样的一个意义上来讲，所有的政治哲学思考，强调的都是政治生活的政治性和哲学性在思辨上的结合。这样的政治哲学负责的不是对政治生活进行事实描述，而是政治生活应该构造成

么样的政治制度。在这个特定的意义上，实际上政治学包办了现代意义上的政治科学和政治哲学的理论尝试——古典意义上的政治学，在它阐述政治的意义的时候，实际上就等同于政治哲学；在它阐述实际的政治操作方式的时候，实际上就等同于政治科学。"（任剑涛：《政治哲学讲演录》，广西师范大学出版社2008年版，第19页。）

① 冯友兰：《中国哲学史新编》（上卷），人民出版社2001年版，第41、42页。
② [美]列奥·施特劳斯、约瑟夫·克罗波西主编：《政治哲学史》（上册），李天然等译，河北人民出版社1993年版，第1页。

什么样的状态，以及现实的政治生活在什么意义上才是正当的。"① 这个界说是当代比较流行的一般理解。他在与政治科学的比较中指出，与政治科学关心"实然性"问题，即"是什么"的事实问题不同，政治哲学关心的是"应然性"问题，即"该是什么"的价值问题；与政治科学对现实的政治生活事实对应不同，政治哲学不必与现实的政治生活一一对应。

其实，政治哲学也并非不关注"是"，只不过关注的不是政治生活现象的偶然性的"是"，而是必然性的"是"，以及"是其所是"的"是"，也就是必须经过哲学反思才有可能把握的"真是"。施特劳斯说："政治哲学就是要试图真正了解政治事务的性质以及正确的或完整的了解政治制度这两方面的知识。"② 从"求是"的层面说，这是非常深刻的。同时，政治哲学既面对现实政治生活中的"是"，而又超越现实政治生活中的"是"，并对现实政治生活说"否"，而且还提出"应该是"。说"否"与"应该是"表明，哲学对政治的考问绝不能满足于直接描述并默认实然的"是"，而要对政治本身进行价值判断并确立判断的价值标准，考究"政治的善"和"善的政治"。如此看来，认为"政治哲学是道德哲学在政治领域的应用与延伸"，③ 当是对政治进行哲学考问得出的结论。"求是"与"求善"都是政治哲学所关心的，但这个"是"并非一般的"是"即"事实是"，而是"本质是"，这是必须引起注意的。政治哲学不必与现实的政治生活一一对应，但真正的政治哲学总是想使自己消灭在政治生活当中，化成实实在在的"善的政治"。而政治哲学能否消灭自身，不仅取决于这种哲学是否彻底，而且取决于是否具备现实条件。

对于什么是政治哲学，不妨来一次顾名思义。所谓政治哲学，就是从哲学注重反思，寻根究底，追问应然等的角度或高度来探讨政治生活的基源、政治现象的本质、政治事物的本性、政治判断的标准等问题而形成的学问。李天然在《译者前言》中对施特劳斯定义的概括就指明了这一点："政治哲学是哲学的一个分支，它以寻根求源、广泛而系统的方式探讨人类政治生活的问题。施特劳斯解释说，对于政治领域中的事物，我们不可能不持赞成或反对、选择或排斥、赞美或谴责的态度，所有这些态度都涉及好与坏、善与

---

① 任剑涛：《政治哲学讲演录》，广西师范大学出版社2008年版，第21页。
② 詹姆·古尔德等主编：《现代政治思想》，商务印书馆1985年版，第60—61页。
③ 李强：《自由主义》，中国社会科学出版社，1998年版，第9页。

恶、正义与不正义的判断，而这样的判断是以一定的判断标准为前提的，政治哲学的努力就是要探讨这些标准，以期获得关于这些标准的真正知识。因此，政治哲学本身并不是中立的，它的目的既在于认识政治事物的本性，也在于认识公正的或好的社会制度。"① 这个概括性表述既突出了政治的根本问题，又突出了哲学的思维问题，既突出了"哲学求是"的问题，又突出了"政治求善"的问题。

紧扣政治与哲学两个关键词来考究，追问出来的政治哲学主题是哲学层面的政治，包括政治生活的基源问题、政治现象的本质问题、政治事物的本性问题、政治判断的标准问题、政治话语的建构问题、政治理念的核心问题，等等。追问出来的方式是政治主题的哲学思考，突出表现为对政治生活各种根本问题的前提性思考、批判性思考、建构性思考，等等。

政治的哲学思考可以参看亚里士多德采取的一条路径："政治研究第一应考虑何者是最优良的政体。如果没有外因的妨碍，则最切合于理想的政体要具备并发展哪些要素。第二，政治学术应该考虑到不同公民团体的各种不同政体。第三，政治学术还应该考虑，在某种假设的情况下，应以那种政体为相宜。第四，政治学术还应懂得最相宜于一般城邦政体的通用形式。"② 必须指出，亚里士多德路径只是一种路径，因为哲学思考本没有固定的路径，但哲学思考始终立足现实又超越现实，即世间又超世间，这是一样的。与这种侧重比较、选择、假设的哲学思考不同，中国古代侧重系统、整体、圆融的哲学思考，如对宗法社会的政治等级秩序结构的建立与设置的思考："天子建国，诸侯立家，卿置侧室，大夫有贰宗，士有隶子弟，庶人工商各有分亲，皆有等衰。是以民服事其上，而下无觊觎。"（《左传·桓公二年》）③ 天子、诸侯、卿、大夫、士、庶人工商是政治生活的主体，国、家、室、宗、隶子弟、分亲是政治治理的对象，上下一贯，构成了一个等差有序的政治结构体。④

---

① 李天然：《译者前言》，列奥·施特劳斯、约瑟夫·克罗波西主编：《政治哲学史》（上册），河北人民出版社1993年版，第2页。
② 亚里士多德：《政治学》，商务印书馆1981年版，第176—177页。
③ 为了避免繁复，文中凡引古籍，使用夹注或随文注明出处。
④ 余英时曾指出："儒学不只是一种单纯的哲学或宗教，而是一套全面安排人间秩序的思想系统，从一个人自生至死的整个历程，到家、国、天下的构成，都在儒学的范围之内。在两千多年中，通过政治、社会、经济、教育种种制度的建立，儒学已一步步进入国人的日常生活的每一角落。"（余英时：《现代儒学的回顾与展望》，生活·读书·新知三联书店2004年版，第54页。）其实，其他各家也非常重视对政治秩序的思考，这是传统政治哲学的核心问题。

进入中国古代儒家的政治哲学思维世界，不难根据"实质系统"编码出一个具有"形式系统"的政治哲学，因为儒家最关注的就是"善的政治"与"政治的善"，以及与此相关的政治理想、政治价值、政治秩序、政治信仰、政治判断、政治言说、政治理念、政治设计等。

二 儒家政治哲学的主题关键词

有学者指出："政治哲学是中国传统哲学的中心。"[①] 这个判断是有道理的。司马谈论"六家要指"曰："《易大传》：'天下一致而百虑，同归而殊途。'夫阴阳、儒、墨、名、法、道德，此务为治者也，直所从言之异路，有省不省耳。"（《史记·太史公自序》）这段话，突出了中国古代各家各派的思想中心和焦点意识——"务为治者"。而所谓治者，其实就是政治。

在中国古代，对政治的哲学思考，有一个字很有哲学味，这就是"道"。它的意义非常丰富，从哲学的角度来看，主要包括规律、原则、模式、方式、方法、境界等。所谓天道、地道、人道、王道、霸道、周道、汉道、君道、臣道等都涉及政治根本问题，其中王道、霸道、君道、臣道专论政治的根本问题。讲到这些"道"的话，就涉及对政治规律、政治原则、政治制度、政治模式、政治境界等的讨论。到了现代，这个"道"字还和"政治"两个字拆开来连接使用，这就是"政道"与"治道"。这是现代新儒家牟宗三的创造。问题是，中国古代是否言"治道"而不言"政道"呢？牟宗三有一个断语："中国以往只有治道而无政道，有政道之治道是治道之客观形态，无政道之治道是治道之主观形态，即圣君贤相之形态。"[②] 这个断语是立足现代民主政治的立场来论述的，是在自造的"政

[①] 周桂钿：《政治哲学是中国传统哲学的中心》，载《哲学研究》2000年第11期。

[②] 牟宗三：《政道与治道》，广西师范大学出版社2006年版，第23页。牟宗三认为："是以实现政权之为政权，政道乃必须者。此道即政权与治权分开之民主政治也。依是，无论封建贵族政治或君主专制政治，皆无政道可言，以其皆不能恢复政权之本性也，皆不能实现政权之为集团所共同地有之或总持地有之义也。依是，唯民主政治中有政道可言。"（同上书，第19页）又，"行使治权必依一定制度而设各部门之机关，又必在其措施或处理公共事务上而设一定之制度，凡此制度皆随治权走。此为隶属、委蛇或第二义之制度，而维持政权与产生治权之制度（即宪法，政道），则为骨干、根源或第一义之制度。讲政治以第一义之制度为主，此则属于政道者。而第二义之制度则属于治权或治道，因而亦属于吏治者，不属于政治者。属于治权或吏治之第二义制度，中国以前甚粲然明备，而唯于第一义之制度，则无办法，此即前文所述之对于政权、政道之反省甚为不足也。"（同上书，第20页）这是当代的民主政治理念，显然不可能在古代提出。

道"与"治道"、"政权"与"治权"的概念框架中来评价的，意在肯定儒家有精美的治道。① 所以当他说："人类自有史以来，其政治形态，大体可以分为封建贵族政治，君主专制政治，以及立宪的民主政治。（马克思从经济立场，分为奴隶制，封建制，资本主义制，未来的社会主义制。彼以经济决定政治，倒果为因，而人类表现精神，实现价值的奋斗，遂泯灭而不见，今兹从政治形态方面言，而不从经济方面言，则人类表现精神实现价值之奋斗自可豁然。）从政治形态方面言中国文化史尤见贴切而合真实。如果立宪的民主政治是一政治形态，有其政道，则封建贵族政治，君主专制政治亦各是一政治形态，亦当有其政道。如是，吾人可进而论以往中国之政道之意义。"并说："政道者，简而言之，即关于政权的道理。无论封建贵族政治还是君主专制政治，政权皆在帝王（夏商周曰王，秦汉以后曰帝）。而帝王之取得政权而为帝为王，其始是由德与力，其后之继续则为世袭。吾人论以往之政道，即以开始之德与力及后继之世袭两义为中心而论之。"② 这显然是从一般意义上说的"政道"，而不是他心中理想的"可以被称之为政道的政道"。如果不把理想的标准随时介入一般的论述中来，就是按照牟宗三的概念框架，其实中国古代也是既言"治"又言"政"的，是既讨论治道、治权又讨论政道、政权的。至于中国古代讲的是什么样的政道与治道、政权与治权，大可不必和自己认定的"理想的政道与治道"混为一谈，造成讨论的前后矛盾。在我们的讨论中，自己的"理想的政道与治道"暂且悬置。至于牟宗三认为马克思"经济决定政治"是"倒果为因"，马克思主义者肯定是反对的。而就一个社会形态而言，"政"与"治"是一个整体，"政道"与"治道"是一个整体，事实上是不可分割的，古代的儒家治道不可能和现代的民主政道嫁接在一起，即所谓古代有古代的政道与治道，现代有现代的政道与治道。

谈论儒家政治哲学，除了这个"道"字外，还有很多其他古代固有的术语，如王政、善政、仁政、暴政、虐政、善治、乱治，以及王化、王制、德治、礼治、法治、人治、教化，还有正名、正君心、修己安人、大一统、奉天承运、改元改制，等等。这些概念及其具体展开可以看到中国

---

① 牟宗三认为："这种治道之不足处，不是治道本身的问题，乃是政道方面的问题。假定相应政权有政道，民主政治成立，使政权与治权离，则此种治道当更易实现，且反而使自由民主更为充实而美丽。"（牟宗三：《政道与治道》，广西师范大学出版社2006年版，第28页）

② 牟宗三：《政道与治道》，广西师范大学出版社2006年版，第1页。

古代思想家对政治与宗教、伦理关系以及对政治的神圣根源、人性基础、制度结构、核心理念、言说方式等许多带有根本性的问题的认识。

翻开五经元典，政治的哲学思考深深把握到了政治的根本问题。在《尚书》中，对天命政治、民本政治、道德政治的思考都很有哲学味。《尚书·五子之歌》所言"民惟邦本，本固邦宁"，《泰誓》所言"惟天地万物父母，惟人万物之灵，亶聪明，作元后，元后作民父母。……天佑下民，作之君，作之师，惟其克相上帝，宠绥四方。……天矜于民，民之所欲，天必从之"（上），"惟天惠民，惟辟奉天。……天视自我民视，天听自我民听。百姓有过，在予一人"（中），等等，深刻地触及了政治合法性的哲学思考，体现了对天命政治与民本政治的形上探求，即"政治的天"或"天的政治"与"政治的本"或"本的政治"。《尚书·尧典》所言"克明俊德，以亲九族。九族既睦，平章百姓。百姓昭明，协和万邦"，《大禹谟》所言"德惟善政，政在养民。……正德、利用、厚生、惟和"，《蔡仲之命》所言"皇天无亲，惟德是辅。民心无常，惟惠之怀。为善不同，同归于治；为恶不同，同归于乱"，深刻地触及了政治道德性的哲学思考，成为以后伦理政治的直接基础，即"惟德是辅"与"为善于治"，即"政治的善"与"善的政治"。[①]

《尚书》中言说的政治合法性、政治道德性，《左传》中显露的政治秩序性是儒家政治哲学的核心问题。具体说来，特别表现在围绕以下几组概念展开思考。

一是"有道无道"，这组概念是最根本的，重点探讨"政治的善"与"善的政治"，涉及政治伦理性、政治合法性、政治秩序性，以及相关的政治批判。孔子说："天下有道，则礼乐征伐自天子出；天下无道，则礼乐征伐自诸侯出。自诸侯出，盖十世希不失矣；自大夫出，五世希不失矣；陪臣执国命，三世希不失矣。天下有道，则政不在大夫。天下有道，则庶人不议。"（《论语·季氏》）有道的社会就是一个有序的社会，天子、诸侯、大夫、庶人各安其位，各司其职，各享其乐。孟子说："天下有道，小德役大德，小贤役大贤；天下无道，小役大，弱役强。斯二者，天也。

[①] 周桂钿指出："中国传统哲学是以儒家哲学为主要代表的。儒家讲内圣外王，内圣是仁义道德、心性修养，外王就是政治哲学。这种政治哲学讲德治、仁政、王道，因此可以说是追求善的政治哲学。"（周桂钿：《政治哲学是中国传统哲学的中心》，载《哲学研究》2000年第11期。）其实，内圣也不纯粹是个体的心性修养，也是政治哲学的组成部分。

顺天者存，逆天者亡。"（《孟子·离娄上》）有道的社会是一个道德的社会，贤德起主导作用，而不是权势武力起主导作用。儒家讲的天道、地道、人道、仁道、王道、君道、臣道，无不为凸显"政治的善"。儒家以"伦理的善"直贯推广到政治领域。孔子的"为政以德"、"政者正也"，孟子的"王道仁政"、"民心君心"，《礼记·礼运》的"天下为公"、"选贤与能"都把政治往"善的境界"上推，往"个体的德性"上推。王道、霸道与无道，仁政、暴政与乱政，周政与秦政的对比都在凸显"政治境界"的高低，"政治善性"的有无。顺天应人的天意、民意既是对良善政治的诉求，又是对政治合法的论证，其合法又通过"受命"与"革命"的合法具体体现出来。"道"与"善"是一切政治行为合理性的判断标准。

二是"君道①臣道"，这组概念是最重要的，涉及君权合法危机、君权转移继承、君主权威维护、君主责任义务、君权约束制衡、君心教化格正、君臣君民关系、君相外戚宦官权力关系、君主家事与国事、家天下与公天下等一系列问题。孔子回答齐景公问政时说："君君、臣臣、父父、子子。"（《论语·颜渊》）在这里，孔子强调君臣要名实相符，各尽义务，各有所得。孟子说："规矩，方员之至也；圣人，人伦之至也。欲为君，尽君道；欲为臣，尽臣道。二者皆法尧舜而已矣。不以舜之所以事尧事君，不敬其君者也；不以尧之所以治民，贼其民者也。"（《孟子·离娄上》）在这里，孟子突出君臣要效法尧帝以仁心行仁政。荀子专辟君道、臣道进行详细阐发。他说："道者，何也？曰：君之所道也。君者，何也？曰：能群也。能群也者，何也？曰：善生养人者也，善班治人者也，善显设人者也，善藩饰人者也。善生养人者人亲之，善班治人者人安之，善显设人者人乐之，善藩饰人者人荣之。四统者俱而天下归之，夫是之谓能群。"（《荀子·君道》）在这里，荀子强调君主要善群能群，善于用人治国。孔孟荀虽是各有所重，但都积极探讨君道臣道问题。在古代社会，不管是贵族世袭政治，还是君主专制政治，"圣君贤臣"事实上始终是政治的真正主体，决定着整个政治的走向与兴衰，因此是仁政是暴政还是乱

---

① 萧公权指出："君主既为治乱的关键，所以秦汉以后两千年的政治学说多致意于'君道'之一端。如何格君心？如何匡扶主德？如何教诲储贰？这些都是中国政理中的主要问题。我们先哲述君道的学说，详尽周密，深切精确，恐怕是任何欧洲思想家所不能企及。但话又说回来，专制天下的政理既针对专制天下的政体而提出，在这里政体消灭以后也定然要失去其实际上的应用价值。"（萧公权：《宪政与民主》，清华大学出版社2006年版，第78—79页。）

政，关键取决于君臣，正所谓"为政在人"。《礼记·中庸》载哀公问政，孔子的回答指出了君道臣道何以如此重要的原因："文武之政，布在方策。其人存，则其政举；其人亡，则其政息。人道敏政，地道敏树。夫政也者，蒲卢也。故为政在人，取人以身，修身以道，修道以仁。仁者，人也，亲亲为大；义者，宜也，尊贤为大；亲亲之杀，尊贤之等，礼所生也。故君子不可以不修身；思修身，不可以不事亲；思事亲，不可以不知人；思知人，不可以不知天。"《荀子·君道》站在儒家的立场上，认为人治优于法治："法不能独立，类不能自行，得其人则存，失其人则亡。"儒家认为良善政治关键在于圣君贤臣，如此化政治为道德，化外王为内圣，无疑是人治主义。

三是"修己安人"，这组概念是最概括的，涉及儒家对道德与政治、心性与事功、治心与治世、个体与秩序关系的哲学思考。谁不是一个个体己？谁能够脱离人群体？己要成人必修己以德，成就独立人格，心安理得，己要合群就需安人以善，追求秩序和谐，立人达人。孔子之后，孟子讲"仁心仁政"，荀子讲"修身隆礼"，《中庸》讲"成己成物"，都不出其外。而《大学》又作了系统的展开："大学之道，在明明德，在亲民，在止于至善。……古之欲明明德于天下者，先治其国；欲治其国者，先齐其家；欲齐其家者，先修其身；欲修其身者，先正其心；欲正其心者，先诚其意；欲诚其意者，先致其知；致知在格物。物格而后知至，知至而后意诚，意诚而后心正，心正而后身修，身修而后家齐，家齐而后国治，国治而后天下平。自天子以至于庶民，壹是皆以修身为本。"宋儒朱熹将此概括为"三纲八目"。这个人心人生图式本可以适应每一个生命个体，因为每一个生命个体都面临着一个自身修养的问题，都面临着如何推己及人的问题。但在封建社会，人君操生死大权，人君"修己安人"对于整个社会和谐无疑具有决定性作用。宋儒真德秀的《大学衍义》[①]与明儒丘濬的

[①] 宋儒真德秀的《大学衍义》总列两目为"帝王为治之序"与"帝王为学之本"，后者又细分"尧舜禹汤文帝之学、商高宗周成王之学、汉高文武宣帝之学、汉光武明章唐三宗之学、汉魏陈隋唐数君之学"五个子目。内圣治己又分列格物致知之要、诚意正心之要、修身之要。其中"格物致知之要"又分为四，即明道术（天性人心之善、天理人伦之正、吾道源流之正、异端学术之差、王道霸术之异）、辨人才（圣贤观人之法、帝王知人之事、奸雄窃国之术、险邪周上之情）、审治体（德刑先后之分、义利重轻之别）、察民情（生灵响昔之由、田里休戚之实）；"诚意正心之要"又分为二，即崇敬畏（修己之敬、事天之敬、遇灾之敬、临民之敬、治事之敬、操存省察之功、规警篇诫之助）与戒逸欲（总论逸欲之戒、沉湎之戒、荒淫之戒、盘游之戒、奢侈之戒）；"修身之要"又分为二，即谨言行、正威仪。又列"齐家之要"四目十四子目，即重妃匹（谨选立之道、赖规警之益、明嫡腾之辨、惩废夺之失）、严内治（宫闱内外之分、宫闱预政之戒、内臣忠谨之福、内臣预政之祸）、定国本（建立之计宜蚤、论教之法宜豫、嫡庶之分宜辨、废夺之失宜监）、教戚属（外家谦谨之福、外家骄益之祸）。（真德秀：《大学衍义》，山东友谊书社1989年版。）

《大学衍义补》把这个后人称为"内圣外王"的纲领直接指向帝王君主，又进行了充分的衍义，简直发挥到了极致。① 宋儒真德秀在《大学衍义》中说："朝廷者，天下之本；人君者，朝廷之本；而心者，又人君之本也。人君能正其心，湛然清明，物莫能感，则发号施令，罔有不臧，而朝廷正矣。朝廷正则贤不肖有别，君子小人不相易位，而百官正矣。"明儒丘濬在《大学衍义补》序言中说："臣惟《大学》一书，儒者全体大用之学也。原于一人之心，该夫万事之理，而关乎亿兆人民之生。其本在乎身也，其则在乎家也，其功用极于天下之大也。圣人立之以为教，人君本之以为治，士子业之以为学，而用以辅君。是盖六经之总要，万世之大典。二帝三王以来，传心经世之遗法也。孔子承帝王之传，以开百世儒教之宗，其所以立教垂世之道，为文二百有五言。凡夫上下古今，百千万年，所以为学、为教、为治之道，皆不外乎是。""内圣外王"表明了儒家把秩序治理扎根在个体修养上的逻辑进路。儒家政治哲学所关注的"传心经世"、"立教垂世"，体现了对政治的独特精微哲学思考。

　　四是"仁义礼乐"，这组概念是最核心的，既是道德范畴，又是政治范畴；既关涉个体心性，又关涉社会秩序。儒家辨群己关系、公私关系、义利关系、王霸关系、理欲关系，仁义礼乐都贯彻其中，而归根到底落实

---

① 明儒丘濬《大学衍义补》列"治国平天下为纲"12目119个子目：1. 正朝廷（总论朝廷之政、正纲纪之常、定名分之等、公赏罚之施、谨号令之颁、广陈言之路）；2. 正百官（总论任官之道、定职官之分、颁爵禄之制、敬大臣之礼、简侍从之臣、重台谏之任、清入仕之路、全铨选之法、严考课之法、崇推荐之道、戒滥用之失）；3. 固邦本（总论固本之道、蕃民之生、制民之产、重民之事、宽民之力、愍民之穷、恤民之患、除民之害、择民之长、分民之牧、询民之虞）；4. 制国用（总论理财之道、贡赋之常、经制之义、市籴之令、铜楮之币、山泽之利、征榷之课、傅算之籍、膏算之失、嘈挽之宜、屯营之田）；5. 明礼乐（总论礼乐之道、礼仪之节、乐律之制、王朝之礼、郡国之礼、家乡之礼）；6. 秩祭祀（总论祭祀之道、郊祀天地之礼、宗朝飨祀之礼、国家常祀之礼、内外群祀之礼、祭告祈祷之礼、释奠先师之礼）；7. 崇教论（总论教伦之道、设学校以立教、明道学以成教、本经术以为教、一道德以同俗、躬孝悌以敦化、崇师儒以重道、谨好尚以率民、广教化以变俗、严族别以示劝、举赠谥以劝忠）；8. 备规制（都邑之建、城池之守、宫闱之居、囿游之设、冕服之章、玺节之制、舆卫之仪、历象之法、图籍之储、权量之谨、宝玉之器、工作之用、章服之辨、青隶之役、邮传之置、道涂之备）；9. 慎刑宪（总论制刑之义、定律令之制、制刑狱之具、明流赎之意、详听断之法、议当原之辟、顺天时之令、谨详谳之议、伸冤抑之情、慎青灾之赦、明复仇之义、简典狱之官、存钦恤之心、戒滥纵之失）；10. 严武备（总论威武之道、军伍之制、官禁之卫、京辅之屯、郡国之守、本兵之柄、器械之利、牧马之政、简阅之教、将帅之任、出师之律、战陈之法、察军之情、遏盗之机、赏功之格、经武之要）；11. 驭夷狄（内夏外夷之限、慎德怀远之道、译言宾待之礼、征讨绥和之义、修攘制御之策、守边固圉之略、列屯遣戍之制、四方夷落之情、劫诱窃默之失）；12. 成功化（圣神功化之极）。仅从次目录就可以看到，外王事业涉及了经济、政治、文化、教育、军事、外交、宗教、民族、民俗、历法等各个领域、各个方面、各个层次的内容，包罗万象。（丘濬：《大学衍义补》，京华出版社1999年版）。

在社会生活中，都是为了实现合理秩序。仁与礼相比较而言，仁更向内指向人心，而礼更向外指向人身。礼与乐相比较而言，礼更强调异与等差，而乐更侧重同与和合。孟子重仁义，在心性上着力，更有理想主义品质，荀子重礼法，在王制上着力，更有现实主义精神，殊途同归于孔子的仁礼并重。孔子讲德治善治，体现在孟荀那里就是仁政与礼治，仁政反暴政，礼治兼法治。仁在儒家那里可谓全德，礼更无所不包，无所不能。礼在各个领域，无论是道德、政治、教育、军事、宗教乃至日常生活中，都不可或缺，至关重要，具有政治功能、道德功能、宗教功能、社会功能、教育功能、心理功能[1]，正所谓"道德仁义，非礼不成。教训正俗，非礼不备。分争辨讼，非礼不决。君臣上下父子兄弟，非礼不定。宦学事师，非礼不亲。班朝治军，莅官行法，非礼威严不行。祷祠祭祀，供给鬼神，非礼不诚不庄。是以君子恭敬撙节退让以明礼"（《礼记·曲礼上》）。一句话，无论是做人、行事和治国，都非礼不成："宜于时通，利以处穷，礼信是也。凡用血气、志意、知虑，由礼则治通，不由礼则勃乱提僈；食饮、衣服、居处、动静，由礼则和节，不由礼则触陷生疾；容貌、态度、进退、趋行，由礼则雅，不由礼则夷固、僻违、庸众而野。故人无礼则不生，事无礼则不成，国家无礼则不宁。"（《荀子·修身》）归结到孔子的说法，"非礼勿视，非礼勿听，非礼勿言，非礼勿动"（《论语·颜渊》）即是"克己复礼为仁"。仁义、礼乐、刑政是儒家政治哲学的关键词。仁义精神与礼乐制度是儒家之所以为儒家的根本标志。

五是"民心民本"，这组概念是最动人的，充分地体现了儒家政治哲学的生命价值。从《尚书·五子之歌》讲"民惟邦本，本固邦宁"，到孔子讲"富民教民"，再到孟子讲"民为贵，社稷次之，君为轻"，"善政，民畏之；善教，民爱之。善政得民财，善教得民心"（《孟子·尽心上》），以及荀子讲"君者，民之原也；原清则流清，原浊则流浊。故有社稷者而不能爱民、不能利民，而求民之亲爱己，不可得也。民不亲不爱，而求为己用、为己死，不可得也"（《荀子·君道》），先秦儒家一以贯之地强调民心的重要与民本的地位，并围绕此阐发了像明儒丘浚所概括的蕃民之

---

[1] "'礼'在中国，乃是一个独特的概念，为其他任何民族所无。其他民族之'礼'一般不出礼俗、礼仪、礼貌的范围。而中国之'礼'，则与政治、法律、宗教、思想、哲学、习俗、文学、艺术，乃至经济、军事，无不结为一个整体，为中国物质文化和精神文化之总名。"（邹昌林：《中国礼文化》，社会科学文献出版社2000年版，第14页。）

生、制民之产、重民之事、宽民之力、憨民之窃、恤民之患、除民之害、择民之长、分民之牧、询民之虞等一系列关于经济民生、政治民生、文化民生的思想。在儒家看来，善政的最终落脚点就是解决民生问题，民生问题解决了就可以得民心，得了民心就可以王天下、安天下、治天下。

当然，不同的儒者对儒家政治哲学的主题以及核心理念进行阐发的重点、路径、话语是各有不同的，可谓一本而万殊。

三 汉代公羊家与政治哲学思考

儒家思想的最主要载体是五经，五经当中有一经与孔子的关系最密切，这就是《春秋》。孔子是否作《春秋》曾引发争论，成一千古学术公案，至今众说纷纭。现代人研究孔子，不太注意《春秋》。可是，在汉代，"孔子作《春秋》"是一个基本的文化认同。围绕《春秋》进行解说，本有五家，但流传下来的只有三家，其代表作分别是《公羊传》、《穀梁传》、《左传》。[1] 公羊家就是以《公羊传》为源头，并顺着这个解释路径不断衍生而形成的一个儒家学派。

唐代儒家学者徐彦在《春秋公羊传注疏》中曾引用戴宏的序言，对先秦至汉初的"公羊学"传授系统作了一个勾勒："子夏传与公羊高，高传与其子平，平传与其子地，地传与其子敢，敢传与其子寿。至汉景帝时，寿乃其弟子齐人胡毋子都著于竹帛，与董仲舒皆见于图谶。"从子夏到公羊寿[2]这一段传承已经很难具体考证，因为当时主要是口头传授，口说无凭，给后来的研究带来困难，只有到公羊寿才真的将《公羊传》著于竹帛

---

[1] 《汉书·艺文志》："及末世口说流行，故有《公羊》、《穀梁》、《邹》、《夹》之《传》。四家之中，《公羊》、《穀梁》立于学官，邹氏无师，夹氏未有书。"（班固：《汉书》，中华书局1962年版）四家加上《左传》一家就是五家。

[2] 据《史记·仲尼弟子列传》，子夏比孔子小44岁，当生于公元前508年，传《春秋》学当在公元前430年左右，到汉景帝时近三百多年，其传竟只有五世，所以此传授系统只要稍作时间推理就显得不合情理。徐复观疑戴宏此说源于对《汉书·艺文志·春秋辑略》的误解。班固的说法本自刘歆，刘歆《让太常博士书》目标之一是"申左"，欲立《左传》为学官，所以刘歆在此辑略中突出《左传》"论本事而作传，明夫子不以空言说经"之旨，以批评"末世口说流行"即五经博士以后的汉儒离开事实根据只凭口头解说的弊端，反对"空言说经"的汉代公羊学末流，为《左传》立于学官张本。戴宏"大概"误刘歆"口说"为"口传"，虚构上述传授系统为公羊张目，以神公羊之说，以便与《左传》争胜。（徐复观：《两汉思想史》（第二卷），华东师范大学出版社2001年版，第198—199页。）

即写定文本，可以真正考究公羊家的也就从公羊寿开始。

可惜的是，公羊寿与其弟子齐人胡毋子都的具体事迹也几乎荡然无存；幸运的是，他们毕竟给我们留下了一定程度上反映他们思想的《公羊传》。更幸运的是，一代儒宗董仲舒进一步发挥了《公羊传》的思想，形成了公羊学派，产生了深远的影响。在公羊学不断受到左氏学冲击的时候，又有何休详细解诂《公羊传》，进一步发挥公羊学的思想，还和《春秋》经合在一起，后来升格为十三经之一。无论从留下可供研究文本的角度来看，还是从当时思想的影响来看，公羊寿、董仲舒、何休无疑是当时最重要的公羊家。今人研究古人的思想，必须以文本为据，因此公羊寿的《公羊传》、董仲舒的《春秋繁露》、何休的《春秋公羊解诂》就成为研究的重点，而散见于《史记》、《汉书》、《后汉书》以及其他辑佚书中的其他公羊家及其思想也将受到特别关注。考察汉代公羊家，自然注意力集中在公羊寿到何休这一时间段的学者。

公羊寿以后，公羊家最杰出的代表是胡毋生与董仲舒。《史记·儒林列传》载："言《春秋》于齐鲁自胡毋生，于赵自董仲舒。及窦太后崩，武安侯田蚡为丞相，绌黄老、刑名百家之言，延文学儒者数百人，而公孙弘以《春秋》白衣为天子三公，封以平津侯。天下之学士靡然乡风矣。"齐地公羊家以胡毋生为代表，后继者有公孙弘。《汉书·儒林传》载："胡毋生字子都，齐人也。治《公羊春秋》，为景帝博士。与董仲舒同业，仲舒著书称其德。年老。归教于齐，齐之言《春秋》者宗事之，公孙弘亦颇受焉。"由于公孙弘"以《春秋》白衣为天子三公"，其独特的政治地位使公羊学更受到学者的重视，所以"天下之学士靡然乡风"，公羊学研究蔚然成风，是为"显学"。赵地公羊家以董仲舒为代表，其公羊学最为有名："董仲舒，广川人也。少治《春秋》，孝景时为博士。下帷讲诵，弟子传以久次相受业，或莫见其面，盖三年董仲舒不观于舍园，其精如此。进退容止，非礼不行，学士皆师尊之。……故汉兴至于五世之间，唯董仲舒名为明于《春秋》，其传公羊氏也。"（《史记·儒林列传》）其传者甚众："仲舒弟子遂者：兰陵褚大，广川殷忠，温吕步舒。褚大至梁相。步舒至长史，持节使决淮南狱，于诸侯擅专断，不报，以《春秋》之义正之，天子皆以为是。弟子通者，至于命大夫；为郎、谒者、掌故者以百数。而董仲舒子及孙皆以学至大官。"（《史记·儒林列传》）《汉书·儒林传》又载："董生为江都相，自有传。弟子遂之者：兰陵褚大、东平嬴公①、广川段仲、温吕步舒。大至梁相，步舒丞相长史，唯嬴公守学不失师法，为昭帝谏大夫，授东海孟卿、鲁眭孟。孟为符节令，坐说灾异诛，自有传。"又《汉书·吾丘寿王传》载："吾丘寿王字子赣，赵人也。年少，以善格五召待诏。诏使从中大夫董仲舒受《春秋》，高才通明。"由此可以看到董仲舒的五个有名弟子——褚大、段忠(《汉书》"忠"为"仲")、吕步舒、嬴公、吾丘寿王，以及再传弟子孟卿②、眭孟③。从学术传承的角度来看，嬴公与眭孟是两个重量级人物。虽然董派公羊家的官位没有达到"天子三公"的品级，但也有不少弟子"学至大官"，直接参与现实政治活动。

眭孟的学术继承人最主要的是严彭祖与颜安乐，两人开出严氏学与颜氏学两个家派："严彭祖字公子，东海下邳人也。与颜安乐俱事眭孟。孟弟子百余人，唯彭祖、安乐为明，质问疑谊，各持所见。孟曰：'《春秋》之意，在二子矣！'孟死，彭祖、安乐各颛门教授。由是《公羊春秋》有颜、严之学。"(《汉书·儒林传》)

严彭祖很有大师风范，"廉直不事权贵"，学术传承后继有人，线索分明。《汉书·儒林传》载："彭祖为宣帝博士，至河南、东郡太守。以高第入为左冯翊，迁太子太傅，廉直不事权贵。或说曰：'天时不胜人事，君以不修小礼曲意，亡贵人左右之助，经谊虽高，不至宰相。愿少自勉强！'彭祖曰：'凡通经术，固当修行先王之道，何可委曲从俗，苟求富贵乎！'彭祖竟以太傅官终。援琅邪王中，为元帝少府，家世传业。中授同郡公孙文、东门云。云为荆州刺史，文东平太傅，徒众尤盛。云坐为江贼拜辱

---

① 《后汉书·儒林列传》载："《前书》齐胡母子都传《公羊春秋》，授东平嬴公，嬴公授东海孟卿，孟卿授鲁人眭孟，眭孟授东海严彭祖、鲁人颜安乐。彭祖为《春秋》严氏学，安乐为《春秋》颜氏学，又瑕丘江公传《穀梁春秋》，三家皆立博士。"比较《汉书》与《后汉书》，第三辈公羊家弟子中最重要的人物是嬴公，可嬴公到底是董仲舒的弟子，还是胡毋生的弟子，或者是两位先师的共同弟子，前、后汉书制造了一个"历史之谜"，有待考证。如果认定"嬴公守学不失师法"是真的，这个问题更有考证的必要。同时，与《汉书》还有区别的是，孟卿、眭孟也不是同学关系，而是师生关系。就事实本身的是非而言，也有待考证。只是由于我们的研究对象主要是公羊家政治哲学，而不是公羊家的传承，在此暂且悬置，待以专文考证。不过，《后汉书》以《汉书》据，抄错或笔误也有可能。

② 《汉书·儒林传》："孟喜字长卿，东海兰陵人也。父号孟卿，善为《礼》、《春秋》，授后苍、疏广。世所传《后氏礼》、《疏氏春秋》，皆出孟卿。孟卿以《礼经》多、《春秋》繁杂，及使喜从田王孙受《易》。"这段文字本来是介绍孟卿的儿子孟喜，但可清楚地看到孟卿的学术特长与学术传承。

③ 《汉书·眭孟传》："眭弘字孟，鲁国蕃人也。少时好侠，斗鸡走马，长乃变节，从嬴公受《春秋》。以明经为议郎，至符节令。"

命，下狱诛。"

颜安乐很有穷人骨气，"为学精力"，学术传承又开出两派。《汉书·儒林传》载："颜安乐字公孙，鲁国薛人，眭孟姊子也。家贫，为学精力，官至齐郡太守丞，后为仇家所杀。安乐授淮阳泠丰次君、淄川任公。公为少府，丰淄川太守。由是颜家有泠、任之学。"

同一个学者同时就学一对师生是常有的事，所以公羊家的传承也并非是一条线垂直向下的，而有错综交织，贡禹开始就是如此："始贡禹事嬴公，成于眭孟，至御史大夫，疏广①事孟卿，至太子太傅，皆自有传。广授琅邪管路，路为御史中丞。禹授颍川堂溪惠，惠授泰山冥都，都为丞相史。都与路又事颜安乐，故颜氏复有管、冥之学。路授孙宝，为大司农，自有传。丰授马宫、琅邪左咸。咸为郡守九卿，徒众尤盛。宫至大司徒，自有传。"（《汉书·儒林传》）

以上的传承是清楚的，但后来的传承有些就不太具体。《后汉书·儒林列传》载："丁恭字子然，山阳东缗人也。习《公羊严氏春秋》。恭学义精明，教授常数百人，州郡请召不应。建武初，为谏议大夫、博士，封关内侯。十一年，迁少府。诸生自远方至者，著录数千人，当世称为大儒。太常楼望、侍中承宫、长水校尉樊等皆受业于恭。二十年，拜侍中祭酒、骑都尉，与侍中刘昆俱在光武左右，每事谘访焉。卒于官。"丁恭到底师从谁就不得而知，周泽也是如此："周泽字都，北海安丘人也。少习《公羊严氏春秋》，隐居教授，门徒常数百人。"具体老师不可指，但属于严氏学却一致。

丁恭的老师不清楚，但学生又分明，如楼望、承宫②、樊倏③、钟

---

① 《汉书·疏广传》："疏广字仲翁，东海兰陵人也。少好学，明《春秋》，家居教授，学者自远方至。征为博士、太中大夫。地节三年，立皇太子，选丙吉为太傅，广为少傅，数月，吉迁御史大夫，广徙为太傅。"

② 《后汉书·承宫传》："承宫字少子，琅邪姑幕人也。少孤，年八岁为人牧豕。乡里徐子盛者，以《春秋经》授诸生数百人，宫过息庐下，乐其业，因就听经，遂请留门下，为诸生拾薪。执苦数年，勤学不倦。经典既明，乃归家教授。遭天下丧乱，遂将诸生避地汉中，后与妻子之蒙阴山，肆力耕种。禾黍将孰，人有认之者，宫不与计，推之而去，由是显名。三府更辟，皆不应。"

③ 《后汉书·樊倏传》："倏字长鱼，谨约有父风。事后母至孝，及母卒，哀思过礼，毁病不自支，世祖常遣中黄门朝暮送馔粥。服阕，就侍中丁恭受《公羊严氏春秋》。建武中，禁网尚阔，诸王既长，各招引宾客，以倏外戚，争遣致之，而倏清静自保，无所交结。及沛王辅事发，贵戚子弟多见收捕，倏以不豫得免。帝崩，倏为复土校尉。"

兴。① 其中，樊儵的公羊学很有影响，世号"樊侯学"："初，儵删定《公羊严氏春秋》章句，世号'樊侯学'，教授门徒前后三千余人。弟子颍川李修、九江夏勤，皆为三公。勤字伯宗，为京、宛二县令，零陵太守，所在有理能称。安帝时，位至司徒。"（《后汉书·樊儵传》）樊儵有一个学生叫张霸②，对公羊学颇有研究："初，霸以樊儵删《严氏春秋》犹多繁辞，乃减定为二十万言，更名'张氏学'。"其子张楷③也颇有名气。

在东汉时期，李育与何休都是著名的公羊大师，但具体师承难以确定。《后汉书·儒林列传》载："李育字元春，扶风漆人也。少习《公羊春秋》。沈思专精，博览书传，知名太学，深为同郡班固所重。固奏记荐育于骠骑将军东平王苍，由是京师贵戚争往交之。州郡请召，育到，辄辞病去。常避地教授，门徒数百。颇涉猎古学。尝读《左氏传》，虽乐文采，然谓不得圣人深意，以为前世陈元、范升之徒更相非折，而多引图谶，不据理体，于是作《难左氏义》四十一事。建初元年，卫尉马廖举育方正，为议郎。后拜博士。四年，诏与诸儒论《五经》于白虎观，育以《公羊》义难贾逵，往返皆有理证，最为通儒。再迁尚书令。及马氏废，育坐为所举免归。岁余复征，再迁侍中，卒于官。"李育著《难左氏义》非陈元、范升之徒，又针锋相对以《公羊》义难左氏学权威贾逵，当时很有影响。

何休更是公羊学巨子，如果没有何休的解诂，也许《公羊传》就会亡佚。《后汉书·儒林列传》载："何休字邵公，任城樊人也。父豹，少府。休为人质朴讷口，而雅有心思，精研《六经》，世儒无及者。以列卿子诏拜郎中，非其好也，辞疾而去。不仕州郡。进退必以礼。太傅陈蕃辟之，

---

① 《后汉书·儒林列传》："钟兴字次文，汝南汝阳人也。少从少府丁恭受《严氏春秋》。恭荐兴学行高明，光武召见，问以经义，应对甚明。帝善之，拜郎中，稍迁左中郎将。诏令定《春秋》章句，去其复重，以授皇太子。又使宗室诸侯从兴受章句。封关内侯。兴自以无功，不敢受爵。帝曰：'生教训太子及诸王侯，非大功邪？'兴曰：'臣师于恭。'于是复封恭，而兴遂固辞不受爵，卒于官。"

② 《汉书·张霸传》："张霸字伯饶，蜀郡成都人也。年数岁而知孝让，虽出入饮食，自然合礼，乡人号为'张曾子'。七岁通《春秋》，复欲进余经，父母曰：'汝小未能也'，霸曰：'我饶为之'，故字曰'饶'焉。后就长水校尉樊儵受《严氏公羊春秋》，遂博览《五经》。诸生孙林、刘固、段著等慕之，各市宅其傍，以就学焉。"

③ 《汉书·张楷传》："楷字公超，通《严氏春秋》、《古文尚书》，门徒常百人。宾客慕之，自父党凤儒，借造门焉。车马填街，徒从无所止，黄门及贵戚之家，皆起舍巷次，以候过客往来之利。楷疾其如此，辄徙避之。家贫无以为业，常乘驴车至县卖药，足给食者，辄还乡里。司隶举茂才，除长陵令，不至官。隐居弘农山中，学者随之，所居成市，后华阴山南遂有公超市。五府连辟，举贤良方正，不就。"

与参政事。蕃败,休坐废锢,乃作《春秋公羊解诂》,覃思不窥门,十有七年。又注训《孝经》、《论语》、风角七分,皆经纬典谟,不与守文同说。又以《春秋》驳汉事六百余条,妙得《公羊》本意。休善历算,与其师博士羊弼,追述李育意以难二传,作《公羊墨守》、《左氏膏肓》、《穀梁废疾》。党禁解,又辟司徒。群公表休道术深明,宜侍帷幄,单臣不悦之,乃拜议郎,屡陈忠言。再迁谏议大夫,年五十四,光和五年卒。"何休的老师是羊弼,可羊弼受业于谁又不得而知。

有汉一代,公羊寿首次将《公羊传》著于竹帛,董仲舒三年不观于舍园,何休"十有七年"不窥门,三者实是公羊家的三大巨星。从公羊寿到何休,公羊家的影响是非常大的。大就大在公羊家不仅在学术上形成了一个独特的派别,成为今文经学的代表和重镇,而且公羊家多数都参与政治,有实际的政治实践与政治经验,在汉代政治生活中起到了实际的作用,对汉代良善政治建设产生了一定的推动作用。不管是在学术上还是在政治上的影响,其实,这都与汉代公羊家研究的主题和内容有关,而这个主题和内容主要是政治,当然包括政治哲学。考察汉代公羊家及其文本,不难发现,对政治的哲学思考是汉代公羊家的一个主要任务,而勾勒出汉代公羊家政治哲学的实质系统和形式系统是我们的一个任务。

哲学的本性是追问,把问题逼出来,并试图给出答案。面对着汉代公羊家政治哲学这个主题,首先要考究的是,汉代公羊家是面对针对什么来展开对政治的哲学思考的,又是根据什么来对政治进行哲学思考的。这个问题的破解就是探讨汉代公羊家政治哲学的历史文化根基。公羊家面对针对什么来思考,必须深入公羊家所熟悉的历史与所生活的时代;公羊家根据什么来思考,必须深入可选择的文化传统与思想资源。离开汉代公羊家政治哲学的历史文化根基来考察,难免令人古代化。一统的汉代社会与分裂的春秋社会形成鲜明的历史对比,丰富的诸子学说与删定的五经元典提供可选的思想资源。汉代公羊家面对活的历史而思,继承活的传统而思,历史的道德法则与政治法则就不能不引起关注。

接着要考究的就是,公羊家是怎样对政治进行思考的,特别是怎样对政治进行哲学思考的?与以前的思想家又有什么区别?这个问题的破解就是探讨公羊家对政治的哲学思考方式。汉代公羊家面对历史而思,依照传统而思,不断形成了以"原道、宗经、征圣"为表征的经学思维方式。这种经学思维方式表现在对政治的思考上,则是"王"化孔子,托孔为王;

"经"化历史，托经为王；"文"化实史，托鲁为王。"假托性"的主旨是王化、经化、文化，表明公羊家要对现实历史生活中的政治行为进行道德诊断，阐发出政治的应然道理。孔子素王之"素"，《春秋》当新王之"新"，托王于鲁之"托"，无不渗透着公羊家对"政治的善"与"善的政治"的独特哲学思考。

然后要考究的就是，公羊家对政治的哪些根本问题进行了哲学思考，并思考出了什么？其核心理念是什么？这个问题的破解就是探讨公羊家政治哲学的主体内容。

第一个主题是政治的一统秩序问题。公羊家对"王道""大一统"进行了系统的论证，主张把儒家思想作为国家意识形态来建设，深入地探讨了政治的文化灵魂问题，高标了儒家一统政治。

第二个主题是政治的伦理基础问题。公羊家充分发挥了孔子"政者正也"的思想，在正名、正始、正心、正德上进行了别具一格的探讨，对王道、君道、臣道也作了分析，高标了儒家伦理政治。

第三个主题是政治行为的权衡问题。公羊家重视对经权、文实的讨论，既强调权的必要，认可实的价值，又始终强调权道与文不与，交织着政治理想主义与政治现实主义，高标了儒家权道政治。

第四个主题是政治领域的敬畏问题。公羊家重视天人关系思考，对《春秋》灾异进行了详细的解释，而且推广到直接谈论汉代的灾异与政治，表达了对政治敬畏的独特思考，而汉代帝王也常逢灾异就下罪己诏，不断推动善政建设，高标了儒家灾异政治。

公羊家通过对政治哲学问题的探讨，构建了一个由一统政治、伦理政治、权道政治、灾异政治合成的王道政治，并以此为基础对政治发展历史进行价值审判，凸显政治的善与善的政治。在分析这个政治哲学结构的形成过程中，不断揭开神秘的面纱，也就能理解公羊家政治哲学的真谛。

第一章　汉代公羊家政治哲学的历史文化根基

任何政治的哲学思考都必须面对两个实际：一个是铁定的社会历史本身，一个是铁定的思想文化传统。更具体一点，则是必须面对两个政治实际：一个是铁定的政治历史现实；一个是铁定的政治文化传统。作为社会生活中最引人注目的政治生活，自古以来就带有敏感性与微妙性。汉代公羊家生活在一个政治伦理型文化中，生活在一个已经一统的社会时代里，他们的政治思考也必然面对无法选择的实际。

一　分裂的春秋社会与一统的汉代社会

汉代公羊家生活在已经一统的帝国，他们借以发挥思想的《春秋》中的春秋时代却是一个分裂的战争时代。远去的历史与当下的历史都不可避免地进入公羊家的思想视野，成为思考的对象。

（一）分裂的春秋社会

汉代公羊家公羊寿在汉景帝时才将《公羊传》的文本写定，"文景之治"已有升平气象。《公羊传》是解释《春秋》的，这种解释当然是一种"有字"的"经文"解释，其实更重要的是一种"无字"的"文本"解释，即《春秋》"经文"所记载的242年的春秋历史"文本"解释。这部真实的242年的春秋历史是怎样的呢？

真实的242年的春秋历史是霸道盛行，战争灭国，充满暴力。董仲舒曾总结春秋灭国的历史说："弑君三十六，亡国五十二，小国德薄不朝聘，大国不与诸侯会聚，孤特不相守，独居不同群，遭难莫之救，所以亡也。"（《春秋繁露·灭国上》）弱肉强食，霸王当道，不仅国内杀兄争国，而且国外相互灭并，仅仅一个齐国就并国三十五。《荀子·仲尼》载："齐桓五伯之盛者也，前事则杀兄而争国……外事则诈邾袭莒，并国三十五。"成者王败者寇，真实的历史服从的就是权力与暴力逻辑。孟子面对着这部春秋战争史，作了这般记录与评定："争地以战，杀人盈野；争城以战，杀人盈城，此所谓率土地而食人肉，罪不容于死。故善战者服上刑，连诸侯者次之，辟草莱、任土地者次之。"（《孟子·离娄上》）一句话说，"春秋无义战"（《孟子·尽心下》）。怪不得孔子羡慕尧帝"兴灭国，继绝世，举逸民，天下之民归心焉"（《论语·尧曰》）。

真实的242年的春秋历史是礼坏乐崩，上下失和，社会无秩。按照周代的礼制，"天子建国，诸侯立家，卿置侧室，大夫有贰宗，士有隶子弟，庶人工商各有分亲，皆有等衰。是以民服事其上，而下无觊觎"（《左传·桓公二年》）。整个社会井然有序，所有所属。用孔子的话说，就是天下有道，有道与无道体现出来的秩序完全不同："天下有道，则礼乐征伐自天子出；天下无道，则礼乐征伐自诸侯出。自诸侯出，盖十世希不失矣；自大夫出，五世希不失矣；陪臣执国命，三世希不失矣。天下有道，则政不在大夫。天下有道，则庶人不议。"（《论语·季氏》）周幽王为犬戎所杀，平王东迁，周始微弱。诸侯自作礼乐，专行征伐，始于隐公。至昭公十世失政，死于乾侯。季文子初得政，至桓子五世，为家臣阳虎所囚。家臣阳虎为季氏家臣至虎三世而出奔齐。

真实的242年的春秋历史是富国强兵，唯利是图，好货好色。《孟子·梁惠王上》载："孟子见梁惠王。王曰：'叟！不远千里而来，亦将有以利吾国乎？'"像梁惠王这样见面唯利是谈的君王实在不在少数。《荀子·仲尼》载："齐桓五伯之盛者也……内行则姑姊妹之不嫁者七人，闺门之内，般乐奢汰，以齐之分奉之而不足……其事行也若是，其险污淫汰也。"齐宣王更是放肆，毫无忌讳地直言自己好勇、好货、好色的毛病。《孟子·梁惠王下》载："王曰：'大哉言矣！寡人有疾，寡人好勇。'""王曰：'寡人有疾，寡人好货。'……王曰：'寡人有疾，寡人好色。'"（《孟子·梁惠王下》）王即是齐宣王，他集"好勇""好货""好色"于一身，任由物欲横流。孔子生在春秋时代，不无忧患地说："吾未见好德如好色者也。"（《论语·子罕》）

真实的242年的春秋历史是道术分裂，学派林立，诸子蜂起。《庄子·天下》载："天下大乱，贤圣不明，道德不一，天下多得一察焉以自好。譬如耳目鼻口，皆有所明，不能相通。犹百家众技也，皆有所长，时有所用。虽然，不该不遍，一曲之士也。判天地之美，析万物之理，察古人之全，寡能备于天地之美，称神明之容。是故内圣外王之道，暗而不明，郁而不发，天下之人各为其所欲焉以自为方。悲夫，百家往而不反，必不合矣！后世之学者，不幸不见天地之纯，古人之大体，道术将为天下裂。"当时各家各派，虽然各有所长，但都是一曲之士，不知"内圣外王之道"。看看《荀子·非十二子》："假今之世，饰邪说，文奸言，以枭乱天下，矞宇嵬琐使天下混然不知是非治乱之所在者有人矣。纵情性，安恣睢，禽兽行，不足以合文通治；然而其持之有故，其言之成理，足以欺惑愚众。是它嚣魏牟也。忍情性，綦溪利跂，苟以分异人为高，不足以合大众，明大分；然而其持之有故，其言之成理，足以欺惑愚众。是陈仲史䲡也。不知壹天下建国家之权称，上功用，大俭约，而僈差等，曾不足以容辨异，县君臣；然而其持之有故，其言之成理，足以欺惑愚众。是墨翟宋钘也。尚法而无法，下修而好作，上则取听于上，下则取从于俗，终日言成文典，反紃察之，则倜然无所归宿，不可以经国定分；然而其持之有故，其言之成理，足以欺惑愚众。是慎到田骈也。不法先王，不是礼义，而好治怪说，玩琦辞，甚察而不惠，辩而无用，多事而寡功，不可以为治纲纪；然而其持之有故，其言之成理，足以欺惑愚众。是惠施邓析也。略法先王而不知其统，犹然而犹材剧志大，闻见杂博。案往旧造说，谓之五行，甚僻违而无类，幽隐而无说，闭约而无解。案饰其辞，而只敬之，曰：此真先君子之言也。子思唱之，孟轲和之。世俗之沟犹瞀儒嚾嚾然不知其所非也，遂受而传之，以为仲尼、子弓为兹厚于后世。是则子思、孟轲之罪也。"又看看《韩非子·显学》："世之显学，儒、墨也。儒之所至，孔丘也。墨之所至，墨翟也。自孔子之死也，有子张之儒，有子思之儒，有颜氏之儒，有孟氏之儒，有漆雕氏之儒，有仲良氏之儒，有孙氏之儒，有乐正乐之儒。自墨子之死也，有相里氏之墨，有相夫氏之墨，有邓陵氏之墨。故孔、墨之后，儒分为八，墨离为三，取舍相反不同，而皆自谓真孔、墨，孔、墨不可复生，将谁使定世之学乎？孔子、墨子俱道尧、舜，而取舍不同，皆自谓真尧、舜，尧、舜不复生，将谁使定儒、墨之诚乎？殷、周七百余岁，虞、夏二千余岁，而不能定儒、墨之真，今乃欲审尧、舜之道于三千岁之前，意者其不可必乎！无参验而必之者，愚也；弗能必而据之者，诬也。故明据先王，必定尧、舜者，非愚则诬也。"当时各家相互批判，非常激烈，比如孟子距杨墨，就言之切切："圣王不作，诸侯放恣，处士横议，杨朱、墨翟之言盈天下。天下之言不归杨，则归墨。杨氏为我，是无君也；墨氏兼爱，是无父也。无父无君，是禽兽也。公明仪曰：'庖有肥肉，厩有肥马；民有饥色，野有饿莩，此率兽而食人也。'杨墨之道不息，孔子之道不著，是邪说诬民，充塞仁义也。仁义充塞，则率兽食人，人将相食。吾为此惧，闲先圣之道，距扬墨，放淫辞，邪说者不得作。作于其心，害于其事；作于其事，害于其政。圣人复起，不易吾言矣。……无父无君，是周公所膺也。我亦欲正人心，息邪说，距诐行，放淫辞，以承三圣者；岂好辩哉？予不得已也。能言距杨墨者，圣人之徒也。"（《孟子·滕文公下》）总起来说，在当时的思想界，一方面学派林立，每一家各有创获，持之有故，言之成理，各有一曲；另一方面思想自由，各家争鸣激烈，道家《庄子》、法家《韩非子》、儒家《孟子》《荀子》以及墨家《墨子》等都在争鸣中标明自家立场，并评论各家优劣、深浅、得失，而且儒家内部、墨家内部也互有批评、争论；再一方面各家都自认自己的思想得道术之全，是真学术，并试图说服君主使自己的思想定于一尊，推行于世，救时补弊，解决现实问题。

  从上面的简略描述可见，从批判的眼光可以看到这部活生生的有血有肉、丰富多彩的历史中充满暴力、充满混乱、充满物欲、充满争辩。当然，这部历史远不止这些，也有不少可以值得嘉奖的事迹。历史要向前文明地迈进，正面进步的当然要看到，并发扬光大，但负面落后的更要关注，因为救时补弊，关键在找到社会的病症，以便开出疗救的药方。《左传》是非常重视这个真实的史事记载的，读罢更能详细了解各国兴衰的历史画卷。《史记》也是非常重视这个真实的史事记载的，真实地记录了春秋时代的善善恶恶及其复杂的各种社会现象和历史事迹。哲学的思考要超越现实，超越现实必须有批判的眼光，批判的眼光必然要特别关注实然的"不是"。

  面对这样一部真实的春秋历史，公羊家该如何思考呢？如何对待呢？此外，公羊家不仅要为真实的春秋历史而思，还要为书写的《春秋》而思。

  再看看书写的《春秋》。先不管是谁作的，看看里面到底写了些什么。书写的这部《春秋》非常简单，近代学者梁启超按现代标准论道，以今代的史眼读之，不能不大诧异：第一，其文句简短，达于极点。每条最长者不过四十余字，最短者仅一字。第二，一条记一事，不相联属，绝类村店所用之流水账簿。每年多则十数条，少则三四条(《竹书记年》记夏殷事有数十年乃得一条者)；又绝无组织，任意断自某年，皆成起讫。第三，所记仅各国宫廷事，或宫廷间相互之关系，而于社会情形一无所及。第四，天灾地变等现象，本非历史事项者，反一一注意详记。① 我们不妨来看"隐公元年"的书写："元年，春，王正月。三月，公及邾娄仪父盟于眛。夏五月，郑伯克段于鄢。秋七月，天王使宰咺来归惠公仲子之赗。九月，及宋人盟于宿。冬十有二月，祭伯来。"从这里可以清楚地看到，书写的《春秋》非常简单地记录了一年当中的几件事，记事的要件倒是分明，有时间、地点、人物、事迹。但读起来，真的"绝类村店所用之流水账簿"。北宋宰相王安石读到《春秋》，就曾说"《春秋》漫不能通"，认为"于《春秋》不可以偏旁点画通"，还讥其为"断烂朝报"②。从事实来说，《春秋》如此简单，漫不能通是必然的。怪不得早在东汉时期，名儒桓谭就曾尖锐刻薄地指出："左氏经之与传，犹衣之表里，相持而成，经而无传，使圣人闭目思之，十年不能得知也。"(《新论·正经》)要不是《左传》详细记录当时历史实况，面对如此文本，圣人也奈何不了，十年不知又何足怪哉！换言之，要真的写史，就应该像《左传》那样。

面对这样一部已经书写的《春秋》，公羊家又该如何思考呢？如何对待呢？是把《春秋》当作一部真实的记载事实事件的史书，还是当作一部别有深意的经书呢？

---

① 梁启超：《中国历史研究法》，《梁启超史学论著四种》，岳麓书社1998年版，第117页。
② 此说最早见于元符二年(1099年)苏辙所作的《春秋集解引》："近岁王介甫，以宰相解经，行之于世，于《春秋》漫不能通，则诋以为断烂朝报，使天下士不得复学。"《宋史》本传言王安石"黜《春秋》之书，不使列于学官，至戏目为'断烂朝报'"。《宋史纪事本末》卷九载："神宗熙宁四年二月丁巳，更令可举法从王安石议，罢诗赋及明经诸科，专以经义、论、策试士。王安石又谓：'孔子作《春秋》，实垂法立教之大典，当时游、夏不能赞一词。自今观之，一如断烂朝报，绝非仲尼之笔也。《仪礼》亦然。请自今经毋以进讲，学校毋以设officers，贡举毋以取士。'从之。"清人萧穆《跋孙莘老〈春秋经解〉》云："或者习闻荆公之弟子陆佃、龚原尝治《春秋》，各有撰述，凡遇疑义，辄以为阙文。荆公笑曰：'阙文如此之多，则《春秋》断烂朝报矣。'此语盖二子著书，凡遇疑义只尝存之，不宜归咎原书之有阙文耳。此正荆公尊经之至意，非诋为断烂朝报也。"(萧穆《敬孚类稿》卷五，光绪三十二年刊本)上述材料表明，王安石实有其说和其举，但并不表明他就完全"非经""非圣"。(杨新勋：《王安石〈春秋〉断烂朝报说辨正》，载《中国典籍与文化》2004年第2期，第62—65页。)

(二) 一统的汉代社会

公羊家的政治哲学思考，最直接的就是针对春秋与《春秋》两部历史。这是其一。还有其二是刚刚过去的秦帝国与深处其中的汉帝国。

分裂的春秋战国时代结束，就是大一统的秦帝国。秦始皇统一六国，建立了一个高度集权的国家。秦始皇的最大希望是："朕为始皇帝。后世以计数，二世三世至于万世，传之无穷。"长治久安是一个政治大问题。为此，他采取了一系列措施。《史记·秦始皇本纪》载：秦始皇"分天下以为三十六郡，郡置守、尉、监"。"一法度衡石丈尺。车同轨。书同文字。""刚毅戾深，事皆决于法，刻削毋仁恩和义，然后合五德之数。"同时，采纳丞相李斯的建议，焚书非儒（后来还直接发展到"坑儒非孔"[①]），以吏为师："五帝不相复，三代不相袭，各以治，非其相反，时变异也。今陛下创大业，建万世之功，固非愚儒所知。且越言乃三代之事，何足法也？异时诸侯并争，厚招游学。今天下已定，法令出一，百姓当家则力农工，士则学习法令辟禁。今诸生不师今而学古，以非当世，惑乱黔首。丞相臣斯昧死言：古者天下散乱，莫之能一，是以诸侯并作，语皆道古以害今，饰虚言以乱实，人善其所私学，以非上之所建立。今皇帝并有天下，别黑白而定一尊。私学而相与非法教，人闻令下，则各以其学议之，入则心非，出则巷议，夸主以为名，异取以为高，率群下以造谤。如此弗禁，则主势降乎上，党与成乎下。禁之便。臣请史官非秦记皆烧之。非博士官所职[②]，天下敢有藏《诗》《书》、百家语者，悉诣守、尉杂

[①] 《史记·秦始皇本纪》载："卢侯、卢生相与谋曰：'始皇为人，天性刚戾自用，起诸侯，并天下，意得欲从，以为自古莫及己。专任狱吏，狱吏得亲幸。博士虽七十人，特备员弗用。丞相诸大臣皆受成事，倚辨于上。上乐以刑杀为威，天下畏罪持禄，莫敢尽忠。上不闻过而日骄，下慑伏谩欺以取容。秦法，不得兼方不验，辄死。然候星气者至三百人，皆良士，畏忌讳谀，不敢端言其过。天下之事无小大皆决于上，上至以衡石量书，日夜有呈，不中呈不得休息。贪于权势至如此，未可为求仙药。'于是乃亡去。始皇闻亡，乃大怒曰：'吾前收天下书不中用者尽去之。悉召文学方术士甚众，欲以兴太平，方士欲练以求奇药。今闻韩众去不报，徐市等费以巨万计，终不得药，徒奸利相告日闻。卢生等吾尊赐之甚厚，今乃诽谤我，以重吾不德也。诸生在咸阳者，吾使人廉问，或为妖言以乱黔首。'于是使御史悉案问诸生，诸生传相告引，乃自除。犯禁者四百六十余人，皆坑之咸阳，使天下知之，以惩后。益发谪徙边。始皇长子扶苏谏曰：'天下初定，远方黔首未集，诸生皆诵法孔子，今上皆重法绳之，臣恐天下不安。唯上察之。'始皇怒，使扶苏北监蒙恬于上郡。"

[②] 《史记·秦始皇本纪》载："始皇置酒咸阳宫，博士七十人前为寿。"

烧之。有敢偶语《诗》《书》者弃市。以古非今者族。吏见知不举者与同罪。令下三十日不烧，黥为城旦。所不去者，医药卜筮种树之书。若欲有学法令，以吏为师。"(《史记·秦始皇本纪》)由上可知，秦朝在实现军事一统与地域一统后，又实现了政治一统与思想一统。"天下之事无小大皆决于上"、"别黑白而定一尊"，"分天下以为三十六郡"，"法令出一"、"法令由一统"①、"一法度"、"事皆决于法"，"以吏为师"是秦王朝高度集权一统的标志性象征。可铁定的历史是，"万世传之无穷"不成，结果"二世而亡"。

紧接着是楚汉之争，最终楚败汉胜，汉王朝建立。为什么楚败汉胜呢？刘邦与列侯诸将的对话耐人寻味，暗藏"君道"的秘密："高祖置酒雒阳南宫。高祖曰：'列侯诸将无敢隐朕，皆言其情。吾所以有天下者何？项氏之所以失天下者何？'高起、王陵对曰：'陛下慢而侮人，项羽仁而爱人。然陛下使人攻城略地，所降下者因以予之，与天下同利也。项羽妒贤嫉能，有功者害之，贤者疑之，战胜而不予人功，得地而不予人利，此所以失天下也。'高祖曰：'公知其一，未知其二。夫运筹策帷帐之中，决胜于千里之外，吾不如子房。镇国家，抚百姓，给馈饷，不绝粮道，吾不如萧何。连百万之军，战必胜，攻必取，吾不如韩信。此三者，皆人杰也，吾能用之，此吾所以取天下也。项羽有一范增而不能用，此其所以为我擒也。'"(《史记·高祖本纪》)"与天下同利"与"吾能用人杰"是刘邦打天下得天下的两大法宝，其中深藏儒家"与民同利"与"为政在人"的学理，前者"得民心"，后者"得君道"，但刘邦并不觉察这是儒家所重。

历史在反思中前进，儒家的价值也在反思中得到体现。刘邦与陆贾"马上得天下"与"马上治天下"的对话改变了刘邦对儒学的态度："陆生时时前说称《诗》《书》。高帝骂之曰：'乃公居马上而得之，安事《诗》《书》！'陆生曰：'居马上得之，宁可以马上治之乎？且汤武逆取而以顺守之，文武并用，长久之术也。昔者吴王夫差、智伯极武而亡；秦任刑法不变，卒灭赵氏。乡使秦已并天下，行仁义，法先圣，陛下安得而有之？'高帝不怿而有惭色，乃谓陆生曰：'试为我著秦所以失天下，吾所以

---

① 这虽然是赞扬秦始皇的话，却透露事实真相："昔者五帝地方千里，其外侯服夷服诸侯或朝或否，天子不能制。今陛下兴义兵，诛残贼，平定天下，海内为郡县，法令由一统，自上古以来未尝有，五帝所不及。"(《史记·秦始皇本纪》)

得之者何，及古成败之国。'陆生乃粗述存亡之征，凡著十二篇。每奏一篇，高帝未尝不称善，左右呼万岁，号其书曰'新语'。"（《史记·陆贾列传》）逆取顺守，文武并用是一条"长久"的政治铁律。秦始皇如果能够懂得攻守之势异的道理，"已并天下"之后，"行仁义，法先圣"，刘邦又怎么能打得了天下！陆贾的历史洞见与政治智慧非同凡响。极武而亡，极刑法易反，"皆决于法"和"以吏为师"不能德化人心，难与守成。

一旦实现军事一统后，如何实现政治一统与文化一统，是摆在汉帝王面前的首要问题。汉承秦制，政治一统暂时成为事实，但事实未必应该，还有一系列制度等着去改革，去建设。"皆决于法"和"以吏为师"的结果是"二世而亡"，按陆贾的说法，"文"更有利于治天下。文主要指礼乐制度，这是儒家所重所长。因而推行礼乐制度，就可以充分显示儒者的作用。"汉家儒宗"叔孙通"希世度务，制礼进退，与时变化"，为汉帝王尊儒埋下了伏笔："汉五年，已并天下，诸侯共尊汉王为皇帝于定陶，叔孙通就其仪号。高帝悉去秦苛仪法，为简易。群臣饮酒争功，醉或妄呼，拔剑击柱，高帝患之。叔孙通知上益厌之也，说上曰：'夫儒者难与进取，可与守成。臣原征鲁诸生，与臣弟子共起朝仪。'高帝曰：'得无难乎？'叔孙通曰：'五帝异乐，三王不同礼。礼者，因时世人情为之节文者也。故夏、殷、周之礼所因损益可知者，谓不相复也。臣原颇采古礼与秦仪杂就之。'上曰：'可试为之，令易知，度吾所能行为之。'于是叔孙通使征鲁诸生三十余人。① 鲁有两生不肯行，曰：'公所事者且十主，皆面谀以得亲贵。今天下初定，死者未葬，伤者未起，又欲起礼乐。礼乐所由起，积德百年而后可兴也。吾不忍为公所为。公所为不合古，吾不行。公往矣，无汙我！'叔孙通笑曰：'若真鄙儒也，不知时变。'"叔孙通与时变化，制礼进退，为刘邦找到了当皇帝的感觉。"于是高帝曰：'吾乃今日知为皇帝之贵也。'乃拜叔孙通为太常，赐金五百斤。"叔孙通也真的善于"与时变化"，"因进曰：'诸弟子儒生随臣久矣，与臣共为仪，原陛下官

---

① 儒家礼乐文明在鲁国是保存得最好的，即便秦始皇焚儒非孔，也没有对鲁文化造成实质性的文化灾难："及高皇帝诛项籍，举兵围鲁，鲁中诸儒尚讲诵习礼乐，弦歌之音不绝，岂非圣人之遗化，好礼乐之国哉？故孔子在陈，曰'归与归与！吾党之小子狂简，斐然成章，不知所以裁之'。夫齐鲁之间于文学，自古以来，其天性也。故汉兴，然后诸儒始得修其经，讲习大射乡饮之礼。叔孙通作汉礼仪，因为太常，诸生弟子共定者，咸为选首，于是喟然叹兴于学。然尚有干戈，平定四海，亦未暇遑庠序之事也。"（《史记·儒林列传》）

之.'高帝悉以为郎。叔孙通出，皆以五百斤金赐诸生。诸生乃皆喜曰：'叔孙生诚圣人也，知当世之要务。'"(《史记·叔孙通列传》)儒生能做官，不是简单地为了解决一个"谋食"的问题，更重要的是可以做王者师，帮助帝王"守成"天下，解决一个"谋道"的问题。"儒者难与进取，可与守成"，而"守成"又"知当世之要务"，"与时变化"，这样看来，儒者纳入到官僚体制内不过是迟早的事情。历史的实况是，"孝惠、吕后时，公卿皆武力有功之臣。孝文时颇征用，然孝文帝本好刑名之言。及至孝景，不任儒者，而窦太后又好黄老之术，故诸博士具官待问，未有进者"(《史记·儒林列传》)。"征用"与"任儒"是有区别的，"征用"是储备人才，"任儒"是使用人才。直到汉武帝时，儒生才真正登上历史舞台，发挥实质性的作用。公羊家公孙弘为天子三公，就是真的"任儒"行为。

历史有历史自身的逻辑。一统的汉帝国就像一统的秦帝国，也希望刘家天下能够"万世传之无穷"。"汤武革命"这种政治革命合法性的问题已经不需要再来讨论，而需要讨论的是如何论证和维护已经一统的政权，以及能提出真正可以有助长治久安的方略。[①]但哲学也有哲学自身的逻辑，总要立足现实，又超越现实。摆在公羊家面前的"两段实史"和"一本文史"，是公羊家必须面对的。

二 可贵的子学资源与可尊的经学资源

公羊家将针对什么来展开他们的思考已如前述，而根据什么来思考还需要考察传统的思想资源。先秦时代曾被称为是一个"哲学突破"的时代，百家争鸣，各家思想都有独创性。冯友兰把整个古代哲学分为"子学"与"经学"两部分，认为："自孔子至淮南子为子学时代，自董仲舒至康有为为经学时代。在经学时代中，诸哲学家无论有无新见，皆须依傍

[①]《史记·儒林列传》："清河王太傅辕固生者，齐人也。以治诗，孝景时为博士。与黄生争论景帝前。黄生曰：'汤武非受命，乃弒也。'辕固生曰：'不然。夫桀纣虐乱，天下之心皆归汤武，汤武与天下之心而诛桀纣，桀纣之民不为之使而归汤武，汤武不得已而立，非受命为何？'黄生曰：'冠虽敝，必加于首；履虽新，必关于足。何者，上下之分也。今桀纣虽失道，然君上也；汤武虽圣，臣下也。夫主有失行，臣下不能正言匡过以尊天子，反因过而诛之，代立践南面，非弒而何也？'辕固生曰：'必若所云，是高帝代秦即天子之位，非邪？'于是景帝曰：'食肉不食马肝，不为不知味；言学者无言汤武受命，不为愚。'遂罢。是后学者莫敢明受命放杀者。"

古代即子学时代哲学家之名，大部分依傍经学之名，以发布其所见。其所见亦多以古代即子学时代之哲学中之术语表出之。此时诸哲学家所酿之酒，无论新旧，皆装于古代哲学，大部分为经学，之瓶内。"① 这段话深刻地指出了诸子百家的原创性特点。但是，子学是就"人"而言的，突出了"学"的首创者，经学是就"经"而言，突出了"学"的经文本，这种划分不是同一个标准。但都是言学的，指向学术分野，也自成一家之言。

（一）可贵的子学资源

春秋时代，韩非子论"显学"，荀子"非十二子"，孟子"距杨墨"，墨子"非儒"，庄子纵论"天下"儒墨道法各派，为后人了解当时学林提供一幅幅独具眼光的学术图景。不过真正有影响，主要还是六家，即阴阳、儒、墨、名、法、道德。司马谈论"六家要指"依次对前五家进行了优劣并存的辩证分析："尝窃观阴阳之术，大祥而众忌讳，使人拘而多所畏；然其序四时之大顺，不可失也。② 儒者博而寡要，劳而少功，是以其事难尽从；然其序君臣父子之礼，列夫妇长幼之别，不可易也。③ 墨者俭而难遵，是以其事不可徧循；然其强本节用，不可废也。④ 法家严而少恩；

---

① 冯友兰：《中国哲学史》，商务印书馆1976年版，第201页。这个分法有人并不赞成，因为自董仲舒至康有为，中间还有很多环节，而且各有特色，于是学界有汉代经学、魏晋玄学、隋唐佛学、宋明理学、清代朴学的划分。应该说，不笼统地把自董仲舒至康有为称为经学时代不无道理。但这是否意味着这组概念就不能用呢？答案是否定的，关键是看怎么用，在什么意义上用。如果以某家学术是否受到官方独尊，学术是否具有原创性，学术是否允许自由讨论为标准来区分的话，把春秋战国时代诸子蜂起，自由探索，各为一子的时代看作是子学时代，是很贴切的；把一断于法、一任于道、一尊于儒的时代看作经学时代，也是不无道理的。由于一断于法、一任于道的时代相对短暂，而从汉武帝开始一尊于儒，并专列儒家元典，设置经学博士，推崇孔子学说，因此经学时代主要指独尊儒术的时代。而且有汉一代研究儒家五经最为突出，的确与魏晋玄学、隋唐佛学、宋明理学、清代朴学不同，把经学时代主要限定在汉代应该是可以理解的。

② "夫阴阳四时、八位、十二度、二十四节各有教令，顺之者昌，逆之者不死则亡。未必然也，故曰'使人拘而多畏'。夫春生夏长，秋收冬藏，此天道之大经也，弗顺则无以为天下纲纪，故曰'四时之大顺，不可失也'。"（《史记·太史公自序》）

③ "夫儒者以六艺为法。六艺经传以千万数，累世不能通其学，当年不能究其礼，故曰'博而寡要，劳而少功'。若夫列君臣父子之礼，序夫妇长幼之别，虽百家弗能易也。"（《史记·太史公自序》）

④ "墨者亦尚尧舜道，言其德行曰：'堂高三尺，土阶三等，茅茨不剪，采椽不刮。食土簋，啜土刑，粝粱之食，藜藿之羹。夏日葛衣，冬日鹿裘。'其送死，桐棺三寸，举音不尽其哀。教丧礼，必以此为万民之率。使天下法若此，则尊卑无别也。夫世异时移，事业不必同，故曰'俭而难遵'。要曰彊本节用，则人给家足之道。此墨子之所长，虽百长弗能废也。"（《史记·太史公自序》）

然其正君臣上下之分，不可改矣。① 名家使人俭而善失真；然其正名实，不可不察也。"②（《史记·太史公自序》）有趣的是，司马谈对道家没有任何微词，在批判儒家的同时将其论述成了一个已兼采其他各派思想优质资源而且很具包容性的学术："道家使人精神专一，动合无形，赡足万物。其为术也，因阴阳之大顺，采儒墨之善，撮名法之要，与时迁移，应物变化，立俗施事，无所不宜，指约而易操，事少而功多。儒者则不然。以为人主天下之仪表也，主倡而臣和，主先而臣随。如此则主劳而臣逸。至于大道之要，去健羡，绌聪明，释此而任术。夫神大用则竭，形大劳则敝。形神骚动，欲与天地长久，非所闻也。"③ 这个论述其实表明了一种立场与态度，即司马谈是要以道家为指导思想，来整合其他各派思想。汉代初期以黄老思想为指导，但纯粹的黄老思想未必能担当此任，因此以黄老思想为指导，综合百家之长，构成具有包容性的指导理论是最自然不过的事情。可历史上总有极端，李斯就是例子。显然，只有当下历史眼光的李斯与具有整体历史眼光的司马谈相比，是不可同日而语的。

在这点上，李斯的老师荀子倒是有大儒气度，有很高境界。荀子除了直接"非十二子外"，还从道的高度对子学时代的各家进行了"解蔽"，指出了各家的优点和缺点。《荀子·解蔽》先是总论子学时代"百家异说"的真理性与政治性："今诸侯异政，百家异说，则必或是或非，或治或乱。"接着分析了"蔽"的集中表现，并指出"蔽"（相当于片面性）是"心术之公患"："故为蔽：欲为蔽，恶为蔽，始为蔽，终为蔽，远为蔽，近为蔽，博为蔽，浅为蔽，古为蔽，今为蔽。凡万物异则莫不相为蔽，此

---

① "法家不别亲疏，不殊贵贱，一断于法，则亲亲尊尊之恩绝矣。可以行一时之计，而不可长用也，故曰'严而少恩'。若尊主卑臣，明分职不得相逾越，虽百家弗能改也。"
② "名家苛察缴绕，使人不得反其意，专决于名而失人情，故曰'使人俭而善失真'。若夫控名责实，参伍不失，此不可不察也。"（《史记·太史公自序》）
③ "道家无为，又曰无不为，其实易行，其辞难知。其术以虚无为本，以因循为用。无成执，无常形，故能究万物之情。不为物先，不为物后，故能为万物主。有法无法，因时为业；有度无度，因物与合。故曰'圣人不朽，时变是守。虚者道之常也，因者君之纲'也。群臣并至，使各自明也。其实中其声者谓之端，实不中其声者谓之窾。窾言不听，奸乃不生，贤不肖自分，白黑乃形。在所欲用耳，何事不成。乃合大道，混混冥冥。光耀天下，复反无名。凡人所生者神也，所托者形也。神大用则竭，形大劳则敝，形神离则死。死者不可复生，离者不可复反，故圣人重之。由是观之，神者生之本也，形者生之具也。不先定其神，而曰'我有以治天下'，何由哉?"（《史记·太史公自序》）

心术之公患也。"然后又举实例分"人君之蔽"、"人臣之蔽"、"宾孟之蔽"三种情况讨论了"蔽塞之祸"与"不蔽之福",非常深刻,其中"宾孟之蔽"主要探讨学术界的事情:"昔宾孟之蔽者,乱家是也。墨子蔽于用而不知文,宋子蔽于欲而不知得,慎子蔽于法而不知贤,申子蔽于执而不知知,惠子蔽于辞而不知实,庄子蔽于天而不知人。"在讲完各家所"蔽"之后,荀子又指出了"蔽"的极端片面性"尽":"故由用谓之道尽利矣,由俗谓之道尽嗛矣,由法谓之道尽数矣。由执谓之道尽便矣,由辞谓之道尽论矣,由天谓之道尽因矣:此数具者,皆道之一隅也。"站在"道"的高度来看,各家的学术眼界及其局限性一目了然了:"夫道者,体常而尽变,一隅不足以举之。曲知之人,观于道之一隅而未之能识也,故以为足而饰之,内以自乱,外以惑人,上以蔽下,下以蔽上;此蔽塞之祸也。"与司马谈对道家没有微词一样,荀子虽然对儒家孟派不满,但对儒家始祖孔子同样没有微词:"孔子仁知且不蔽,故学乱术足以为先王者也。一家得周道,举而用之,不蔽于成积也。故德与周公齐,名与三王并,此不蔽之福也。"在道术分裂的春秋时代,各家虽然各有所长,但又无法一统天下。如何以一家为指导思想,同时又能吸收各家之长,形成一个充当"王官学"的学术理论,实在是思想要求介入现实实践必须面对的问题。司马谈直接从"治"的角度进行可贵的探索,也充分肯定了子学资源的可贵之处,应该说,这是非常理性的,反映了中国传统重综合和合的传统。荀子从"治"的角度进行论述,但他始终不乏从哲学认识论高度,亦即"知道"的认识论角度来进行思考:"心知道然后可道。可道然后能守道以禁非道。以其可道之心取人,则合于道人而不合于不道之人矣。以其可道之心与道人论非道,治之要也。何患不知?故治之要在于知道。"在先秦诸子当中,荀子不仅是最具逻辑思辨能力的,而且,他的论证表达也是最具有逻辑条理特征的,同时,也是最喜欢从整体宇宙"大理"的高度切合实际做论证的。他认为:"凡人之患,蔽于一曲,而闇于大理。治则复经,两疑则惑矣。天下无二道,圣人无两心。""圣人知心术之患,见蔽塞之祸,故无欲、无恶、无始、无终、无近、无远、无博、无浅、无古、无今,兼陈万物而中县衡焉。是故众异不得相蔽以乱其伦也。"如果说"天下无二道,圣人无两心"特别强调突出了"一道"与"一心"绝对必要(相当于思想一统或文化一统的绝对必要)的话,那么,"兼陈万物而中县衡"则特别体现了在"一道"与"一心"的引领下对"众道"与"众心"的综合权衡与综合创新的思想旨趣。"治之要在于知道"又何尝不要明白"治之要在知以一心一道兼陈万物之道"呢？各家思想都有可贵的思想资源，荀子的此一思想实乃一非常有利于政治文化建设的思想资源。

根据各家的优劣，司马谈其实为汉代政治阐发了一个最有意思的"综合创新"政治总纲，即在"使人精神专一"的道家指导下，把儒者"不可易"的"序君臣父子之礼"、法家"不可改"的"正君臣上下之分"、名家"不可不察"的"正名实"、墨家"不可废"的强本节用、阴阳家"不可失"的"序四时之大顺"结合起来，形成一个以"政治秩序"为核心的纲领。面对着这些可贵的子学资源，公羊家又怎么思考呢，怎么去对待呢？他们是否也像荀子、司马谈那样来思考、来对待呢？当我们后面讨论到"王道""大一统"正式作为核心思想被公羊家所深入阐发时，当公羊家权威董仲舒以儒家思想（孔子之术）来一统各家并进行国家意识形态建设时，谜底就会揭穿。

（二）可尊的经学资源

先秦时期不仅给汉代学者提供了可贵的子学资源，也为他们提供了可尊的经学资源。"经"的提法早在先秦就已经被多家谈论。《庄子·天运》集中对"六经"进行了论述："孔子谓老聃曰：'丘治《诗》《书》《礼》《乐》《易》《春秋》六经，自以为久矣，孰知其故矣；以奸者七十二君，论先王之道而明周、召之迹，一君无所钩用。甚矣夫！人之难说也，道之难明邪？'老子曰：'幸矣子之不遇治世之君也！夫六经，先王之陈迹也，岂其所以迹哉！今子之所言，犹迹也。夫迹，履之所出，而迹岂履哉！'"儒家是否只是知道"先王之陈迹"而不知道"其所以迹者"，至少在荀子看来就是值得"解蔽"的事情。但这里指出了孔子的一个至关重要的政治主张：治世之君当以六经治世。老子不赞成以六经治世，所以说了一句风凉话："幸矣子之不遇治世之君。"在此，儒道的差别已经显示出来了，是儒家，就会推行孔子"治世之君当以六经治世"的思想。老子不赞成，但《庄子·天下》中却并没有否定"六经"的价值，而是对其进行了极能把握精神实质的概括："《诗》以道志，《书》以道事，《礼》以道行，《乐》以道和，《易》以道阴阳，《春秋》以道名分。其数散于天下而设于中国者,百家之学时或称而道之。"①《庄子》此篇是否受儒家思想的影响,有待考证,但如果真是"百家之学时或称而道之",就可见在当时的影响巨大了。

翻阅先秦典籍,称引"六经"确实非常普遍,那是铁定的事实,可以做一个系统的专题来进行研究。当时,明言"经"对"学"具有决定性影响的是儒家权威人士荀子。他说:"学恶乎始?恶乎终?曰:其数则始乎诵经,终乎读礼;其义则始乎为士,终乎为圣人。真积力久则入,学至乎没而后止也。故学数有终,若其义则不可须臾舍也。为之,人也;舍之,禽兽也。故《书》者,政事之纪也;《诗》者,中声之所止也;《礼》者,法之大分,类之纲纪也。故学至乎《礼》而止矣。夫是之谓道德之极。《礼》之敬文也,《乐》之中和也,《诗》《书》之博也,《春秋》之微也,在天地之间者毕矣。"(《荀子·劝学》)又说:"学莫便乎近其人。《礼》《乐》法而不说,《诗》《书》故而不切,《春秋》约而不速。方其人之习君子之说,则尊以遍矣,周于世矣。故曰:学莫便乎近其人。"(同上)尽管荀子在这两段文字中表述不尽一致,但他还是把"经"与"六经"做了一个"可尊"的论说。荀子是理性的,他说"始乎诵经,终乎读礼",其实关注的是"经中的礼"。而"礼"是王道的根本,是王制的体现,这与荀子隆礼是一致的,也是对孔子尊礼思想的自然延伸。荀子不满足于此,还要从哲学高度的"道"来进行言说:"圣人也者,道之管也。天下之道管是矣,百王之道一是矣。故《诗》《书》《礼》《乐》之归是矣。《诗》言是,其志也;《书》言是,其事也;《礼》言是,其行也;《乐》言是,其和也;《春秋》言是,其微也。"(《荀子·儒效》)从"百王之道一是矣"的角度来看,六经不仅是一个"可尊"的问题,更是一个"必尊"的问题。

孔子与六经的关系是非常重要的,孔子对六经的态度也是非常重要

---

① 类似概括在后来更多,或突出内容,或突出功能。《史记·太史公自序》:"《易》著天地阴阳四时五行,故长于变;《礼》经纪人伦,故长于行;《书》记先王之事,故长于政;《诗》记山川溪谷禽兽草木牝牡雌雄,故长于风;《乐》乐所以立,故长于和;《春秋》辩是非,故长于治人。是故《礼》以节人,《乐》以发和,《书》以道事,《诗》以达意,《易》以道化,《春秋》以道义。"《汉书·艺文志》:"六艺之文:《乐》以和神,仁之表也;《诗》以正言,义之用也;《礼》以明体,明者著见,故无训也;《书》以广听,知之术也;《春秋》以断事,信之符也。五者,盖五常之道,相须而备,而《易》为之原。"《法言·寡见》:"说天者莫辩乎《易》,说事者莫辩乎《书》,说体者莫辩乎《礼》,说志者莫辩乎《诗》,说礼者莫辩乎《春秋》。"

的。暂且不说孔子如何删减或修作六经，不妨先来看看孔子作为一个教育家对于六经的态度。《礼记·经解》载："孔子曰：'入其国，其教可知也。其为人也，温柔敦厚，《诗》教也；疏通知远，《书》教也；广博易良，《乐》教也；絜静精微，《易》教也；恭俭庄敬，《礼》教也；属辞比事，《春秋》教也。故《诗》之失，愚；《书》之失，诬；《乐》之失，奢；《易》之失，贼；《礼》之失，烦；《春秋》之失，乱。其为人也，温柔敦厚而不愚，则深于《诗》者也；疏通知远而不诬，则深于《书》者也；广博易良而不奢，则深于《乐》者也；絜静精微而不贼，则深于《易》者也；恭俭庄敬而不烦，则深于《礼》者也；属辞比事而不乱，则深于《春秋》者也。'"① 如果我们不以《论语》的记载为孔子思想唯一可靠史料的话，那么，这则材料就表明，孔子本人是"以六经为教"的，不仅如此，他还非常理性地看到"六经"当中的"失"（相当于荀子的"蔽"②），而且，还从一个教育家的角度提出了"救失"所需要注意的方面。前引《庄子·天运》可见孔子主张"治世之君当以六经治世"，此引又可见孔子主张"入国知教"，换言之，孔子又主张"治世之君当以六经施教"。孔子晚年居家，以六经施教，可以印证《礼记·经解》的话。

六经的价值在汉代受到高度重视，六经的政治价值更是受到高度重视。以下几则材料做了不同的概括，可见，六经之所以成为"可尊"资源的主流认识：

> 孔子曰："六艺之于治一也。《礼》以节人，《乐》以发和，《书》以道事，《诗》以达意，《易》以神化，《春秋》以义。"（《史记·滑稽列传》）

> 《易》基乾坤，《诗》始关雎，《书》美釐降，《春秋》讥不亲迎，此帝学举要之例。（《史记·外戚世家》）

---

① 《淮南子·泰族训》也有类似论述："五行异气而皆适调，六艺异科而皆同道。温惠柔良者，《诗》之风也；淳庞敦厚者，《书》之教也；清明条达者，《易》之义也；恭俭尊让者，《礼》之为也；宽裕简易者，《乐》之化也；刺几辩义者，《春秋》之靡也。故《易》之失鬼，《乐》之失淫，《诗》之失愚，《书》之失拘，《礼》之失忮，《春秋》之失訾。六者，圣人兼用而财制之。"

② 其实，孔子也讲"蔽"。《论语·阳货》："子曰：'由也，女闻六言六蔽矣乎？'对曰：'未也。''居，吾语女。好仁不好学，其蔽也愚；好知不好学，其蔽也荡；好信不好学，其蔽也贼；好直不好学，其蔽也绞；好勇不好学，其蔽也乱；好刚不好学，其蔽也狂。'"

六艺者，王教之典籍，先圣所以明天道，正人伦，致至治之成法也。(《汉书·儒林传》)

　　六经者，圣人所以统天地之心，著善恶之归，明吉凶之分，通人道之正，使不悖于其本性者也。故审六艺之指，则人天之理可得而和，草木昆虫可得而育，此永永不易之道也。(《汉书·匡衡传》)

　　把六经当作"治"典，"王教之典籍"，"至治之成法"，"永永不易之道"，"帝学举要之例"，六经之所以尊也就不难理解了。公羊家董仲舒曾说："君子知在位者不能以恶服人也，是故简六艺以赡养之。《诗》《书》序其志，《礼》《乐》纯其美，《易》《春秋》明其知，六学皆大，而各有所长。《诗》道志，故长于质。《礼》制节，故长于文。《乐》咏德，故长于风。《书》著功，故长于事。《易》本天地，故长于数。《春秋》正是非，故长于治人。能兼得其所长，而不能遍举其详也。"(《春秋繁露·玉杯》)这表明，公羊家对整个六经也是有了解的[①]。可尊的经学资源是公羊家所无法回避的。不过，公羊家最关注的自然是《春秋》经。

---

　　① 六经当中，乐经亡佚，实际只有五经。汉代已有学者将五经与五德相比附，如《白虎通义·五经》所云："经所以有五何？经，常也。有五常之道，故曰五经。《乐》仁；《书》义；《礼》礼；《易》智；《诗》信也。"

第二章　汉代公羊家政治文化考量的哲学方式

哲学思维方式在不同的国度有不同的表现，在中国古代，经学思维方式其实就是一种哲学思维方式。这种思维方式以"原道、征圣、宗经"为表征，很有特色。汉代公羊家充分运用了这种思维方式来进行政治思考。这种思维方式表现在对政治的思考上，则是"王"化孔子，托孔为王；"文"化实史，托鲁为王；"经"化文史，托经为王。"假托性"的主旨是王化、文化、经化，表明公羊家要对现实历史生活中的政治行为进行道德诊断，阐发出政治的应然道理。孔子素王之"素"，《春秋》当新王之"新"，托王于鲁之"托"，无不渗透着公羊家对"政治的善"与"善的政治"的独特哲学思考。

一　以"原道、征圣、宗经"为表征的经学思维方式

梁朝刘勰作《文心雕龙》，前三篇取名"原道、征圣、宗经"，这三个词实可用来概括传统的经学思维方式。刘勰在《原道》中论道："爰自风姓，暨于孔氏，玄圣创典，素王述训，莫不原道心以敷章，研神理而设教，取象乎河洛，问数乎蓍龟，观天文以极变，察人文以成化；然后能经纬区宇，弥纶彝宪，发挥事业，彪炳辞义。故知道沿圣以垂文，圣因文而明道，旁通而无涯，日用而不匮。《易》曰：'鼓天下之动者存乎辞。'辞之所以能鼓天下者，乃道之文也。"这段论"文"本质的话指明了"圣"、"文"、"道"三者的关系，即"道沿圣以垂文，圣因文而明道"。自然之道并不能言，需要圣人去把握，并形成文字供后人研习，而圣人通过作文揭示自然道理。这种把握世界的方式就是一种经学思维方式，即认为人的思维离不开经，而经得以文为载体，可文实以道为心，因此要知道就必须

宗经。由于"玄圣创典,素王述训","宗经"就必须"征圣"。最关键的还在于,宗经、征圣归根到底是为了原道。所谓原道,既是"求真",如原道心(探究规律的本原)、研神理(研究精深的道理)、观天文(观测天象万物的运行规律)、察人文(考察人类社会的发展规律);又是"求善",如设教(组织教育活动)、成化(化育民性万物);还是"求用",如敷章(写作文章)、极变(精通变理),以及经纬区宇(治理国家)、弥纶彝宪(制定良法)、发挥事业(建立功业)、彪炳辞义(光耀文化)。文以载道,辞以载道,真正研究文辞,应该"求真""求善""求用",把握天人规律与美德以经世致用。不明"道之文",不求"文之道",不可与论道。先秦时代的中国哲人大谈有道、无道,大论天道、地道、人道、王道、霸道、周道、汉道、君道、臣道,大讲知道、闻道、谋道、行道、原道等,这是一种哲学的形而上的思考。经学思维本质是立足于此的。

  虽然道可常,非常道,但要原道,还需道。尽管人人都可以言道论道,但凡人实在是常常不得真能明道载道,也难判天地之美,析万物之理,察古人之全,这就仰仗"圣人"了。刘勰在《征圣》中说:"夫作者曰圣,述者曰明,陶铸性情,功在上哲,夫子文章,可得而闻,则圣人之情,见乎辞矣。先王声教,布在方册;夫子风采,溢于格言。是以远称唐世,则焕乎为盛;近褒周代,则郁哉可从。此政化贵文之征也。郑伯入陈,以立辞为功;宋置折俎,以多文举礼。此事迹贵文之征也。褒美子产,则云'言以足志,文以足言';泛论君子,则云'情欲信,辞欲巧'。此修身贵文之征也。然则志足而言文,情信而辞巧,乃含章之玉牒,秉文之金科矣。"圣人立文辞,不在文辞本身,而在文以载道,前已揭明。文如其人,文见其德,文藏其道,征引圣人经典文辞当是人之所以为人的本性要求了。更何况如果贵文,一来有助实行"政化",推行政治教化;二来有助掌握"事迹",展示文化功能;三来有助个体"修身",不断"陶铸性情"。

  刘勰在《宗经》篇中对"经"的内涵与作用也进行了哲学的分析:"三极彝训,其书曰《经》。经也者,恒久之至道,不刊之鸿教也。故象天地,效鬼神,参物序,制人纪,洞性灵之奥区,极文章之骨髓者也。皇世《三坟》,帝代《五典》,重以《八索》,申以《九丘》,岁历绵暧,条流纷糅,自夫子删述,而大宝咸耀。"按照这个理解,《经》书所载的"经"本质是反映天地人"三极"常道"彝训"的,所以是"恒久之至道,不刊之鸿教",包括相当于今日所言的"放之四海而皆准的真理,不以人的意志为转移的规律"。透过"《经》"书来看"经",其实也就是透过"经文"来看"道",透过"有字之书"来看"无字之书",结果也就能求天地物序之真与天地万物之善,取象天地并效法天地,也就能求人文纲纪之真与人文道德之善,制定伦理政治法则,也就能洞察人心性灵之真与人心本性之善,体现人文化成的骨髓精神。对于这个"经"字,其他文献还有不少论述。《易·屯卦·象》曰:"雷震屯,君子以经纶。"《周礼·天官·太宰》言:"以经邦国。"汉郑玄注曰:"经,法也;王谓之礼经,常所秉以治天下也;邦国官府谓之礼法,常所以守为法式也。常者,其上下通名。"《左传·昭公十五年》云:"王之大经也。"唐孔颖达疏:"经者,纲纪之言也。"《释名·释典艺》载:"经,径也,如径路无所不通,可常用也。"《孝经正义》疏引皇侃曰:"经者,常也,法也。"又引桓谭《新论》曰:"经者,常行之典。"宋王应麟《玉海》卷四十一引郑玄《孝经注》:"经者,不易之称。"唐柳宗元《断刑论》说:"经也者,常也;权也者,达经者也。"上述对经的解释归结起来,有四层含义:一是常、不易,这是从常与变的对比而言;二是无所不通、可常用,这是从功用的普遍有效性和现实具体性而言;三是法、至道,这是从经作为普遍原则和永恒精神的义理而言;四是礼经、纲纪之言、王之大经,这是从国家治理的具体典章制度和思想观念而言。

所谓经学,就是以"六经"为核心进行解释而形成的学问。由于"六经"中所载的内容涉及社会经济、政治伦理、典章制度、文化教育、道德心理、文学艺术、宗教信仰等现代人文科学和社会科学各方面的内容,因此,从纯粹学术层面讲,经学的目标也就是探求宇宙人生的本原、道理、规律,即究天人之际、通古今之变、析万物之理、明治化之正、考历史之真、立生命之本,涉及儒家学者所理解的元哲学、元政治、元伦理、元历史和元社会问题,体现了中国古代学者对真、善、美的汲汲追求。整个经学的主体聚焦孔子形象的塑造和"六经"经典的解释以及再解释。所谓经学思维,从本质上说就是指儒家通过对儒家"六经"及其蕴涵其中的"常道"进行解说、注解、引申,以探求百世不易之"至道"为中心,以实现修己治人、经世致用为最终鹄的的一种模式化、格式化的思维方式。按照经学思维,就要原道、征圣、宗经,就要求真、求善、求用。不管是原道、征圣、宗经,还是求真、求善、求用,三者是一个复合体,本不可分割的。可以说，求真以探求规律、求善以寻求价值、求用以解决问题，是经学的基本价值取向。

经学的基本价值取向与对六经的认识是联系在一起的，班固在《汉书·儒林传》中已经明确指了出来："古之儒者，博学乎《六艺》之文。《六艺》者，王教之典籍，先圣所以明天道，正人伦，致至治之成法也。""明天道"即是求真，"正人伦"即是求善，"致至治"即是求用。当然，对"六经"的认识往往又与对孔子与六经的关系有很大关系。班固认为："周道既衰，坏于幽、厉，礼乐征伐自诸侯出，陵夷二百余年而孔子兴，衷圣德遭季世，知言之不用而道不行，乃叹曰：'凤鸟不至，河不出图，吾已矣夫！''文王既没，文不在兹乎？'于是应聘诸侯，以答礼行谊。西入周，南至楚，畏匡厄陈，奸七十余君。适齐闻《韶》，三月不知肉味；自卫反鲁，然后乐正，《雅》《颂》各得其所。究观古今篇籍，乃称曰：'大哉，尧之为君也！唯天为大，唯尧则之。巍巍乎其有成功也，焕乎其有文章！'又曰：'周监于二代，郁郁乎文哉！吾从周。'于是叙《书》则断《尧典》，称乐则法《韶舞》，论《诗》则首《周南》。缀周之礼，因鲁《春秋》，举十二公行事，绳之以文、武之道，成一王法，至获麟而止。盖晚而好《易》，读之韦编三绝，而为之传。皆因近圣之事，以立先王之教，故曰：'述而不作，信而好古'；'下学而上达，知我者其天乎！'"从这段话中可以看出，孔子对六经作了一定处理，更突出了天道、人伦、王法的内容，因此更有必要好好学习与研究。

在汉代初期，经学研究就引起了不少人的关注。《汉书·儒林传》载："汉兴，言《易》自淄川田生；言《书》自济南伏生；言《诗》，于鲁则申培公，于齐则辕固生，燕则韩太傅；言《礼》，则鲁高堂生；言《春秋》，于齐则胡毋生，于赵则董仲舒。"汉文帝已开始设置《诗经》博士，景帝时又设置《春秋》博士（董仲舒、胡毋生都是《春秋》博士），到武帝时五经都设有博士。《汉书·儒林传赞》载："自武帝立《五经》博士，开弟子员，设科射策，劝以官禄，讫于元始，百有余年，传业者浸盛，支叶蕃滋，一经说至百余万言，大师众至千余人，盖禄利之路然也。初，《书》唯有欧阳，《礼》后，《易》杨，《春秋》公羊而已。至孝宣世，复立《大小夏侯尚书》《大小戴礼》《施》《孟》《梁丘易》《穀梁春秋》。至元帝世，复立《京氏易》，平帝时，又立《左氏春秋》《毛诗》、逸《礼》、古文《尚书》，所以罔罗遗失，兼而存之，是在其中矣。"当经学得到政治支撑时，固然有一些人可能是把经学研究当成"禄利之路"，但也不可否定，真正有气节的知识分子还是要竭力以求真、求善、求用为己任的。

二 以"文化、经化、王化"为表征的政治哲学思考

以原道、征圣、宗经为表征的经学思维方式有很浓的哲学韵味，这种思维方式表现在对政治的哲学思考上，自然和古代政治最重要的主题词"王"要结合在一起。但从公羊家的思考路径来看，有必要调整这个讨论的顺序。先就征圣而言，公羊家不仅继续"圣"化孔子，而且还"王"化孔子，托孔为王，以孔子为素王；再就宗经而言，公羊家以为孔子借史作经，"经"化文史，托经为王，以《春秋》当新王。最后，就原道而言，公羊家为了探求历史应然之道，"文"化实史，托鲁为王。这种哲学思考是很独特的，真可谓"非常异义可怪之论"，但客观地体现在公羊家的心里。托圣人为王、托经书为王、托诸侯为王，三者既有区别，又本质一致，目的是构建王道大一统的政治秩序。托圣人为王的微言大义就是把孔子当作"王者"的化身，托经书为王的微言大义就是把《春秋》当作"王制"的化身，托鲁国为王的微言大义就是把鲁国当作"王国"的化身。这样，王者在王国立王制、行王道就是再也自然不过的事情了。

（一）"王"化孔子，托孔为王

众所周知，历史上的真孔子周游列国，不为所用，惶惶如丧家犬，更谈不上当过王。孔子一生好德崇德，也修成了一个有德者，当时有人称其为圣人，但孔子谦虚，并不以圣人自许，并自道身份鄙贱[①]。按《中庸》所载，孔子曾说："舜其大孝也与！德为圣人，尊为天子，富有四海之内。宗庙飨之，子孙保之。故大德必得其位，必得其禄，必得其名，必得其寿。故天之生物，必因其材而笃焉。故栽者培之，倾者覆之，诗曰：'嘉乐君子，宪宪令德！宜民宜人，受禄于天，保佑命之，自天申之！'故大德者必受命。"在儒家心目中，历史是公平的，"大德必得其位"除了舜之

[①] 太宰于子贡曰："夫子圣者与？何其多能也？"子贡曰："固天纵之将圣，又多能也。"子闻之，曰："太宰知我乎？吾少也贱，故多能鄙事。君子多乎哉？不多也。"（《论语·子罕》）

外，尧、禹、汤、文、武等就是代表。可是，在历史上，也有例外，周公有德却没有位，但周公是幸运的，摄过政，辅佐武王、文王，制礼作乐，"成文武之德"①，做了王者该做的事。周公即便不是"实"王，也是"文"王，即作为"王文化"代表的王。

孔子有德，可是不但没有尧、舜幸运，而且也连周公那样的幸运也没有，不能名正言顺地长久辅助王者成天子之事。因为春秋时代根本就没有了王，有的顶多是还打着"王牌"的王，其实是霸。按照孔子的主张，"不在其位，不谋其政"（《论语·泰伯》），安分守己才是正道。孔子毕生守礼，视听言动都非礼不为，也的确是这样做的。可是，孔子却非常担心王道礼乐文明从此失落，不时地发出无比忧患的感慨，尤其在自己身处困境时表现得更为强烈。《论语》载："子畏于匡，曰：'文王既没，文不在兹乎？天之将丧斯文也，后死者不得与于斯文也；天之未丧斯文也，匡人其如予何？'"这种文化历史担当精神总要体现出来，生命才能充实舒畅。孔子周游列国，本是希望"在位"，虽然在自己的祖国做过宰相，但还是未能彻底地推行心中的王道。

历史是复杂的，历史不会遵照思想的逻辑运行，而思想的逻辑总想让历史按照它来运行。有德却没有位，无位又不能谋政，那怎么办呢？为了实现心中的理想，孔子只好做一回千古罪人，这个罪人要宣扬礼乐文明，实施王化理想。做罪人又是通过什么途径做的呢？作《春秋》。

在春秋时代，历史不是谁都可以写的，由专门的史官负责。②可孔子竟然私自撰写了一部历史，开私撰历史之先河。孟子最早对此作了明确的描述，其中还引用了孔子的原话："世衰道微，邪说暴行有作，臣弑其君者有之，子弑其父者有之。孔子惧，作《春秋》。《春秋》，天子之事也。是故孔子曰：'知我者，其唯《春秋》乎！罪我者，其唯《春秋》乎！'……昔者禹抑洪水而天下平，周公兼夷狄驱猛兽而百姓宁，孔子成《春秋》而乱臣贼子惧。"（《孟子·滕文公下》）"王者之迹熄而《诗》

---

① 子曰："无忧者其惟文王乎！以王季为父，以武王为子，父作之，子述之。武王缵大王、王季、文王之绪。壹戎衣而有天下，身不失天下之显名。尊为天子，富有四海之内。宗庙飨之，子孙保之。武王末受命，周公成文武之德，追王大王、王季、上祀先公以天子之礼。斯礼也，达乎诸侯大夫，及士庶人。父为大夫，子为士；葬以大夫，祭以士。父为士，子为大夫；葬以士，祭以大夫。期之丧达乎大夫，三年之丧达乎天子，父母之丧无贵贱一也。"（《礼记·中庸》）

② 《汉书·艺文志》载："古之王者世有史官，君举必书，所以慎言行，昭法式。左史记言，右史记事，事为《春秋》，言为《尚书》，帝王靡不同之。"

亡，《诗》亡，然后《春秋》作。晋之《乘》、楚之《梼杌》、鲁之《春秋》，一也。其事则齐桓、晋文，其文则史。孔子曰：其义则丘窃取之矣。"(《孟子·离娄下》)作《春秋》，本是"天子之事"即王者之事，但孔子为了宣扬自己的王道理想不得已而"带罪"替王做事，因为这是僭越非礼，僭越非礼是孔子一生都反对的事情[1]，所以孔子自觉有罪，说"罪我者，其唯《春秋》"。如果后人知道这是不得已而为之的一件事，而且这是一件可以与除自然灾害（禹抑洪水而天下平）与社会危害（周公兼夷狄驱猛兽而百姓宁）相提并论的除思想毒害（孔子成《春秋》而乱臣贼子惧）的大事，那么孔子觉得非常欣慰，深感价值无比，因而说"知我者，其唯《春秋》"。

有德的孔子虽然没有位，不是王者，但却做了王者该做的事情，作了《春秋》。不仅孟子这样说，公羊寿在传中也是这样写的。《公羊传》庄公七年："不修春秋曰'雨星不及地尺而复'。君子修之曰'星霣如雨'。"《公羊传》昭公十二年："《春秋》之信史也。其序，则齐桓、晋文，其会，则主会者为之也，其词，则丘有罪焉耳。"公羊寿在以上两段传说中进一步确认了孟子的说法。所谓"不修春秋"就是国史《鲁春秋》[2]。当时，一般史官所记录的春秋，各国都有，虽然也可起到借鉴的作用，但其本身不是为了专门褒贬现实，宣扬王化而作的[3]。公羊寿在为《春秋·哀公十四年》经文"春，西狩获麟"写传时说："何以书？记异也。何异尔？非中国之兽也。然则孰狩之？薪采者也。薪采者，则微者也。曷为以狩言之？大之也。曷为大之？为获麟大之也。曷为获麟大之？麟者，仁兽也。有王者则至，无王者则不至。有以告者曰：'有麕而角者。'孔子曰：

---

[1] 《论语·八佾》记："孔子谓季氏：'八佾舞于庭，是可忍，孰不可忍也！'"古时一佾8人，八佾就是64人，据《周礼》规定，只有周天子才可以使用八佾，诸侯为六佾，卿大夫为四佾，士用二佾。季氏是正卿，只能用四佾，可用了八佾。孔子对此近乎愤怒地进行了指责。

[2] 《左传》昭公二年，晋韩起聘鲁，"观书于大史氏，见《易》《象》与《鲁春秋》"。《孟子·离娄下》曰："晋之《乘》，楚之《梼杌》，而鲁之《春秋》，一也。"《礼记·坊记》云："《鲁春秋》记晋丧曰：'杀其君之子奚齐及其君卓。'"不修春秋遵循史法，本身没有深意。但铁定的历史事实本身就是最好的镜子，正所谓以史为鉴，可以知成败，明得失。但这样历史事实，就需要越详细越好，讲清历史的来龙去脉，以便人们去借鉴。

[3] 刘知几《史通·六家》言："春秋家者，其先出于三代。案《汲冢琐语》记太丁时事，目为《夏殷春秋》。"《国语·晋语》载司马侯对晋悼公说："羊舌肸习于春秋。"《国语·楚语》讲申叔时论傅太子之法，言"教之以春秋"。《墨子·明鬼下》亦提到"周之春秋"、"燕之春秋"、"宋之春秋"、"齐之春秋"。《管子·山权数》载："《春秋》者，所以记成败也。"

'孰为来哉！孰为来哉！'反袂拭面，涕沾袍。颜渊死，子曰：'噫！天丧予！'子路死，子曰：'噫！天祝予！'西狩获麟，孔子曰：'吾道穷矣。'《春秋》何以始乎隐？祖之所逮闻也。所见异辞，所闻异辞，所传闻异辞。何以终乎哀十四年？曰：'备矣！'君子曷为为《春秋》？拨乱世，反诸正，莫近诸《春秋》。则未知其为是与？其诸君子乐道尧、舜之道与？末不亦乐乎尧、舜之知君子也？制《春秋》之义以俟后圣，以君子之为，亦有乐乎此也。"在这里，"有王者则至，无王者则不至"表明，公羊寿等已经把孔子当作王在看待，因为只有王者才能够"拨乱世，反诸正"，才能够"制《春秋》之义以俟后圣"。

当然，这个王不是"实有其位"的王，而是"空有其名"的王，公羊家董仲舒称为"素王"。沿着征圣的路径，转而就为征王，而要征王必须把王者的王心弄清。在董仲舒看来，孔子作为王者，一要"见素王之文"（《汉书·董仲舒传·对策二》）、"立新王之道"（《春秋繁露·玉杯》）、"通百王之道"（《春秋繁露·符瑞》）、"反王道之本"（《春秋繁露·王道》）、"加吾王心"（《春秋繁露·俞序》）、"行天子之事"；二要根据王道批判现实政治，"是非二百四十二年之中，以为天下仪表，贬天子，退诸侯，讨大夫，以达王事"，"别嫌疑，明是非，定犹豫，善善恶恶，贤贤贱不肖"（《史记·太史公自序引》）、"讥天王以致太平，刺恶讥微，不遗小大，善无细而不举，恶无细而不去，进善诛恶"（《春秋繁露·王道》）；三要改革现实政治制度，"明改制之义"、"假其位号以正人伦，因其成败以明顺逆"、"上探正天端王公之位，万民之所欲，下明得失，起贤才，以待后圣"（《春秋繁露·俞序》）；四要求王道之全，不蔽于一曲，尽量做到上下不遗、古今不遗、天人不遗、人我不遗、情理不遗、得失不遗、内外不遗、心事不遗、小大不遗、微著不遗、始终不遗、善恶不遗，正所谓"上揆之天道，下质诸人情，参之于古，考之于今"（《汉书董·仲舒传·对策三》）、"上明三王之道，下辨人事之纪"（《史记·太史公自序引》）、"随天之终始，博得失之效，而考命象之为，极理以尽情性之宜"（《春秋繁露·符瑞》）、"内动于心志，外见于事情"、"贵微重始、慎终推效"（《春秋繁露·二端》）、"贵微重始、慎终推效"、"因其行事，而加乎王心"（《春秋繁露·俞序》）。

用现代的话说，王化孔子，实际上就是把孔子当作一个以"王道"为志业的政治家。这样自然与把孔子当作史学家、哲学家不同。这个不同直接影响到公羊家关注政治的程度，并对政治进行哲学思考的深度。周予同曾说，经学实在可以分成三大派，"这三派的不同，简明地说，就是今文学以孔子为政治家，以'六经'为孔子的致治之说，所以偏重于'微言大义'，其特色为功利的，而其流弊为狂妄。古文学以孔子为史学家，以'六经'为孔子整理古代史料之书，所以偏重于'名物训诂'，其特色为考证的，而其流弊为烦琐。宋学以孔子为哲学家，以'六经'为孔子载道之具，所以偏重于心性理气，其特色为玄想的，而其流弊为空疏。总之，三派固各有其缺点，亦各有其优点。我们如果说，因经今文学的产生而后中国的社会哲学、政治哲学以明，因经古文学的产生而中国的文字学、考古学以立，因宋学的产生而后中国的形而上学、伦理学以成，决不是什么武断或附会的话"①。作为政治家的孔子作《春秋》，自然与史学家采取完全不同的进路。

（二）"文"化实史，托鲁为王

历史有两种，一种是客观的"实史"，一种是主观的"文史"。客观的"实史"不以人的意志为转移，是就是，不是就不是；主观的"文史"渗透了作者的价值命意与人文理想，应该是，但事实未必是，且事实通常不是。在前面，我们已经分析指出，公羊家面对着一部"春秋实史"，而且还面对着一部"《春秋》文史"。按照孟子关于孔子作《春秋》的论述，孔子带罪行天子之事，是要写一部有血有肉的"实史"，告诉人们历史的来龙去脉吗？显然不是，孔子简化"春秋实史"而写像断烂朝报式的"《春秋》文史"，只不过是要借用这部"性与暴力"的"实史"，来作一部含有"微言大义"的"文史"，并表达自己的态度：一方面，批判历史，并确立批判历史的道德标准；另一方面，展望历史，并提出创造历史的政治构想。孟子所谓"其义则丘窃取之"，公羊寿所写"拨乱世，反诸正"，"制《春秋》之义以俟后圣"，都是表达"文"化实史这个理念。

春秋实史摆在那里，是毋庸置疑的。《春秋》文史则必须考察书写取材用意与文辞书写笔法。本来，表达王心也可以像后来的荀子等人那样直接论君道、臣道、王制，等等，但孔子毕竟是孔子，他有他自己的考虑。孔子采取了一种假托历史的方式，而不是直陈大道空言。公羊寿在著《春

---

① 周予同：《经学历史·序言》，见皮锡瑞《经学历史》，中华书局2004年版，第3页。

秋》时经常用到"托"字来解释就在表达这一点。举个例说,《春秋》隐公二年经曰"无骇帅师入极",而传曰"无骇者何?展无骇也。何以不氏?贬。曷为贬?疾始灭也。始灭昉于此乎?前此矣。前此则曷为始乎此?托始焉尔。曷为托始焉尔?《春秋》之始也。此灭也,其言入何?内大恶,讳也。"灭国的事情在春秋时代实在是太多了,早在鲁国无骇帅师入极之前就已经存在,但传认为这是"始灭",《春秋》在"托始"。为什么要"托"呢?因为要贬斥灭国恶行(疾)。直接说不好吗?不好,君子在本国直接非议国君是非礼,所以言"内大恶"要采取一种迂回不明说的策略"讳"。这样,"实史""文化"了,体现了孔子深切的人文价值与人文关怀,文辞也与一般史文不同了,而是展无骇通用"展氏"时不书写氏(不氏)。又,《春秋》庄公八年经曰"春,王正月,师次于郎,以俟陈人、蔡人",传曰"次不言俟,此其言俟何?托不得已也"。"托不得已"道出了一颗"文心"。诸如此类论述,公羊寿反复著录。

　　董仲舒不像公羊寿那样通过解释经文来著录孔子如何"文化实史",而是作概括性的宏论,干脆把孔子的"托"挑明了。他认为,孔子作《春秋》是"托乎《春秋》正不正之间"(《春秋繁露·符瑞》)、"吾因行事,加吾王心焉。假其位号以正人伦,因其成败以明顺逆"(《春秋繁露·俞序》)、"我欲载之空言,不如见之于行事之深切著明也"(《史记·太史公自序引》)。这表明,虽然文史《春秋》由"行事"和"空言"组成,但中心是"空言"、"王心",其实质内容有董仲舒所归纳的《春秋》之义、《春秋》之法、《春秋》之道、《春秋》之志、《春秋》之旨、《春秋》之教、《春秋》之制,等等。孔子只是为了"博深切明"或"深切著明",才通过《春秋》之事来表达的,故而采取了"托"、"假"、"因"等特殊手法。这种托事明义、因事加心的《春秋》文史,非常讲究文辞书写,其实质内容有董仲舒所归纳的《春秋》之文、《春秋》之辞、《春秋》之例,等等。不托事实,流于空言;不立空言,难见王心。在"文史"三要素中,事、辞、义缺一不可,但事为明义、辞为达义、义为至上。

　　文史托事,主要是借哪国来托事呢?答案是鲁国。公羊寿在《公羊传》中不仅回答了这个问题,而且还自问自答了一个"何以"的新问题:"《春秋》何以始乎隐?祖之所逮闻也。所见异辞,所闻异辞,所传闻异辞。何以终乎哀十四年?曰:'备矣!'"始隐终哀,一共十二公,分别是孔子所见、所闻、所传闻的三个阶段。董仲舒将三个阶段讲实了,称为

"三等"，并概括论述了"三等""异辞"的原由，还举例进行了说明引申："《春秋》分十二世以为三等：有见、有闻、有传闻。有见三世，有闻四世，有传闻五世。故哀、定、昭，君子之所见也，襄、成、文、宣，君子之所闻也，僖、闵、庄、桓、隐，君子之所传闻也。所见六十一年，所闻八十五年，所传闻九十六年。于所见，微其辞，于所闻，痛其祸，于传闻，杀其恩，与情俱也。是故逐季氏，而言又雩，微其辞也；子赤杀，弗忍书日，痛其祸也；子般杀，而书乙未，杀其恩也。屈伸之志，详略之文，皆应之，吾以其近近而远远、亲亲而疏疏也，亦知其贵贵而贱贱、重重而轻轻也，有知其厚厚而薄薄、善善而恶恶也，有知其阳阳而阴阴、白白而黑黑也。"何休在《春秋公羊解诂》中则进一步解释了"何以"始隐终哀的理由。就始隐而言，何休以为，"托记高祖以来事，可及问闻知者，犹曰我但记先人所闻，辟制作之害"。这是说之所以取"祖之所逮闻"的隐公为始，是因为孔子为"辟制作之害"。就终哀"终乎获麟"而言，何休认为"人道浃，王道备，必止于麟者，欲见拨乱功成于麟，犹尧、舜之隆，凤凰来仪，故麟于周为异，《春秋》记以为瑞，明大平以瑞应为效也。绝笔于春，不书下三时者，起木绝火王，制作道备，当授汉也。又春者岁之始，能常法其始则无不终竟"[①]。读着公羊家的这些解释，不能不把《春秋》的"文史"性质提到一个应有的高度来检视。

考鲁国历史事实，"就十二公论之，桓宣之弑君，宜诛；昭之出奔，宜绝；定之盗国，宜绝；隐之获归，宜绝；庄之通仇外淫灭同姓，宜绝；闵之见弑，宜绝；僖之僭王礼纵季姬祸鄫子，文之逆祀丧娶不奉朔，成襄之盗天牲，哀之获诸侯虚中国以事强吴，虽非诛绝而免于《春秋》之贬黜者，鲜矣"[②]，在这 242 年春秋实史中的鲁国十二公，实在没有一个是配得上称为贤君的。在这样一部历史中，如果不渗透人文价值，最后只能是认

[①] 孔广森则认为："隐公以来之事，祖虽不及见，犹及闻而知之。过是以往，文献不足，恐失其实，故断自隐。"这是说孔子重视事实，不空言义理，使自己的"制义"以坚实的事实为依据。孔广森又说："上治隐、桓而贬、绝之法立；下录定、哀而尊、亲之义著。君君、臣臣、父父、子子，夫夫、妇妇，采毫毛之善，讥纤芥之恶，凡所以示后王经制者，靡不具焉。天之大数，不过十二，因而十之，周而再之。天道浃于上，人道备于下。"这与何休用谶纬解释不同，比较平实。(孔广森：《春秋公羊通义》，王先谦《皇清经解》（卷六百九十），上海书店 1988 年版，第 764 页。)

[②] 刘逢禄：《公羊何氏释例》，王先谦《皇清经解》（卷一二八五），上海书店 1988 年版，第 396 页。

同"成者王败者寇"的权力实力逻辑。所以宋代理学家朱熹就直指以传史为主要目的的《左传》之病:"左氏之病,是以成败论是非,而不本于义理之正。尝谓左氏是个猾头熟事,趋炎附势之人。""左氏不识大体,只是时时见得小可底事,便以为是。""只知有利害,不知有义理。""人若读得《左传》熟,直是会趋利避害。然世间利害,如何被人趋避了!君子只看道理合如何,可则行,不可则止,祸福自有天命。且如一个善择利害底人,有一事,自谓择得十分利处了,毕竟也须带二三分害来,自没奈何。仲舒云:'仁人正其谊不谋其利,明其道不计其功。'一部《左传》无此一句。若人人择利害后,到得临难死节底事,更有谁做?""《左氏传》是个博记人做,只是以世俗见识断当它事,皆功利之说。"(《春秋·纲领》)历史说是,人要说否,还要说该。朱熹关注的就是"史"中之"义",即"人道伦理"。

既然是文化实史,关注的中心自然不是"史事",而是"史文",更进一步说是"史文"中的"义"。近代公羊家皮锡瑞说:"鲁隐非真能让国也,而《春秋》借鲁隐之事,以明让国之义;祭仲非真能知权也,而《春秋》借祭仲之事,以明知权之义;齐襄非真能复仇也,而《春秋》借齐襄之事,以明复仇之义;宋襄非真能仁义行师也,而《春秋》借宋襄之事,以明仁义行师之义。所谓见之行事,深切著明,孔子之意,盖是如此。故其所托之义,与其本事不必尽合,孔子特欲借之以明其作《春秋》之义,使后之读《春秋》者,晓然知其大义所存,较之徒托空言而未能征实者,不益深切而著明乎!三传唯公羊家能明此旨,昧者乃执《左氏》之事,以驳《公羊》之义,谓其所称祭仲、齐襄之类,如何与事不合,不知孔子并非不见国史,其所以特笔褒之者,止是借当时之事,做一样子,其事之合与不合,备与不备,本所不计。"[①] 这是真正入乎公羊家的思维方式才有可能说得出来的话。

孔子的文心王心要求在一个承载王道的王国中历史地表现出来,这样,"托王于鲁"就是文心王心呈现的应然逻辑。本非是王的鲁公设定为王,本非王国的鲁国设定为王国。按照这种逻辑,自由的思想就在"托王于鲁"的阐述中不断得以呈现,大量非常异义可怪之论也就不断衍生,孔子的罪孽也就越发增大。看看公羊家何休不厌其烦的论述就可

---

① 皮锡瑞:《经学通论》,中华书局1954年版,第21—22页。

见一斑。何休说:"唯王者然后改元立号。《春秋》托新王受命于鲁,故因以录即位,明王者当继天奉元,养成万物。"(隐公元年注)"《春秋》王鲁,托隐公以为始受命王,因仪父先与隐公盟,可假以见褒赏之法。"(隐公元年注)"《春秋》王鲁,以鲁为天下化首,明亲来被王化渐渍礼义者,在可备责之域,故从内小恶举也。"(隐公元年注)"《春秋》王鲁,因其始来聘,明夷狄能慕王化,修聘礼,受正朔者,当进之,故使称人也。称人当系国,而系荆者,许夷狄者不一而足。"(庄公二十三年注)"《春秋》王鲁,明当先自详正,躬自厚而薄责于人,故略外也。王者不治夷狄,录戎者,来者勿拒,去者勿追。"(隐公二年注)"明取邑为小恶,一月再取,小恶中甚者耳,故书也。于内大恶讳,于外大恶书者,明王者起当先自正,内无大恶,然后乃可治诸夏大恶,因见臣子之义,当先为君父讳大恶也。内小恶书,外小恶不书者,内有小恶,适可治诸夏大恶,未可治诸夏小恶,明当先自正然后正人。小恶不讳者,罪薄耻轻。败宋师曰者,见结日偏战也。不言战者,托王于鲁,故不以敌辞言之,所以强王义也。"(隐公十年注)"《春秋》托正于鲁。战者,敌文也。王者兵不与诸侯敌,战乃其已败之文,故不复言师败绩。鲁不复出主名者,兵近都城,明举国无大小,当戮力拒之。"(桓公十年注)"《春秋》王鲁,因见王义,古者方伯征伐不道,诸侯交格而战者,诛绝其国,献捷于王者。"(庄公三十一年注)"《春秋》托王于鲁,因假以见王法,明诸侯有能从王者征伐不义,克胜有功,当褒之,故与大夫。大夫敌君不贬者,随从王者大夫得敌诸侯也。不从内言敌之者,君子不掩人之功,故从外言战也。鲁举四大夫不举重者,恶内多虚,国家悉出用兵,重录内也。"(成公二年注)何休的论述还远不止这些,但就从这些当中不难发现,托王于鲁的实质就是要假鲁公鲁事以明王道,托隐公始受命王以行王事。《春秋》的假托性充分表明孔子的本意不在考证史实,而在宣王化理想。

《春秋》定公六年经:"季孙斯、仲孙忌帅师围运。"《公羊传》曰:"此仲孙何忌也,曷为谓之仲孙忌?讥二名,二名非礼也。"何休注曰:"为其难讳也。一字为名,令难言而易讳,所以长臣子之敬,不逼下也。《春秋》定、哀之间,文致太平,欲见王者治定,无所复为讥,唯有二名,故讥之,此《春秋》之制也。"所见之世,就连取名字用了两个字都成为讥讽的对象,立法立义谨严如此,实在令人敬畏。这进一步表明本来的春秋历史看起来是由治而乱的文明退化史，而公羊家心中的《春秋》文史是"据乱——升平——太平"著文见治的文明发展史和文化传播史。"文致太平"实在是"文史"的"文心"。

（三）"经"化文史，托经为王

客观"实史"一旦化为主观"文史"，哲学的反思就必然贯彻其中，"实史"就自觉不自觉地服从"文史"的逻辑。"文史"的最终指向是"经"，更确切地说是"《经》"中之"经"，这就是说，"经"贯穿在"文史"中。在"文史"中，不管是"史"，还是"文"，都不过是"经"（道）的载体。"经"化文史就彻底摆脱了"史学"的思维进路，而进入"经学"的思维方式。经学的思维方式是要求真、求善、求用，而"善"往往又处于优先位置。值得注意的是，这里的求真不是一般意义上的求"历史事实是"，而是求"历史本质是"。

由于文史《春秋》的"文心"在于承载"王道"，因而《春秋》本质上是一部"经"。这是一部什么样的经呢？司马迁的一个长篇大论将此说得非常通透："夫《春秋》，上明三王之道，下辨人事之纪，别嫌疑，明是非，定犹豫，善善恶恶，贤贤贱不肖，存亡国，继绝世，补敝起废，王道之大者也。……《春秋》辩是非，故长于治人。是故……《春秋》以道义。拨乱世反之正，莫近于《春秋》。《春秋》文成数万，其指数千。万物之散聚皆在《春秋》。《春秋》之中，弑君三十六，亡国五十二，诸侯奔走不得保其社稷者不可胜数。察其所以，皆失其本已。……故有国者不可以不知《春秋》，前有谗而弗见，后有贼而不知。为人臣者不可以不知《春秋》，守经事而不知其宜，遭变事而不知其权。为人君父而不通于《春秋》之义者，必蒙首恶之名。为人臣子而不通于《春秋》之义者，必陷篡弑之诛，死罪之名。其实皆以为善，为之不知其义，被之空言而不敢辞。夫不通礼义之旨，至于君不君，臣不臣，父不父，子不子。夫君不君则犯，臣不臣则诛，父不父则无道，子不子则不孝。此四行者，天下之大过也。以天下之大过予之，则受而弗敢辞。故《春秋》者，礼义之大宗也。夫礼禁未然之前，法施已然之后；法之所为用者易见，而礼之所为禁者难知。"（《史记·太史公自序》）

综合董仲舒与司马迁的观点，可见《春秋》是一部"即事明义"的道义经，是一部"立新王之道"、"明改制之义"的立法经，是一部"刺恶讥微"、"进善诛恶"的批判经,是一部"明其贵志,见其好诚"(《春秋繁露·玉杯》)的道德经,而最最重要的还是一部"君臣父子"不可不知的"治人经"。换言之,这部经具有巨大的功能,见之于认知功能,可以"明得失"、"理往事,正是非"(《春秋繁露·俞序》)、"别嫌疑,明是非,定犹豫";见之于政治功能,《春秋》可以"省天谴,而畏天威"(《春秋繁露·二端》)、"明改制之义"、"一统乎天子"、"加忧于天下之忧"、"务除天下所患"(《春秋繁露·符瑞》)、"存亡国,继绝世,补敝起废"(《史记·太史公自序引》)、"因其成败以明顺逆"(《春秋繁露·俞序》)、"差贵贱,反王道之本"(《春秋繁露·王道》)、"起贤才,以待后圣"、"缘人情,赦小过"(《春秋繁露·俞序》);见之于教化功能,《春秋》可以"正人伦"、"修身审己,明善心以反道"(《春秋繁露·二端》)、"善善恶恶,贤贤贱不肖"。

这部经的主要内容是什么呢?司马迁所言"王道之大者"即"礼义之大宗"[1]切中要害。《庄子·天下》曾有一个说法:"《春秋》以道名分。"这个概括也很中的。公羊寿在《公羊传》中主要就是围绕"名分"问题展开解释的,所谓"拨乱世,反诸正",一个核心任务就是"正名分"。"正名分"又根据什么呢?这就是"礼"。这也与孔子的一贯思想完全一致。公羊寿在传中通过著录各种"礼"与"非礼"的行为,直接对历史人物或事件进行褒贬。董仲舒曾说:"《春秋》尊礼而重信,信重于地,礼尊于身。何以知其然也?宋伯姬疑礼而死于火,齐桓公疑信而亏其地,《春秋》贤而举之,以为天下法。曰礼而信,礼无不答,施无不报,天之数也。"(《春秋繁露·楚庄王》)伯姬为礼而死,公羊家极为赞扬,赞扬一种为礼而死的信念。但是,礼也不是铁板一块,需要区别对待,特别是要理解礼的精神实质,区分经礼与变礼:"《春秋》有经礼,有变礼。为如安性平心者,经礼也;至有于性虽不安,于心虽不平,于道无以易之,此变礼也。是故昏礼不称主人,经礼也;辞穷无

---

[1] 根据《左传》,史学家范文澜特别指出了《春秋》的礼学性质:"《春秋》所书,必考之《礼经》,书而法,合于礼也。书而不法,不合于礼也。""必知《春秋》策书有定法,然后知史有阙文之美;必知《春秋》合于《周礼》,然后无疑于天子之事之言;必知《春秋》章疑别微,然后晓然于乱贼怀惧之故;必知《春秋》务在正名,然后不拘执于一字褒贬日月有例之说。"(范文澜:《群经概论》,《范文澜全集》(卷一),河北教育出版社2002年版,第254页。)

称,称主人,变礼也。天子三年然后称王,经礼也;有故,则未三年而称王,变礼也。妇人无出境之事,经礼也;母为子娶妇,奔丧父母,变礼也。明乎经变之事,然后知轻重之分,可与适权矣。"值得注意的是,作为"礼义之大宗"的《春秋》与三礼不同,它是活生生地体现在历史人物名号称谓与行为活动事迹当中的。因此,读《春秋》经,对照名号与行为,礼与非礼也就可以知道了。

公羊家解释《春秋》之礼,经常用《春秋》之制来表达。礼是王制,《春秋》乃王制也①。一部断烂朝报式的《春秋》,从实史到文史,从文史到礼经到王制,非入公羊家的独特哲学思维,实在觉得非常可怪也。

更可怪的是,《春秋》当新王②。有听过一本书可以当新王的吗?董仲舒就是这么认为的。不妨来看他的解释:"《春秋》曰:'杞伯来朝。'王者之后称公,杞何以称伯?《春秋》上绌夏,下存周,以《春秋》当新王。《春秋》当新王者奈何?曰:王者之法必正号,绌王谓之帝,封其后以小国,使奉祀之。下存二王之后以大国,使服其服,行其礼乐,称客而朝。故同时称帝者五,称王者三,所以昭五端,通三统也。是故周人之王,尚推神农为九皇,而改号轩辕谓之黄帝,因存帝颛顼、帝喾、帝尧之帝号,绌虞而号舜曰帝舜,录五帝以小国。下存禹之后于杞,存汤之后于宋,以方百里爵号公。皆使服其服,行其礼乐,称先王客而朝。《春秋》作新王之事,变周之制,当正黑统。而殷周为王者之后,绌夏改号禹谓之帝,录其后以小国,故曰绌夏存周,以《春秋》当新王。"这段文字出自《三代改制质文》,是在三统说的框架中论说的,别有深意。在这里,《春秋》新王已经是历史链条的一个环节。

三 以"察微、道义、褒贬"为表征的政治伦理特性

从上面的分析可知,公羊家对《春秋》文本有独特的认识,认为孔

---

① 当代公羊家蒋庆《公羊学引论》以为大一统制、夏时制、嫡子继承制、亲迎制、儒服制、三田制、三年丧制、三等爵制、七等官制、选举制、井田制、郊制为孔子所改的制度。其中《公羊传》直接论及的有大一统制、夏时制、嫡子继承制、亲迎制、三田制、选举制、郊制等礼制。

② 蒋庆认为:"所谓《春秋》当新王,是指孔子作《春秋》,以《春秋》一经行天子褒贬进退、存亡继绝之权而为一新兴之王。"(蒋庆:《公羊学引论》,辽宁教育出版社1995年版,第91页。)

子作《春秋》不过是假托历史以使"空言"博切深明。不管托人、托书、还是托事，托就表明不能将自己对历史行为、政治行为、道德行为等的认识停留在表象上，而要深入表象考察背后隐藏的微妙的东西，把握事物的根本。因此，在认识《春秋》文本的假托性之后，哲学的运思就必须指向"察微"，而"微"之所在，就是寄托在《春秋》文本中"道义"，而"义"就是孔子制定的政治伦理法则，是进行政治伦理批判的根据。一言以蔽之，察微就是察孔子如何道义与褒贬。察微、道义、褒贬三者合为一体，充分体现了公羊家政治思考的哲学性，即借用史实表象看本质，探求政治伦理根本原则，批判政治道德实然。在《春秋》文本中"察微"，"《春秋》笔法"最重要，必须考察孔子的书写技巧；在《春秋》史实中"察微"，必须善于看到历史成败背后的政治道德原则，即"微言大义"。两者虽然有区别，有侧重，但事实上，在"察"的过程中是融为一体的。

对《春秋》之微，早在先秦时期就已经有明确表达。荀子曾两次讲到，一说"《春秋》之微也"（《荀子·劝学》）；二说"《春秋》言是，其微也"（《荀子·儒效》）。孟子所引"孔子曰：'其义则丘窃取之矣'"（《孟子·离娄下》），其实也是微的另类表达。公羊寿在《公羊传》中明说"定、哀多微辞"（定公元年），董仲舒鲜明指出"《春秋》之好微"（《春秋繁露·玉杯》）的特征，并指出了《春秋》是如何"微"的，即"《春秋》论十二世之事，人道浃而王道备。法布二百四十二年之中"（《春秋繁露·玉杯》），并引"孔子曰：'吾因其行事而加乎王心焉。'以为见之空言，不如行事博深切明'"（《春秋繁露·俞序》）。综合起来说，《春秋》之所以"微"，源于常人认为本来明白清楚的"事"里布有"义法"和"王心"。董仲舒讲《春秋》贵志、反本、见指、从义、观道，认为阅读《春秋》要"精心达思"，要善于天人互见、古今互见、上下互见、内外互见、小大互见、微著互见、始终互见、一多互见、常变互见、详略互见、异同互见、文实互见、人我互见、情理互见、义事互见、得失互见、善恶互见，无不在说明《春秋》比事、属辞、义例之间存在错综交织复杂细微的关系，需要从哲学的高度来进行反思与探求。

在《春秋》文本中"察微"，必须考察孔子的书写技艺，即《春秋》

笔法。归纳"《春秋》一字以褒贬"、"《春秋》辨理，一字见义"①的并不是公羊家们，而是《文心雕龙》的作者刘勰。但整个《公羊传》却是按照这个"一字以褒贬"与"一字见义"来进行具体解释的。随便举个例子就是：《春秋》隐公元年经曰："夏五月，郑伯克段于鄢。"《公羊传》曰："克之者何？杀之也。杀之，则曷为谓之克？大郑伯之恶也。曷为大郑伯之恶？母欲立之，己杀之，如勿与而已矣。段者何？郑伯之弟也。何以不称弟？当国也。其地何？当国也。齐人杀无知，何以不地？在内也。在内，虽当国不地也。不当国，虽在外亦不地也。"从一个"克"字入手，引发一连串追问，褒贬意义全在其中。后来康有为曾做过一个很有意思的工作，就是根据"孔子笔削文本"来复原"鲁史不修春秋原本"。他认为，经的原文当为"夏五月，郑伯杀其弟段"，其推理过程是："何以知鲁史作'杀'也？《公羊》传大义曰：克之者何？杀之也。杀之，则何为谓之克？大郑伯之恶也。母欲立之，己杀之，如勿与而已矣。盖公羊先师见鲁史原文为杀，故知之。孔子笔改为克者，恶郑庄公之杀弟，而大其恶也。《穀梁》谓：甚郑伯之处心积虑成于杀也。此一义，责兄之杀弟。何以知鲁史作'其弟'也？《公羊传》曰：何以不称弟？当国也。《穀梁》曰：段，弟也，而弗谓弟；公子也，而弗谓公子。段失子弟之道矣，贱段而甚郑伯也。何以知原文无地？《公羊传》曰：其地何？当国也。齐人杀无知，何以不地？在内也。在内，虽当国，不地也；不当国，虽在外，亦不地也。孔子恶段之欲当因为之君，故如其意，使如国君民上，所以恶段之逆。故知'于鄢'二字，孔子所增也。段如国然，故不易杀，而用力克之。此一义，恶弟之逆而欲为君。'克'之一字，兼数义如此。贬兄之恶，贬弟之逆，一字真严于斧钺。此附于文与事而为大义者也。《穀梁传》：缓

---

① 《文心雕龙·征圣》："夫鉴周日月，妙极机神；文成规矩，思合符契；或简言以达旨，或博文以该情，或明理以立体，或隐义以藏用。故《春秋》一字以褒贬，《丧服》举轻以包重，此简言以达旨也。"《文心雕龙·宗经》："夫《易》惟谈天，入神致用。故《系》称旨远辞文，言中事隐，韦编三绝，固哲人之骊渊也。《书》实记言，而诘训茫昧，通乎《尔雅》，则文意晓然。故子夏叹《书》，昭昭若日月之代明，离离如星辰之错行，言昭灼也。《诗》主言志，诂训同《书》，摛风裁兴，藻辞谲喻，温柔在诵，敢最附深衷矣。《礼》以立体，据事剬范，章条纤曲，执而后显，采缀片言，莫非宝也。《春秋》辨理，一字见义，五石六鹢，以详略成文；雉门两观，以先后显旨；其婉章志晦，谅以邃矣。《尚书》则览文如诡，而寻理即畅；《春秋》则观辞立晓，而访义方隐。此圣文之殊致，表里之异体者也。"

追逸贼，亲亲之道。此又孔子处置之大义。"① 如此对读，"一字见义"真为公羊家察微的独特哲学运思。

颇受公羊家影响的司马迁也对这种察微进行过概括性论述。他这样写道："子曰：'弗乎弗乎，君子病没世而名不称焉。吾道不行矣，吾何以自见于后世哉？'乃因史记作《春秋》，上至隐公，下讫哀公十四年，十二公。据鲁，亲周，故殷，运之三代。约其文辞而指博。故吴、楚之君自称王，而《春秋》贬之曰'子'；践土之会实召周天子，而《春秋》讳之曰'天王狩于河阳'。推此类以绳当世。贬损之义，后有王者举而开之。《春秋》之义行，则天下乱臣贼子惧焉。孔子在位听讼，文辞有可与人共者，弗独有也。至于为《春秋》，笔则笔，削则削，子夏之徒不能赞一辞。"（《史记·孔子世家》）由于《史记》的巨大影响，上引最后一句更是后人谈论《春秋》笔法很难回避的经典之论。

从上面举的例子可见，《公羊传》中对《春秋》笔法的分析突出了最重要的两个部分，一个是"变文"，如变杀为克；另一个是"不书中见书"或"书中见不书"，即"（书）地与不（书）地"。后者需要从互见中来阐发微言大义，上面已经提到的董仲舒概括的各种"互见"更是。后代公羊家也多有概括，最精练的概括可见于清代公羊学者庄存与的《春秋要指》："《春秋》之义，不可书则辟之，不忍书则隐之，不足书则去之，不胜书则省之。辞有据正则不当书者，皆书其可书以见其所不可书；辞有诡正而书者，皆隐其所大不忍，辟其所大不可，而后目其所常不忍、常不可也；辞若可去可省而书者，常人之所轻，圣人之所重。《春秋》非记事之史，不书多于书，以所不书知所书，以所书知所不书。"② 如此看来，不进入公羊家的这种独特哲学运思当中，是无法理解公羊家的，也是无法正确评价"非常异义可怪之论"的合理价值的。

与公羊寿主要通过这种书法分析来传经察微不同，董仲舒不仅也这样做，更侧重在《春秋》史实中"察微"，敏锐地把握到历史成败背后的政治道德原则（即微言大义）。这就是"即事明义"的"察微功夫"："鲁隐之代桓立，祭仲之出忽立突，仇牧、孔父、荀息之死节，公子目夷不与楚

---

① 康有为：《春秋笔削大义微言考》，《康有为全集》（第六卷），中国人民大学出版社2007年版，第14页。

② 庄存与：《春秋要指》，王先谦《皇清经解》（卷三百八十七），上海书店1988年版，第822页。

国,此皆执权存国,行正世之义,守惓惓之心,春秋嘉气义焉,故皆见之,复正之谓也。夷狄邾娄人、牟人、葛人,为其天王崩而相朝聘也,此其诛也。杀世子母弟直称君,明失亲亲也。鲁季子之免罪,吴季子之让国,明亲亲之恩也。阍杀吴子馀祭,见刑人之不可近。郑伯髡原卒于会,讳弑,痛强臣专君,君不得为善也。卫人杀州吁,齐人杀无知,明君臣之义,守国之正也。卫人立晋,美得众也。君将不言率师,重君之义也。正月,公在楚,臣子思君,无一日无君之意。诛受令,恩卫葆,以正囹圄之平也。言围成,甲午祠兵,以别迫胁之罪,诛意之法也。作南门,刻桷,丹楹,作雉门及两观。筑三台,新延厩,讥骄溢不恤下也。"(《春秋繁露·王道》)这种从历史事实中抽象出政治道德原则的本领,要求思想家必须具备哲学的眼光和历史的洞见。面对这种事实,最容易得出的是"成者王败者寇"的历史实然逻辑。

与"即事明义"差不多的是"观事知道"。儒宗董仲舒的总体概括能力让人不得不佩服,这就是在《春秋繁露·王道》中的综论:"《春秋》明此,存亡道可观也。观乎蒲社,知骄溢之罚。观乎许田,知诸侯不得专封。观乎齐桓、晋文、宋襄、楚庄,知任贤奉上之功。观乎鲁隐、祭仲、叔武、孔父、荀息、仇牧、吴季子、公子目夷,知忠臣之效。观乎楚公子比,知臣子之道,效死之义。观乎潞子,知无辅自诅之败。观乎公在楚,知臣子之恩。观乎漏言,知忠道之绝。观乎献六羽,知上下之差。观乎宋伯姬,知贞妇之信。观乎吴王夫差,知强陵弱。观乎晋献公,知逆理近色之过。观乎楚昭王之伐蔡,知无义之反。观乎晋厉之妄杀无罪,知行暴之报。观乎陈佗、宋闵,知妒淫之祸。观乎虞公、梁亡,知贪财枉法之穷。观乎楚灵,知苦民之壤。观乎鲁庄之起台,知骄奢淫佚之失。观乎卫侯朔,知不即召之罪。观乎执凡伯,知犯上之法。观乎晋郤缺之伐邾娄,知臣下作福之诛。观乎公子翚,知臣窥君之意。观乎世卿,知移权之败。故明王视于冥冥,听于无声,天覆地载,天下万国,莫敢不悉靖其职受命者,不示臣下以知之至也。故道同则不能相先,情同则不能相使,此其教也。由此观之,未有去人君之权,能制其势者也;未有贵贱无差,能全其位者也。故君子慎之。"从王道政治哲学的高度来看,身为王者人君,如果要"制其势"与"全其位",可以离开《春秋》吗?从察微开始,到最终明义观道,无不可见公羊家的褒贬立场,三者是内在统一在一起的。

汉代公羊家从"素王孔子——带罪作《春秋》——制义立法——拨乱

反正——救时补弊——改制维新"一路思考过来，通过突出假托性（假天、托始、借史、用讳、新王）、批判性（批判政治人物、品论政治历史、清议政治时事）、理想性（王道一统政治乌托邦、行权合道泛道德主义、春秋新王历史希望论、正本慎始价值纯正性）、当下性（认同实与、赞许行权、关注时统、推行改元）以及在实际政治生活中的实践性（解决政治问题、进行政治决策、推行政治改革、指导政治实践），按照历史应然、政治应然、道德应然的要求阐发"非常异义可怪之论"，最终主张独尊孔子学说和儒家思想，并以儒家思想为核心整合其他学派思想资源，力图建构一套以王道大一统为核心的政治哲学，试图解决政道与治道等一系列问题，形成宗教、政教、教化为一体的政治文化，凸显了中国古代传统政治独特的哲学思维方式。

第三章　汉代公羊家一统王道政治的价值追求

大一统是公羊家的核心思想，它既是对先秦一统观念的理论提升，又是对汉代政治文化一统的现实论证。大一统观念深刻反映了公羊家对政治秩序、政治伦理、政治文化的哲学思考，不仅在汉帝国一统政治中产生了积极影响，对整个中国古代政治也产生了深刻影响，直至当今也依然具有重要资鉴价值。尤其是其中的思想一统与文化一统，提供了国家意识形态建设的重要理论资源，有必要深入反思。大一统中的"大"字在公羊家的话语系统中是动词，相当于光大、推崇的意思，这与《公羊传》中的"大居正"①没有区别。所谓大一统，简要地说，就是光大、推崇一统。而所谓一统，实际上是指"统多归一"或"以一统多"的意思。理解"一统"的关键在于把握这个"一"字，"一"字的理解关键又在于弄清楚在哪些方面归为一统，而又一统于谁或一统于什么。

如果启动哲学运思，不难联想到，古代所讲的一统包括军事一统、疆土一统、经济一统、政治一统、制度一统、文化一统、宇宙一统等不同方

---

① 隐公三年经传载："癸未，葬宋缪公。葬者曷为或日，或不日？不及时而日，渴葬也。不及时而不日，慢葬也。过时而日，隐之也。过时而不日，谓之不能葬也。当时而不日，正也。当时而日，危不得葬也。此当时何危尔？宣公谓缪公曰：'以吾爱与夷，则不若爱女。以为社稷宗庙主，则与夷不若女，盍终为君矣。'宣公死，缪公立。缪公逐其二子庄公冯与左师勃，曰：'尔为吾子，生毋相见，死毋相哭。'与夷复曰：'先君之所为不与臣国，而纳国乎君者，以君可以为社稷宗庙主也。今君逐君之二子，而将致国乎与夷，此非先君之意也。且使子而可逐，则先君其逐臣矣。'缪公曰：'先君之不尔逐，可知矣。吾立乎此，摄也。'终致国乎与夷。庄公冯弑与夷。故君子大居正。宋之祸，宣公为之也。""大"的动词用法在《公羊传》中是一个基本用法。如隐公七年经传载："冬，天王使凡伯来聘。戎伐凡伯于楚丘以归。凡伯者何？天子之大夫也。此聘也，其言伐之何？执之也。执之则其言伐之何？大之也。曷为大之？不与夷狄之执中国也。其地何？大之也。"又如庄公元年经传载："齐师迁纪郱、鄑、郚。迁之者何？取之也。取之，则曷为不言取之也？为襄公讳也。外取邑不书，此何以书？大之也。何大尔？自是始灭也。"

面。《诗经》所云"普天之下,莫非王土;率土之滨,莫非王臣"就主要指疆土一统(其中包括军事一统与政治一统),《秦始皇本纪》所载"天下之事无小大皆决于上"、"别黑白而定一尊"主要是指政治一统,而"法令出一"、"法令由一统"①、"一法度"、"事皆决于法"则又主要指制度一统,至于"以吏为师"则又主要是指思想一统或文化一统。他如"天无二日,土无二主"(《礼记·坊记》)②主要指政治一统,而"天下无二道,圣人无两心"(《荀子·解蔽》)主要指思想一统。由此可见,一统体现在多个方面。对于一个国家而言,一统的硬件是军事一统、疆土一统、经济一统;软件是制度一统和文化一统,核心是政治一统,正所谓"事在四方,要在中央。圣人执要,四方来效"(《韩非子·扬权》)。

从一统于谁而言,这里有一个范围层次。从中国古代的政治秩序结构整体来看,按政治主体范围从大到小依次一统于天子、诸侯、大夫与士(民在古代是被统治的对象,当然在民当中也有一个一统的问题,但少有理论自觉)。而核心是一统于王与君。从统一于什么而言,这需要更具体的分析,可以从时空结构来考虑,也可以从社会结构来考虑。上面所言军事一统、经济一统、政治一统、制度一统、文化一统主要是从社会结构上来讲的,而疆土一统、一统于始、一统于今则主要是从时空结构上来讲的。综合起来说,在一个已经一统的帝国里,讨论得最多的将会是一统于始(统一纯正的宇宙价值始端)、一统于今(统一当下的现实历史实践)、一统于王(统一集权的政治道德权威)、一统于文(统一先进的礼乐文化制度)、一统于道(统一共同的社会历史理想)。

公羊家提倡的"大一统"思想又是怎样呢?下面不妨主要以公羊寿、董仲舒、何休三者为主来进行具体分析,然后再进行总归纳。

---

① 这虽是赞扬秦始皇的话,却透露事实真相:"昔者五帝地方千里,其外侯服夷服诸侯或朝或否,天子不能制。今陛下兴义兵,诛残贼,平定天下,海内为郡县,法令由一统,自上古以来未尝有,五帝所不及。"(《史记·秦始皇本纪》)

② 《礼记·坊记》:"天无二日,土无二王,家无二主,尊无二上,示民有君臣之别也。《春秋》不称楚越之王丧,礼君不称天,大夫不称君,恐民之惑也"。《礼记·曾子问》:"天无二日,土无二王,尝郊社,尊无二上。"《礼记·丧服四制》:"天无二日,土无二主,国无二君,家无二尊,以一治之地。"《礼记·中庸》:"子曰:'愚而好自用,贱而好自专,生乎今之世,反古之道。如此者,灾及其身者也。'非天子,不议礼,不制度,不考文。今天下车同轨,书同文,行同伦。虽有其位,苟无其德,不敢作礼乐焉;虽有其德,苟无其位,亦不敢作礼乐焉。子曰:'吾说夏礼,杞不足征也。吾学殷礼,有宋存焉。吾学周礼,今用之,吾从周。'"

一　公羊寿著录的大一统

公羊寿在其著于竹帛的《公羊传》中首次提出了"大一统"的概念。从严格的形式意义上说，也就只出现一次。这是在解释隐公元年经"元年春王正月"时说出来的，原文是："元年者何？君之始年也。春者何？岁之始也。王者孰谓？谓文王也。曷为先言王而后言正月？王正月也。何言乎王正月？大一统也。公何以不言即位？成公意也。"到底什么叫大一统并没有更多直接的解说。但这段话很容易给后人发挥留下哲学思考的空间①。一是"王"字解释成"文王"，这个"文王"是实指历史上真的"周文王"②呢，还是托指"王文化象征的王"呢？二是将"王""正月"连在一起解释，说明谁有资格颁布正月，为什么要颁布正月，这又和一统有什么关系呢？三是正月本身作为一年的开始，是否又包含有什么特殊的价值命意，难道仅仅是一个历法名称？四是《春秋》经在鲁国诸公元年的时候常书写公即位，而为什么在此却不书写呢？③ 五是如果联系首篇讲文王，尾篇讲尧舜，这是否又有什么深意呢？稍作联想就可以得出以王一统

---

① 近代学者梁启超综述各种文献，顺公羊学路径，展开了哲学追问："未修之《春秋》者何？孟子以与晋《乘》、楚《梼杌》并举者是也，记号之春秋者何？今本是也，口说之春秋者何？《公羊》、《谷梁传》、《春秋繁露》、《公羊·何注》及先秦两汉诸儒所引《春秋》之义皆是也。未修春秋久佚矣，从何见之？曰：可以从传注文中求得之。今试举其一例。如开卷第一句：'元年春王正月'。据何注云：'变一为元，元者气也。'则知原文必为'一年'。据传云：'曷为先言王？'则知原文必无'王'字。据传云：'公何以不言即位？'可知原文有'公即位'。合而观之，则知未修之春秋为'一年春正月公即位'矣。因此法求之，虽不能尽见，亦十得八九矣。自孔子修之，则为今本之《春秋》，改一为元，以明一元统天之义；加一'王'字，以明师文王及大一统之义；去'公即位'，以明让国为贤之义；于是大义出焉矣。变元也，加王也，去公即位也，所谓记号也，所谓文也；统天、师文、让国，所谓口说也，所谓义也。孟子所尊之《春秋》，乃口说之春秋也。汉人凡引《春秋》者，皆引口说之义，而直指为'春秋云曰'云（此汉儒引《春秋》之通例，两汉书中多不胜举），盖口说乃经之精华也。"（梁启超：《读〈春秋〉界说》，《梁启超全集》（第一册），北京出版社1999年版，第155—156页。）

② 《左传》载："元年春，王周正月。不书即位，摄也。"《左传》的解释很简单，没有将"王"解释成"文王"，只是将"正月"解释成"周正月"，还将不书即位归结为隐公摄政，难有思想发挥的空间，符合以史传经的特点。

③ 《公羊传》隐公元年："何成乎公之意？公将平国而反之桓。曷为反之桓？桓幼而贵，隐长而卑，其为尊卑也微，国人莫知。隐长又贤，诸大夫扳隐而立之。隐于是焉而辞立，则未知桓之将必得立也。且如桓立，则恐诸大夫之不能相幼君也。故凡隐之立，为桓立也。隐长又贤，何以不宜立？立適以长不以贤，立子以贵不以长。桓何以贵？母贵也。母贵则子何以贵？子以母贵，母以子贵。"

天下的大王统观念。

比较明确地表达了这个"大一统"意思的还有一次，可见于成公十五年经"冬，十有一月，叔孙侨如会晋士燮、齐高无咎、宋华元、卫孙林父、郑公子鰌、邾娄人，会吴于钟离"的解释词："曷为殊会吴？外吴也。曷为外也？《春秋》内其国而外诸夏，内诸夏而外夷狄。王者欲一乎天下，曷为以外内之辞言之？言自近者始也。"这个表达可以看作是对"大一统"的实例阐发。有三点对理解大一统至关重要：一是"王者"，直接点出一统的政治主体；二是"一乎天下"，在空间上表现为以"内鲁国"——"外诸夏"——"外夷狄"同心圆的不断扩大，含有疆域一统的意义；三是"自近者始"，依然在空间上进行说明，但突出了王者自身道德价值源头的"始"纯正，以及从近到远的文明传播与文化发展。

综合两则材料，联系传中解释，如果引申开来，把"一"理解为"王"、"文"、"始"则自然就有"大王统"、"大文统"、"大始统"三个意思。

（一）大王统

"大王统"主要是解决政治一统的主体问题，即谁有资格和能力来实现一统。换个说法，所谓"大王统"也就是"一统于王"，"以王实现一统"。王是政治权利和权力的中心，"一统于王"强调要以"政治统一"为核心来实现天下统一。

尊王在《公羊传》中有反复申说，公羊寿正面阐发"先王命"（僖公八年），突出了王者命令的至上性；"从王正"（桓公五年），突出了王者行为的合理性；"天子之居，必以众大之辞言之"，突出了王者权威的象征性，"王人者何？微者也。子突者何？贵也。贵则其称人何？系诸人也。曷为系诸人？王人耳"（庄公六年），突出了王者身份的高贵性；"不以父命辞王父命，以王父命辞父命，是父之行乎子也。不以家事辞王事，以王事辞家事，是上之行乎下也"（哀公三年），突出了王者事业的优先性；"此未三年，其称天王何？著有天子也"（昭公二十三年），突出了王者存在的必要性；"麟者，仁兽也。有王者则至，无王者则不至"（哀公十四年），突出了王者出现的必然性。

《公羊传》还从反对"僭王"来讲"尊王"。这类解释主要有"僭诸公犹可言也，僭天子不可言也"（隐公五年），"有天子存，则诸侯不得专地也"（桓公元年），"卫侯朔入于卫，何以致伐？不敢胜天子也"（庄公六年），"曷为先言次，而后言救？君也。君则其称师何？不与诸侯专封也"（僖公元年），"不与致天子也"（僖公二十八年），"不与伐天子也"（宣公元年），"不敢过天子也"（成公十三年）。"不得"和"不与"的鲜明价值判定，充分突出了天子的绝对至上性、神圣权威性和不可侵犯性。

王之所以必尊，一是因为王者受命改元，有责任王正月，正人道，实现"大一统"；二是因为王者有实力和能力实现大一统，即王者无外（隐公元年）、王者无求（桓公十五年）、王者无敌（成公元年）；三是因为王者能依礼行事，"继文王之体，守文王之法度"（文公九年），如王者居正，王者以祖配（宣公三年）。反之，如果王者非礼、有求、有敌、有外，就表明王者不成其为王者，自然也就讥贬。这意味着，尊王不是一概地逢王便尊，只有那些具备"王者"德性和能力，能够实行"王道"的王才是真正值得尊的对象。《公羊传》以为《春秋》之所以载当时"实王"的失礼、无能行为，目的是为了体现孔子的"王心"理想。

值得一提的是，在宗法封建的中国古代社会，由于君王同构，诸侯王国同体，所以尊王和尊君只是一个适应范围大小的问题，相对于天下言大王统，相对于诸侯就言大君统。因此，尊君也同样被反复乐道。《公羊传》也从正面阐发"尊君"观念，从"先通君命"（襄公二十三年）可见对君主命令权威性的维护，从"无君命，不敢卒大夫"（成公十七年）可显示对君主权威至上性的推崇，从"曷为国之？君存焉尔"（庄公二年）与"正月以存君"（襄公二十九年）可表现对君主存在必要性的首肯，从"君不会大夫之辞"（宣公元年）可凸显对君主身份高贵性的高扬，从"不与大夫专废置君"可反映对不尊君的贬斥。当然，尊君也不是一概地逢君变尊，如果君主道德品行败坏，不仅可以断其爵位，不称为君，哪怕就是被杀也罪有应得，此等"君"大可不尊。《公羊传》在解释桓公六年经文"蔡人杀陈佗"时说得颇为义正词严："陈佗者何？陈君也。陈君，则曷为谓之陈佗？绝也。曷为绝之？贱也。其贱奈何？外淫也。恶乎淫？淫于蔡，蔡人杀之。"

"尊王"与"尊君"强调了政治权威性，但这种政治权威是建立在政治主体的德性与能力上的。也就是说，"尊王"与"尊君"本质上是尊真权威，而不是假权威。至于在历史现实中王君的权威不管真假一概得尊，恐怕就是公羊家所无能为力的了。如果说一统于王（君）突出的是政治主体及其真权威的话,那么,一统于文则强调的是政治秩序与政治文明,属于制度一统与文化一统的问题。

(二) 大文统

大一统的"一"字如果理解为"文",那就可以说"大文统"。文在古代主要指典章制度,核心内容就是礼。"大文统"即为"大礼统","一统于礼","以礼实现一统"。以礼来一统,也就是解决制度一统问题。

《公羊传》是解释《春秋》的,《春秋》主要记载历史人物事件,并不是系统的礼学专论,这与《仪礼》、《周礼》、《礼记》是不同的。不过,通过《公羊传》对历史人物与事件的礼与非礼的评价以及解释,可以了解到蕴含在《春秋》中的礼文化基因。礼是一套秩序规范,核心内容是定等级明差别,具有自上而下的等级特征。公羊家认同这种社会等级秩序,亦即"天子——诸侯——大夫——士"的垂直隶属秩序。公羊寿在解释隐公三年经"三月,庚戌,天王崩"时说:"曷为或言崩,或言薨?天子曰崩,诸侯曰薨,大夫曰卒,士曰不禄。""天子——诸侯——大夫——士",等级不同,身份不同,称谓也不同。在礼的结构体中,各个等级分明,既有权利与势位的政治规定,又都有各自相应的伦理规定,在政治上要求不准僭越,在伦理上要求名副其实、名至实归。通过不同等序中"礼"的各种具体规定以及符合与否,就可判断不同等级身份人们行为的合礼性和非礼性。孔子的礼治思想也就可以从历史人物与行为事件褒贬的判断中看到。

根据大礼统的要求,一切行为都需要以是否有礼(是否有先进的礼),以及是否合礼来判断。这样,中国与夷狄之别自然不能以种族或地域为标准,而要根据道德礼仪及其文明程度来断定。正因为此,《公羊传》基于对先进文明与落后野蛮的历史事实比较,表明其对礼文化的赞赏。公羊寿曾这样著录:"介葛卢者何?夷狄之君也。何以不言朝?不能乎朝也"(僖公二十九年);"白狄者何?夷狄之君也。何以不言朝?不能朝也"(襄公十八年)。在公羊家看来,《春秋》主要是布王心、王道、王法、王制,记载的事情也主要是上层贵族社会生活及其王国与诸侯、中国与夷狄之间的交往活动。"能不能朝"体现的是有没有礼乐文明制度。夷狄之所以为夷狄,就是因为不懂礼仪,不讲礼乐文明。为了保护、弘扬先进的礼乐文明,对于一切野蛮摧毁文明的事情就必然要极力反对。基于这种认识,公羊家提出了"不与夷狄之主中国"或"不与夷狄之执中国"的文化主张:

"凡伯者何？天子之大夫也。此聘也，其言伐之何？执之也。执之则其言伐之何？大之也。曷为大之？不与夷狄之执中国也。"（隐公七年）历史地看，中国很早就提出过民本政治与道德政治，与周边夷狄相比的确代表了先进文化的发展方向。而先进文化要传播和发展，就需要从中国这个文化中心向四周辐射，"自近者始"地由内向外不断延伸。在公羊家眼中，中国与夷狄实在是一个文化符号，是一个文化象征。一旦中国沦为夷狄，即便是中国也将"不使中国主之"。公羊寿在解释昭公二十三年经文"戊辰，吴败顿、胡、沈、蔡、陈、许之师于鸡父。胡子髡、沈子楹灭，获陈夏齧"时这样写道："此偏战也，曷为以诈战之辞言之？不与夷狄之主中国也。然则曷为不使中国主之？中国亦新夷狄也。其言灭获何？别君臣也。君死于位曰灭，生得曰获，大夫生死皆曰获。不与夷狄之主中国，则其言获陈夏齧何？吴少进也。"所谓"偏战"，是指正规作战，即按"礼"双方先列好阵再作战，比实力和智慧。与此相对的是"诈战"，可以不择手段，搞阴谋诡计。一方面，吴国仰仗着自己强大发动战争侵扰中国，表现出十足的侵略野性，所以"不与夷狄之主中国"，但吴国毕竟打仗还采用"偏战"，所以《公羊传》称其"少进"，给予充分肯定；另一方面，当时陈、蔡等虽号称中国，但由于不讲礼仪文明，因此也"不使中国主之"，并将其以"新夷狄"来指认。

在这种文化一统的观念中，中国退而为夷狄（"新夷狄"），夷狄进而为中国（新中国）。至于夷狄，如能"慕王道，重礼教"，就中国之，如果不能，则又反为夷狄。《公羊传》在解释定公四年经文"冬，十有一月，庚午，蔡侯以吴子及楚人战于伯莒，楚师败绩"时说："吴何以称子？夷狄也，而忧中国。"而在解释"庚辰，吴入楚"时又说："吴何以不称子？反夷狄也。其反夷狄奈何？君舍于君室，大夫舍于大夫室，盖妻楚王之母也。"吴国有"忧中国"之心，表明羡慕王道礼教，所以进爵称子，但后来非礼淫乱，又反为夷狄。可见，中国和夷狄之分既不以血缘种族为标准，也不以地理疆域为依据，更不以强弱实力为准绳[①]，而是以"王道礼

[①] 公羊寿在著录哀公十三年经文"公会晋侯及吴子于黄池"时说："吴何以称子？吴主会也。吴主会则曷为先言晋侯？不与夷狄之主中国也。其言及吴子何？会两伯之辞也。不与夷狄之主中国，则曷为以会两伯之辞言之？重吴也。曷为重吴？吴在是，则天下诸侯莫敢不至也。"很显然，尽管当时吴国已成"伯者"，主会则"天下诸侯莫敢不致"，拥有相当的军事实力，但王道不是霸道，文为第一，武在其次，所以"不与夷狄之主中国"，不是因为武力不够，而是因为文化不配。

教"为准绳，此即所谓"一统于文"，所谓"文化中国"。换句话说，中国与夷狄的判别标准是中国的道德礼义、文明进步，夷夏融通的纽带是中国的声明文物、文治教化，民族认同的核心是中华民族的文化认同、价值认同，中国一统的基础也是中国的先进文化。

这意味着，身为礼乐文化象征的中国更要在行为中表现文化形象，因为只有本来拥有先进礼教仁义的中国"身先示范"、"善始善终"，才最有说服力，才能真正感化夷狄，逐渐实现文化文明的四方传播和进化发展。这样看来，树立"大文统"的观念还不够，还要"自近者始"，真正不断推进文化的天下一统。这就是下面所讲的"大始统"了。

（三）大始统

大一统的"一"字如果理解为"始"，那就可以说"大始统"。万事万物都有一个始端，都有一个源头，都有一个基础。只有始端纯正、源头纯正、基础纯正，一切才能保证根深蒂固、发展长久、延伸广大。一统必须解决好一个逻辑和历史起点问题。

在《公羊传》中，这个逻辑和历史起点可以从以下几个方面去理解：一是王道价值之始的纯正性，公羊寿在讲大王统、大文统时特别注重王道、君道、礼义，特别重视真权威、真文明，就是要表达这个"始端"的重要性；二是在整个社会结构体系中，自上而下每一等级之始的纯正性，君不君就很容易臣不臣，父不父就很容易子不子，上不正则下会歪，这种上行下效的观念在大文统中就有表达；三是历史时间发展系列中各种行为之始的纯正性，王者之所以必须在正月颁布历法，充分表明一个良好的政教始端对于今后的政治教化具有多么重要的意义，而改元制度就是为了确保"政者正也"的价值纯正，这在开篇就有论说，而在尾篇也有明言，"拨乱反正"开辟新开始；四是空间延伸传播过程中各种行为之始的纯正性，公羊寿所传的《春秋》对原始要终，正始慎始，防微杜渐很有道德自觉，表达了对"始发事件"的特别关注，这个更有直接的系统解释。

翻开《公羊传》，始统纯正性的表达是与对一切开始合礼或非礼行为的褒贬连接在一起的。就讥始和疾始而言，涉及经济方面的有始初税亩（宣公十五年）、始用田赋（哀公十二年），涉及战争方面的有"始灭"（隐公二年、庄公元年）、"始取邑"（隐公四年）、始作丘甲（成公元年）、始火攻（桓公七年），涉及政权方面的有始僭诸公（隐公五年），涉及人伦方面的有"始不亲迎"（隐公二年）。在公羊家的解释中，这些要"讥"和"疾"的"始端"其实都是非礼的表现，都不符合文化文明的发展要求。

就褒始而言，主要谈论的是开始接受或推行礼乐文明的各种行为。比如褒始能聘："荆何以称人？始能聘也。"（庄公二十三年）又如褒始有大夫："椒者何？楚大夫也。楚无大夫？此何以书？始有大夫也。始有大夫，则何以不氏？许夷狄者，不一而足也。"（文公九年）还如褒始著信乎天下："曹子请盟，桓公下与之盟。已盟，曹子摽剑而去之。要盟可犯，而桓公不欺。曹子可仇，而桓公不怨，桓公之信著乎天下，自柯之盟始焉。"（庄公十三年）

公羊寿不仅表明对始端是否价值纯正进行褒贬，而是还表现出一种强烈的"患始"忧患意识，发出"患之起，从此始也"的无比感慨："此已取榖矣，何以致伐？未得乎取榖也。曷为未得乎取榖？曰：患之起，必自此始也。"（僖公二十六年）大一统如果开始就不正，如何正天下？因此，要正天下，必先正始。

正始要求始终一贯，恶始善终。只有这样，才能保证价值源头的纯正。对于恶行，要始终一贯地给予批判："此楚子也，其称人何？贬。曷为贬？为执宋公贬，故终僖之篇贬也。"（僖公二十七年）对于遵循王道、君道、礼仪也要始终一贯给予坚持："毛伯者何？天子之大夫也。何以不称使？当丧未君也。逾年矣，何以谓之未君？即位矣，而未称王也。未称王，何以知其即位？以诸侯之逾年即位，亦知天子之逾年即位也。以天子三年然后称王，亦知诸侯于其封内三年称子也。逾年称公矣，则曷为于其封内三年称子？缘民臣之心，不可一日无君；缘终始之义，一年不二君，不可旷年无君。缘孝子之心，则三年不忍当也。"（文公九年）公羊寿所传的大一统中，"大始统"占有重要的分量。褒始贬始，患始正始，还有前面已经分析过的托始，无不在强调这个一统。事实上，只有上始正才下始正，近始正才远始正，礼始正才事始正。善始善终，大一统才是真正的大一统。因此，大一统与其说是历史的现实，还不如说是永恒的理想。

透过大一统中的"大王统"、"大礼统"、"大始统"三个方面，可见公羊家对人道和王道的无比重视，深刻阐发了政治哲学的一系列问题，对于把握政治伦理基础、政治核心理念、政治制度安排、政治传统继承和政治文明传播发展，值得仔细去反思。孔子托始《春秋》，不管是使"乱臣贼子惧"还是"贬天子",最终归依借政治王道实现天下一统,落实尊尊、亲亲、贤贤等观念。

二 董仲舒阐发的大一统

董仲舒对大一统的论述,可以分为两个方面,一个是直接阐发《公羊传》"大一统"所形成的政治一统、制度一统与价值一统;一个是从指导思想一元化的角度来讨论思想一统。前者涉及政治秩序、政治伦理问题,后者侧重政治文化、国家意识形态建设问题。

(一)《公羊传》"大一统"思想的阐发

如前所述,《公羊传》在解释"元年春王正月"六个字时发出了"大一统"的非常异义可怪之论。后来的公羊家都对首篇首论非常器重,进一步发挥引申,贯穿在整个公羊学思想体系当中。董仲舒对此更是精心构思,进行了更多意义衍生。其中最重要的主要表现在以下几个方面。

一是董仲舒紧紧扣住"一"与"元"两个字进行引申发挥,结合"元年春王正月"六个字展开全面论述,区分了天元与人元,指出了"元"的终极价值性[①];通过对正月的伦理与政治双重意义阐发,指出了"正月"之"正"的政治伦理性,深化了孔子"政者正也"以及"正名"的理念,具有很浓的哲学思辨味。本原一统的观念得到了特别的强调。董仲舒论道:"谓一元者,大始也。知元年志者,大人之所重,小人之所轻。是故治国之端在正名。名之正,兴五世,五传之外,美恶乃形,可谓得其真矣,非子路之所见。唯圣人能属万物于一,而系之元也。终不及本所从来而承之,不能遂其功。是以《春秋》变一谓之元。元,犹原也。其义以随天地终始也。故人唯有终始也,而生不必应四时之变。故元者为万物之本,而人之元在焉。安在乎?乃在乎天地之前。故人虽生天气及奉天气

[①] 蒋庆认为:"在董子看来,作为本体的元是人为宇宙万物所设置,人把元置于宇宙万物之前即意味着处于自然状态的宇宙变得合理而可被理解,无意义的人类历史变得有意义而获得价值。如此,宇宙不再是自然的宇宙而成为人文的宇宙,历史不再是荒谬的历史而成为有意义的历史。公羊家置元于宇宙万物之前,不只是要为宇宙万物设立一本体基始,更重要的是要通过设立此一本体基始使宇宙万物义理化、人文化,使人类历史意义化、价值化。故公羊家所谓以元统天,就是用元去变自然之天为人文之天、义理之天、意义之天、价值之天。"(蒋庆:《公羊学引论》,辽宁教育出版社1995年版,第278—279页。)

者，不得与天元本、天元命而共违其所为也。故春正月者，承天地之所为也。继天之所为而终之也。其道相与共功持业。安容言乃天地之元？天地之元奚为于此恶施于人？大其贯承意之理矣。是故《春秋》之道，以元之深正天之端，以天之端正王之政，以王之政正诸侯之即位，以诸侯之即位正竟内之治。五者俱正，而化大行。"（《春秋繁露·玉英》）按照这种解释，元在天地之前，是天地万物之本，因此天人都必须究元，考究原始一统的宇宙形上性，一元之原的终极价值性。一统最终都要形上延伸归结到元原上，这是一方面，另一方面也要形下落实到"治国"，深刻领悟"治国之端在正名"的道理，依次施行"五正"，王化天下。蒋庆认为："公羊家对《春秋》'元年春王正月'一语作了形上形下的阐释：'元年春'是说明政治秩序合法性的基础必须建立在超越形上的价值本源上，'王正月'是说明超越形上的价值本源必须在历史中的特定政治形态——王政——中表现出来。"[①] 应该说，这是顺着公羊家政治哲学思考得出的现代概括，是很切中要害的。

董仲舒除了抓住"一"的"始端"义，阐发了从上到下依次"正始"的政治秩序外，还直接将"元始"与政治之本联系起来，阐发了王道正本的理论，发挥了儒家的民本政治。他说："《春秋》何贵乎元而言之？元者，始也，言本正也。道，王道也；王者，人之始也。王正则元气和顺、风雨时、景星见、黄龙下。王不正，则上变天，贼气并见。五帝三王之治天下，不敢有君民之心。什一而税。教以爱，使以忠，敬长老，亲亲而尊尊，不夺民时，使民不过岁三日。民家给人足，无怨望忿怒之患、强弱之难，无谗贼妒疾之人。民修德而美好，被发衔哺而游，不慕富贵，耻恶不犯。"（《春秋繁露·王道》）能不能以王道正王心，是治国平天下的要务。而王道的根本就在教化百姓，关注民生，做到以民为本。而作为国之元的君主对于一国来说同样具有决定性作用，需要以元来正始正本。所以他又说："君人者，国之元，发言动作，万物之枢机。枢机之发，荣辱之端也。失之毫厘，驷不及追。故为人君者，谨本详始，敬小慎微，志如死灰，形如委衣，安精养神，寂寞无为。"（《春秋繁露·立元神》）

二是发挥"王正月"的"受命改制"含义，对于政治一统、制度一统进行哲学分析，特别凸显了王制与改制的问题。他说："何以谓之王正月？

[①] 蒋庆：《公羊学引论》，辽宁教育出版社1995年版，第277页。

曰：王者必受命而后王，王者必改正朔，易服色，制礼乐，一统于天下，所以明易姓，非继人，通以己受之于天也。王者受命而王，制此月以应变，故作科以奉天地，故谓之王正月也。"（《春秋繁露·三代改制质文》）在这里，需要引起高度关注的是，不是谁都可以随便"王正月"的，一定要受命，符合天意民心。

另外，还必须注意的是，王者改制不是易道。改制具有断裂性，这是新王"受命于天、易姓更王"以区别前王的标志。改制是奉天受命的具体体现，不改制就无法见证天命新王。改制是王道在新王身上的表现，贯穿的依然是王道精神，也就是说，王制是外在的，王道是内在的，王制可改可变，而且新王必改必变，但王道不可改变，只能贯穿其中，继续弘扬，所以要法古法先王。在公羊家的观念世界中，古与先王可以历史地认定为三代与尧舜禹文武等有德有位者，当然也可能不过是借古代先王来言说的理想时代与理想王者。正是在这个意义上，董仲舒阐发了他的变与不变的王道与王制理论。他说："《春秋》之道，奉天而法古。……《春秋》之于世事也，善复古，讥易常，欲其法先王也。然而介以一言曰：'王者必改制。'……今所谓新王必改制者，非改其道，非变其理，受命于天，易姓更王，非继前王而王也。若一因前制，修故业，而无有所改，是与继前王而王者无以别。受命之君，天之所大显也。事父者承意，事君者仪志。事天亦然。今天大显己，物袭所代而率与同，则不显不明，非天志。故必徙居处、更称号、改正朔、易服色者，无他焉，不敢不顺天志而明自显也。若夫大纲、人伦、道理、政治、教化、习俗、文义尽如故，亦何改哉？故王者有改制之名，无易道之实。"（《春秋繁露·楚庄王》）这个不变的道统论，支配了以后的整个中国政治发展史。宋代儒家学者别开董仲舒之道统外，而实质上继承的恰恰是"大纲、人伦、道理、政治、教化、习俗、文义尽如故"的真正道统，这是值得反思的。

三是提出了"通三统"的思想①，突出了时王新统对历史的继承性，

---

① 蒋庆认为："公羊家的通三统说既是改制创新之说，又是尊重传统之说；既主张六合同风九洲共贯的一统论，又主张存二王后的多统论；既承认新政权有其独立的合法性，又不否认旧政权有其存在的合理性。故在通三统的思想中，世界是多统中的一统世界，世界既丰富多彩，又统一有序；既增加了新内容，又不尽弃旧成分。如此的世界既生动活泼，又秩序井然，充分体现出了孔子所追求的中庸之德。"（蒋庆：《公羊学引论》，辽宁教育出版社1995年版，第314—315页。）

在大一统思想注入明确的历史哲学蕴涵。通三统在历法上以三正为基础①，其中每一正、每一统都有一整套规定，包括颜色象征、礼乐制度规定、宗教祭祀等。董仲舒认为："改正之义，奉元而起。古之王者受命而王，改制称号正月，服色定，然后郊告天地及群神，远追祖祢，然后布天下。诸侯庙受，以告社稷宗庙山川，然后感应一其司。三统之变，近夷遐方无有，生煞者独中国。然而三代改正，必以三统天下。曰：三统五端，化四方之本也。天始废始施，地必待中，是故三代必居中国。法天奉本，执端要以统天下，朝诸侯也。是以朝正之义，天子纯统色衣，诸侯统衣缠缘纽，大夫士以冠参，近夷以绥，遐方各衣其服而朝，所以明乎天统之义也。"（《春秋繁露·三代改制质文》）大一统通过"法天奉本"，获得了自然合法性和天道神圣性，体现了"天统之义"；"必以三统天下"，以"三代必居中国"包含有存二代之后，二代之文的价值用意，还表现出一种正确处理历史的政治智慧。这是一方面。还有一方面是统三正是法正的要求，是政者正也的要求，所以董仲舒又说："其谓统三正者，曰：正者、正也，统致其气，万物皆应，而正统正，其余皆正，凡岁之要，在正月也。法正之道，正本而末应，正内而外应，动作举措，靡不变化随从，可谓法正也。故君子曰：'武王其似正月矣。'"（同上）如此看来，大一统实在含有大天统与大正统的含义。按照董仲舒的设计，黑统、白统、赤统三统犹如一个形式框架，一统之王在改制为王时可以按照这个形式规定来体现自身的新王特色。

不过，三正三统的形式系统并不表示历史就是循环不变的。恰恰相

---

① 董仲舒对三正理论的整体说明如下："故《春秋》应天作新王之事，时正黑统。王鲁，尚黑，绌夏，亲周，故宋。乐宜亲《招武》，故以虞录亲，乐制宜商，合伯子男为一等。然则其略说奈何？曰：三正以黑统初。正日月朔于营室，斗建寅。天统气始通化物，物见萌达，其色黑。故朝正服黑，首服藻黑，正路舆质黑，马黑，大节绶帻尚黑，旗黑，大宝玉黑，郊牲黑，牺牲角卵。冠于阼，昏礼逆于庭，丧礼殡于东阶之上。祭牲黑牡，荐尚肝，乐器黑质。法不刑有怀任新产，是月不杀。听朔废刑发德，具存二王之后也。亲赤统，故日分平明，平明朝正。正白统奈何？曰：正白统者，历正日月朔于虚，斗建丑。天统气始蜕化物，物初芽，其色白，故朝正服白，首服藻白，正路舆质白，马白，大节绶帻尚白，旗白，大宝玉白，郊牲白，牺牲角茧。冠于堂，昏礼逆于堂，丧事殡于楹柱之间。祭牲白牡，荐尚肺，乐器白质。法不刑有身怀任，是月不杀。听朔废刑发德，具存二王之后也。亲黑统，故日分鸣晨，鸣晨朝正。正赤统奈何？曰：正赤统者，历正日月朔于牵牛，斗建子。天统气始施化物，物始动，其色赤，故朝正服赤，首服藻赤，正路舆质赤，马赤，大节绶帻尚赤，旗赤，大宝玉赤，郊牲骍，牺牲角栗。冠于房，昏礼逆于户，丧礼殡于西阶之上。祭牲骍牡，荐尚心，乐器赤质。法不刑有身，重怀藏以养微，是月不杀。听朔废刑发德，具存二王之后也。亲白统，故日分夜半，夜半朝正。"（《春秋繁露·三代改制质文》）

反，三统是随着新王的出现而不断黜远就近，螺旋上升的。董仲舒曾对此有详细解说："《春秋》曰：'杞伯来朝。'王者之后称公，杞何以称伯？《春秋》上绌夏，下存周，以《春秋》当新王。《春秋》当新王者奈何？曰：王者之法必正号，绌王谓之帝，封其后以小国，使奉祀之。下存二王之后以大国，使服其服，行其礼乐，称客而朝。故同时称帝者五，称王者三，所以昭五端，通三统也。是故周人之王，尚推神农为九皇，而改号轩辕谓之黄帝，因存帝颛顼、帝喾、帝尧之帝号，绌虞而号舜曰帝舜，录五帝以小国。下存禹之后于杞，存汤之后于宋，以方百里爵号公。皆使服其服，行其礼乐，称先王客而朝。《春秋》作新王之事，变周之制，当正黑统。而殷周为王者之后，绌夏改号禹谓之帝，录其后以小国，故曰绌夏存周，以《春秋》当新王。"按照这个解释，在三统的形式结构系统中，当周为新王时，在周这个新统中，应该"存夏"为三统之一；现当《春秋》为新王时，在《春秋》新统中，那就要绌夏，以周来替代，即是"存周"。通过这种在历史中不断绌旧的方式，历史地解决新统与旧统的关系，不仅体现了一种人道主义精神，而且体现了一种文化时间观念。以三统天下，是一种政治的历史智慧，通过正确对待历史文化遗产与正确处理历史遗留问题，让三代时间化解一些不必要的矛盾争端。这本身又是一种文化文明的表现。

如果把以上意义综合起来说，董仲舒所论的大一统在公羊先师的基础上又发展为大元统[①]（一统于元，获得纯正价值源头）、大天统（一统于天，遵从天道天象天命）、大道统（一统于道，承继人伦政治文化）、大正统（一统于正，保持政治正义善性）、大新统（一统于新，认同新王罢黜继统）。公羊家的大一统实现了天道与人道、政治与伦理、传统与现代的有机结合，更有哲学蕴涵。

（二）汉帝国思想一统的建构

董仲舒是一个很有政治抱负的思想家，他不仅要解释"大一统"的理

[①] 蒋庆将其分为两个方面进行阐发，认为"以元统天、立元正始两个方面论述了《春秋》大一统思想的形上含义，由此可以看出大一统的最终根基是建立在超越形上之元上。所谓一统，就是要统于元，以元为宇宙万物和历史政治的本体基始。公羊家将大一统的最终根基建在元上，表达了人类追求形上意义与超越根据的终极关切，体现了人类生命深处对永恒与绝对的渴求。"（蒋庆：《公羊学引论》，辽宁教育出版社1995年版，第287页。）

论蕴涵，更要推行"大一统"的具体实践。如前所述，法家代表李斯坚决主张"一断于法，以吏为师"，实践了以法家思想作为国家意识形态的理想，但由于缺乏包容性而走向极端，结果二世而终。司马谈也曾提出以道家思想为指导，综合各家所长来建设国家意识形态的主张，事实上在汉代初期的真实实践中也得到了印证。作为一代儒宗，力求以儒家思想为指导来一统天下学术，自然也就成了分内之事。

带着对公羊家大一统思想的深切领悟，董仲舒终于在汉武帝策问时阐发了影响中国几千年的"独尊儒家"思想大一统理论，使儒学终于从"百家言"升格为"王官学"。他从天地古今的高度作了一个经典的表达："《春秋》大一统者，天地之常经，古今之通谊也。今师异道，人异论，百家殊方，指意不同，是以上亡以持一统；法制数变，下不知所守。臣愚以为诸不在六艺之科孔子之术者，皆绝其道，勿使并进。邪辟之说灭息，然后统纪可一而法度可明，民知所从矣。"（《汉书·董仲舒传·对策三》）这个论述，如果与李斯的主张相对照，有一点和李斯一样是今人绝对无法认同的，即"诸不在六艺之科孔子之术者，皆绝其道"。因为这个主张带有排他的绝对性味道。但如果不这么看待，而看到这是对帝王讲的话，这是对指导思想一元化强调的话，董仲舒讲"皆绝其道"就应该不难理解。儒学作为国家意识形态，不独尊难道可以多尊？在这个意义上说，历史从来都是在"王官学"中独尊的。如果再细心一点，把"皆绝其道，勿使并进"联系起来，则意味着董仲舒只是要求在国家意识形态层面上不要其他学术与孔术处于并进地位，以免"不知所守"，结果东一家、西一家，造成思想混乱，应该说也是可以理解的。

仅仅提出"独尊儒术"以实现"思想一统"还不够，必须从制度上来保障思想一统真能变成现实。这意味着，儒家需要变成制度化的儒家，儒家制度化自然就是一个必然进路。从"诸不在六艺之科孔子之术者，皆绝其道，勿使并进"这句话中可以窥探到两个制度化举措，一是独尊孔子（孔子权威化）；二是独尊六艺（经典法定化）。思想一统需要思想者来支撑。早在《对策三》提出"独尊儒术"前，董仲舒在《对策二》中说："陛下亲耕籍田以为农先，夙寤晨兴，忧劳万民，思维往古，而务以求贤，此亦尧舜之用心也，然而未云获者，士素不厉也。夫不素养士而欲求贤，譬犹不琢玉而求文采也。故养士之大者，莫大乎太学；太学者，贤士之所关也，教化之本原也。今以一郡一国之众，对亡应书者，是王道往往而绝也。臣愿陛下兴太学，置明师，以养天下之士，数考问以尽其材，则英俊宜可得矣。今之郡守、县令，民之师帅，所使承流而宣化也；故师帅不贤，则主德不宣，恩泽不流。今吏既亡教训于下，或不承用主上之法，暴虐百姓，与奸为市，贫穷孤弱，冤苦失职，甚不称陛下之意。是以阴阳错缪，氛气弃塞，群生寡遂，黎民未济，皆长吏不明，使至于此也。"（《汉书·董仲舒传·对策二》）这个对策抓住王道政治的"教化"根本，提出"兴太学，置明师，以养天下之士"的教育主张，力求将"士"纳入到国家体制系统中，承继"教化兴国"的儒家传统。

通过孔子权威化、经典法定化、儒学独尊化、儒生官吏化，儒家就变成了制度化的儒家，儒家的"礼治"、"德治"、"孝治"主张就有可能不断变成现实，儒家的尊尊、亲亲、贤贤等观念就可以不断渗透到政治文化、政治制度、政治活动中去。据《汉书·武帝纪》载："孝武初立，卓然罢黜百家，表章《六经》。"可以说，这完成了孔子权威化、经典权威化的制度化工作。又载："建元元年冬十月，诏丞相、御史、列侯、中二千石、二千石、诸侯相举贤良方正直言极谏之士。丞相绾奏：'所举贤良，或治申、商、韩非、苏秦、张仪之言，乱国政，请皆罢。'奏可。"这表明，儒学独尊化、儒生体制化从此真正开始。

大一统的理论解释与实践建构在董仲舒那里得到了有机的统一，而大一统思想也在汉武帝的政策范围内得到了具体的推行，这对两千年的中国政治文化产生了深远的影响。

三 何休所解诂的大一统

《春秋》书"元年春王正月"六字，《公羊传》虽然只是简单地提出了"大一统"观念，但在具体文本的解释中包含了一统于王、一统于文、一统于始三义，包含了政治一统、文化一统与价值一统的思想。董仲舒不仅对上述三义进行了发挥，而且还阐发了一统于元、一统于天、一统于道、一统于正、一统于新诸义，打通了天与人、古与今、政治与伦理之间的相互联系，并通过制度设计将思想一统促成事实。何休详细解释《公羊传》，自然对其中的三大含义进行更加细致的发挥，同时也发挥了董仲舒的一些思想，做了更实在的分析。总体说来，一方面，表现为集中阐发；另一方面，表现为分散解说，而其中最引人注目的是把大一统与三世说相结合，在文的层面上突出了作为政治理想的大一统。

（一）大一统思想的集中阐发

要了解何休对大一统的集中阐发，不妨将《春秋》经原文与《公羊传》原文先单列出来，然后看何休是如何详细分解的。《春秋》曰："元年，春，王正月。"《公羊传》曰："元年者何？君之始年也。春者何？岁之始也。王者孰谓？谓文王也。曷为先言王而后言正月？王正月也。何言乎王正月？大一统也。公何以不言即位？成公意也。"如前所述，公羊家好追问，一步一步地要把问题逼出来。可是上述《公羊传》的解说，如果不从整个传说中去理解还是如坠入云里雾里。何休的一个重要贡献是对此进行了集中论述，结合公羊先师的认识，将可以引申的意义和盘托出，相当一目了然。

何休在解释"君之始年"说："以常录即位，知君之始年。君，鲁侯隐公也。年者，十二月之总号，《春秋》书十二月称年是也。变一为元，元者，气也，无形以起，有形以分，造起天地，天地之始也，故上无所系，而使春系之也。不言公，言君之始年者，王者诸侯皆称君，所以通其义于王者，惟王者然后改元立号。《春秋》托新王受命于鲁，故因以录即位，明王者当继天奉元，养成万物。"这一段抓住"变一为元"，重点对"元"进行发挥，从"气"的角度来解释"元"，以"无形""有形"来阐发宇宙天地的始基，属于"气本论"。这一解释突出了"宇宙一统"，显得很客观。与董仲舒讲天元、人元，以元为万物之本相同的是，都从宇宙总根源上来探求一统的自然基础，但又与董仲舒给天地立元，立道德纯正价值之源有所不同，何休更侧重的是董仲舒所讲的"改元立号"的制度更新思想，认为王者要效法天地之始，应当"继天奉元"，像天地"养成万物"那样，开启人道政治之始。而孔子之所以在鲁隐公元年这样书写，目的非常明确，就是"《春秋》托新王受命于鲁"，推行王道与王制。这样一来，大一统制度建设的根源就找到天的依据。何休在解释"岁之始"时说："以上系'元年'在'王正月'之上，知岁之始也。春者，天地开辟之端，养生之首，法象所出，四时本名也。昏斗指东方曰春，指南方曰夏，指西方曰秋，指北方曰冬。岁者，总号其成功之称，《尚书》'以闰月定四时成岁'是也。"这里通过分析天地四时之始春为"天地开辟之端，养生之首"说明一年之始的重要，法象天地往往首先就指向养生之春，而

"天地之大德曰生"，欲生生不息当贵春以"定四时成岁"。也就是说，宇宙一统有一个良好的开端，人类一统自当效法。

何休在解释"文王"时说："文王，周始受命之王，天之所命，故上系天端。方陈受命制正月，故假以为王法。不言谥者，法其生，不法其死，与后王共之，人道之始也。"一方面文王是实指，即"周始受命之王"；另一方面又是"假以为王法"，《春秋》当新王与《春秋》王鲁需要假借"文王"之"文"以制正月号令天下，开启"人道之始"。所以何休在解释"王正月"时说："以上系于王，知王者受命，布政施教所制月也。王者受命，必徙居处，改正朔，易服色，殊徽号，变牺牲，异器械，明受之于天，不受之于人。夏以斗建寅之月为正，平旦为朔，法物见，色尚黑；殷以斗建丑之月为正，鸡鸣为朔，法物牙，色尚白；周以斗建子之月为正，夜半为朔，法物萌，色尚赤。"受命改制，实现制度一统，开始"布政施教"在政治生活中具有重大意义。之所以必须这样做，就是要突出王道的天道根源，即所谓"明受之于天，不受之于人"，即所谓政权的取得是天心、天意、天命，而不是人心、欲望、权势。政治的合法性问题在此得到了深刻揭示。与此同时，三正的历法制度也进行了说明，这与董仲舒的黑统、白统、赤统三统说是一致的。王正月是每一个新王受命于天的标志性象征，既是制度一统的象征，也是文化一统的象征。

"大一统"以"王正月"开启政教之始为标志，也就是说，政治一统在大一统中是起决定性作用的。因此何休说："统者，始也，总系之辞。夫王者，始受命改制，布政施教于天下，自公侯至于庶人，自山川至于草木昆虫，莫不一一系于正月，故云政教之始。""大一统"从"王正月"中引申出来，政治之"正"的含义就必然引起高度重视，而"正"的源头"始"也同样受到特别强调。何休在解释"公何以不言即位"时说得分明："据文公言即位也。即位者，一国之始，政莫大于正始，故《春秋》以元之气，正天之端；以天之端，正王之政；以王之政，正诸侯之即位；以诸侯之即位，正竟内之治。诸侯不上奉王之政，则不得即位，故先言正月，而后言即位。政不由王出，则不得为政，故先言王，而后言正月也。王者不承天以制号令，则无法，故先言春，而后言王。天不深正其元，则不能成其化，故先言元，而后言春。五者同日并见，相须成体，乃天人之大本，万物之所系，不可不察也。"通过何休的详细阐发，元——春——王——正月——即位五者之间的因果关系就清晰明了，而"正始"、"正端"的公羊大义也有了系统表达，公羊家"大始统"、"大正统"自然更引人注目。

总起来说，这一段集中阐发，突出了"元"的宇宙一统、"王"的政治一统、"文"的制度一统、"正"的价值一统、"始"的开端一统，充分体现了大一统内在的自然与人文、政治与伦理的有机统一，以及政治一统的核心地位和统领作用。围绕"统一于什么"，何休更鲜明地把他对政治秩序性、政治合法性、政治伦理性、政治改制性等的哲学思考表现出来了。

（二）在"三世"历史中阐发大一统

何休对大一统思想阐发最有特色的部分是将其与三世说的历史理论结合在一起，何休的三世说是以鲁国十二公的实史为材料，通过"文致太平"的文史依次演进来展开，可以说，这种三世说反映的主要是一种历史哲学观念，一种对政治的历史期盼。

这个三世说源于对《公羊传》隐公元年"所见异辞，所闻异辞，所传闻异辞"的阐释。在公羊家看来，孔子作《春秋》，根据自己所见、所闻、所传闻三个阶段，在书写时采取不同的笔法，体现孔子的恩义厚薄浅深。三世的划分首先是指一种书法。董仲舒对此已经做了详细阐发，何休进一步予以确认："所见者，谓昭、定、哀，己与父时事也；所闻者，谓文、宣、成、襄，王父时事也；所传闻者，谓隐、桓、庄、闵、僖，高祖曾祖时事也。异辞者，见恩有厚薄，义有浅深，时恩衰义缺，将以理人伦，序人类，因制治乱之法，故于所见之世，恩已与父之臣尤深，大夫卒，有罪无罪，皆日录之，'丙申，季孙隐如卒'是也。于所闻之世，王父之臣恩少杀，大夫卒，无罪者日录，有罪者不日略之，'叔孙得臣卒'是也。于所传闻之世，高祖曾祖之臣恩浅，大夫卒，有罪无罪皆不日略之也，'公子益师、无骇卒'是也。"三世划分作为一种书法，固然可以由此看出孔子是如何一字褒贬的。但三世划分如果仅仅是一种《春秋》笔法，仅仅表达孔子个人的情感问题，三世自身就没有什么特别的深意，更谈不上历史哲学意识。

问题就在，何休不仅把三世当作《春秋》笔法，更是把它当作一种历史发展过程来处理的。他说："于所传闻之世，见治起于衰乱之中，用心尚麤觕，故内其国而外诸夏，先详内而后治外，录大略小，内小恶书，外小恶不书，大国有大夫，小国略称人，内离会书，外离会不书是也。于所闻之世，见治升平，内诸夏而外夷狄，书外离会，小国有大夫，宣十一年'秋，晋侯会狄于攒函'，襄二十三年'邾娄鼻我来奔'是也。至所见之世，著治大平，夷狄进至于爵，天下远近小大若一，用心尤深而详，故崇仁义，讥二名，晋魏曼多、仲孙何忌是也。所以三世者，礼为父母三年，为祖父母期，为曾祖父母齐衰三月，立爱自亲始，故《春秋》据哀录隐，上治祖祢。"在这段话中，何休举例说明了三世书法的差异，但更重要的是将三世看作"见治起于衰乱之中"、"见治升平"、"著治大平"三个文明发展不断前进的阶段，形成了公羊家思想中最吸引人的"据乱世"、"升平世"、"太平世"三世说，深刻展示了《春秋》文史"文致太平"的历史信念和历史希望，以及最终要实现"夷狄进至于爵，天下远近小大若一"的"王道大一统"政治文化理想。何休总结说："所以二百四十二年者，取法十二公，天数备足，著治法式，又因周道始坏绝于惠、隐之际。"一个"见治"或"著治"，明确透露这不是在叙述政治历史的实然状况；一个"用心"或"取法"充分显示这是在寄托政治历史的应然观念。因此，三世就不能简单地看作一个书法分期问题，而是一个历史向文明演进，政治向善治进化的变易发展过程。在何休那里，大一统是向着王道（以周道为榜样）依照时间而三世演进，同时依照空间而内外扩展（内其国而外诸夏，内诸夏而外夷狄），最终"天下远近小大若一"的动态的历史的发展过程。这样，大一统不仅特标了"天下若一"的历史信念与政治理想，而且特标了"远近小大"的历史发展与进化过程。大一统从政治主体上一统于王与君（政治一统），到政治文化上一统于文（制度一统、文化一统、价值一统），再到政治发展上一统于始（改元正始）与终（天下若一）以及时（三世：新王一统）与空（内外：天下一统），完整地体现了自然与历史的统一，政治与伦理的统一，历史与当下的统一，静态与动态的统一，理想与现实的统一。

在这个总的论述之后，何休在具体的解释过程中进一步围绕"三世"探讨了王道大一统思想是如何不断进化展开的，不时地透露出一统思想的许多政治文化大义。在据乱世中，他在解释隐公元年传文"仲子，微也"时说："言天王者，时吴楚上僭称王，王者不能正，而上自系于天也。《春秋》不正者，因以广是非。称使者，王尊敬诸侯之意也。王者据土与诸侯分职，俱南面而治，有不纯臣之义，故异姓谓之伯舅叔舅，同姓谓之伯父叔父。言归者，与使有之辞也。天地所生，非一家之有，有无当相通。所传闻之世，外小恶不书，书者来接内也。《春秋》王鲁，以鲁为天下化首，明亲来被王化渐渍礼义者，在可备责之域，故从内小恶举也。主书者，从不及事也。"其中，一句"言天王者，时吴楚上僭称王"显示，乱世本是一个无王的时代，王道不兴的时代，但还"称使"又见王意在。一句"天地所生，非一家之有，有无当相通"，如果顺着公羊家思路，今日公羊家必然以为这是在谈论"政治民主"，因为"非一家之有"表明，天下乃天下人之天下，天下为公。一句"以鲁为天下化首，明亲来被王化渐渍礼义"说明，在乱世之中推行王道大一统，还是小恶治大恶，还不是善治恶，《春秋》王鲁，借着实史说话，只要有王化事迹就尽力彰显，强调王道在乱世推行先不计小恶，乃至"外小恶不书"。如此用心良苦，可见推行王道一统何其难也，孔子之王心何其深也。

  在据乱世中，推行王道关键要内正己，自近者始，因而对于远者、外者暂且放在一边。何休在解释隐公二年经文"春，公会戎于潜"时特别指出了这一点："凡书会者，恶其虚内务，恃外好也。古者诸侯非朝时不得逾竟。所传闻之世，外离会不书，书内离会者，《春秋》王鲁，明当先自详正，躬自厚而薄责于人，故略外也。王者不治夷狄，录戎者，来者勿拒，去者勿追。东方曰夷，南方曰蛮，西方曰戎，北方曰狄。朝聘会盟，例皆时。"所谓"先自详正，躬自厚而薄责于人"，所谓"王者不治夷狄"，突出的正是大始统所要求的正始正己大义。实现王道大一统不是一步到位的，不是一劳永逸的，而是一个艰巨的长期的历史发展过程。在开始时，甚至对于美恶这种价值完全相反的事情都还是使用同样的文辞来表达，而不是明确地区分开来。何休在解释隐公七年传文"美恶不嫌同辞"时说得非常鲜明："若继体君亦称即位，继弑君亦称即位，皆有起文，美恶不嫌同辞是也。滕，微国，所传闻之世未可卒，所以称侯而卒者，《春秋》王鲁，托隐公以为始受命王，滕子先朝隐公，《春秋》褒之以礼，嗣子得以其礼祭，故称侯见其义。"这段解释表明，合法继承的君主书即位，弑君非法篡位的君主也书即位，用词并没有区别，而之所以这样做，是因为"《春秋》王鲁，托隐公以为始受命王"，只要有国家崇尚礼乐文化，就给予褒奖，而不必在用辞去讲究，即所谓"不嫌"也。又如何休在解释僖公二十六年经文"秋，楚人灭隗，以隗子归"时说："不月者，略夷狄灭微国也。不言获者，举灭为重。书以归者，恶不死位。不名者，所传闻世,见治始起,责小国略,但绝不诛之。"灭国在春秋时代是为大恶,而在乱世竟然"略夷狄灭微国",为什么呢?答案是"见治始起,责小国略"。以上这些充分表明,在乱世推行王道大一统的要求是相对比较低的。

到了升平世,大一统的要求就不一样了,内外需要综合考虑。何休在解释文公八年经传"冬,楚子使椒来聘。椒者何?楚大夫也。楚无大夫,此何以书?始有大夫也"时认为:"入文公所闻世,见治升平,法内诸夏以外夷狄也。屈完、子玉得臣者,以起霸事,此其正也。聘而与大夫者,本大国。"由于进入了"见治升平"的时代,楚国兴霸道,也开始有大夫,向王道一统迈进,因而以"正"来予以肯认。虽然霸道并非王道,但比起无道还是一种文明进步,具有"正"的价值。何休在解释宣公十一年经传"夏,楚子、陈侯、郑伯盟于辰陵"时写道:"不日月者,庄王行霸约诸侯,明王法,讨征舒,善其忧中国。故为信辞。"楚国在当时虽然是夷狄,但能够"明王法""忧中国",保护中华文物,所以值得褒奖,并以"信辞"来称呼。对于夷狄楚国是这样,对于夷狄吴国也是这样。何休在注成公六年经文"吴伐郯"时说:"吴国见者,罕与中国交,至升平乃见,故因始见以渐进。"王道一统的渐进步伐再一次表明,历史的希望是要不断实现的,政治的理想也是要逐步实现的。比较"据乱世"与"升平世",王道一统的实现程度无疑是令人欣慰的。何休在注襄公二十三年经传"夏,邾娄鼻我来奔。邾娄鼻我者何?邾娄大夫也。邾娄无大夫,此何以书?以近书也"时进行了总结:"以奔无他义,知以治近升平书也。所传闻世,见治始起,外诸夏,录大略小,大国有大夫,小国略称人;所闻之世,内诸夏,治小如大,廪廪近升平,故小国有大夫,治之渐也。见于邾娄者,自近始也。独举一国者,时乱实未有大夫,治乱不失其实,故取足张法而已。"必须始终需要指出的是:"实未有"说明孔子作《春秋》是根据真实的春秋历史来写作的;而"取足张法而已"则说明孔子作《春秋》的用心主要是借事明义,借史立法,推动王道大一统的恢宏事业。

进入太平世,孔子的王心越发得以凸显,王道也大行于世。在此阶段,何休认为,"见王道太平,百蛮贡职,夷狄皆进至其爵"(昭公十有六年)。何休在注解定公五年传文"于越者,未能以其名通也。越者,能以其名通也"时指出:"越人自名于越,君子名之曰越。治国有状,能与中国通者,以中国之辞言之曰越;治国无状,不能与中国通者,以其俗辞言之,因其俗可以见善恶,故云尔。赤狄以赤进者,狄于北方总名,赤者其别,与越异也。吴新忧中国,士卒罢敝而入之,疾罪重,故谓之于越。"从名号来看,"于越"与"越"是治国"无状"与"有状"的体现。当时由于"吴新忧中国",慕王道,崇仁义,尊礼乐,治国有状,所以《春秋》以君子辞来称呼,褒奖文明进化程度。随着文明程度提高,道德文化标准也不断提高,实在没有什么可以批判的话,就是一个名字用两个字也要给予贬斥。何休在分析定公六年经"季孙斯、仲孙忌帅师围运"的传文"此仲孙何忌也,曷为谓之仲孙忌?讥二名。二名非礼也"时讲得非常清楚:"为其难讳也。一字为名,令难言而易讳,所以长臣子之敬,不逼下也。《春秋》定、哀之间,文致太平,欲见王者治定,无所复为讥,唯有二名,故讥之,此《春秋》之制也。"由于"《春秋》定、哀之间,文致太平",所以为了"欲见王者治定",为了避免"二名难讳",所以《春秋》特别定了一个规则,即"讥二名"。在何休看来,这条规则绝对不是历史现实中的实际规则,而是《春秋》当新王而定的新规则。换言之,这绝对不是"实致太平"的历史事实,而是"文致太平"的理想表征,因为真实的"定、哀之间",孔子还多有微词,还经常贬斥,还不时隐讳。

综上所述,动态地讲,"大一统"是一个王道由古到今,由内向外的历史发展过程,是在三世与内外的时空中具体展示的过程,是一个"文致太平"的政治理想进化过程。静态地说,大一统包括军事一统、疆土一统、经济一统、政治一统、制度一统、文化一统、宇宙一统等不同方面,而核心是政治一统,源头是宇宙一统,实质是制度一统,灵魂是文化一统与价值一统。"大一统"对政治秩序性、政治合法性、政治伦理性、政治正始性都进行独特的文化哲学思考,虽然被封建帝王有选择地使用,但其理想的魅力依然值得反思与关注。

第四章　汉代公羊家伦理政治思想的名号呈现

孔子提出"政者正也"的命题，直接将政治扎根在伦理上。"正"指向生命个体，正身正心是首要的；指向社会群体，正名正号是首要的。不管正身正心，还是正名正号，都可归为正德正人。孔子作《春秋》，布入王心，本就是为了正心；笔削名辞，本就是为了正名；褒贬历史，本就是为了正德。正心是一个个体修养问题，正德是一个价值评判问题，正名是一个社会规范问题。正名包含有正德的价值关怀，又指向正心的个体修养。孔子指出"为政"要以"正名"为要务，实是因为正心与正德已经包含其中。

正名要分析名号，名号通过文辞来表现。《公羊传》昭公十二年说"其词，则丘有罪焉耳"。词中见罪，实与正名有关。把一部《春秋》当作"道名分"的书，可谓一语中的。名之正否，离不开深察名号。名号称谓在中国古代主要不是一个逻辑概念问题，而是一个伦理规定问题。不同的名号称谓指向不同等级、不同身份角色的人、事、物，指向不同身份角色的不同政治伦理规定。深察名号就可以看到不同等级名号所对应的地位、身份及其责任义务与伦理要求。实不符名，则需要正名，使实符合名的等差伦理规定。所以名号非常重要，不可以随便假人，造成秩序混乱，伦理错位。

公羊家继承了孔子的正名思想，公羊寿在传《春秋》时主要通过名号书写来探求孔子的伦理法则，董仲舒专辟深察名号来探讨各个政治主体的伦理要求，何休随文解诂《公羊传》，对各种名号进行详细分梳，名号在礼制系统中得到具体揭示。察名以正名，正名以正德，正德以正心。心正则人正，人正则政正，政者正也就实至名归。

一 政者正也与正德正名

　　季康子问政于孔子。孔子对曰:"政者正也。子帅以正,孰敢不正?"(《论语·颜渊》)以"正"来解"政",无疑突出了政治的伦理基础。"子"与"孰"的对举表明,政治的根本目的是天下所有人都归正。"正"不仅是对统治者的要求,也是对被统治者的要求。但是统治者的"正"在政治生活中起到决定性作用,孔子反复强调为政者要修身正身,然后来正人正物。孔子说:"苟正其身矣,于从政乎何有?不能正其身,如正人何?"为政者"其身正,不令而行;其身不正,虽令不从"(《论语·子路》)。正身其实也就是正心,正心说到底又是正德,使心始终是颗德心。个体己身正心正德,可以发挥德风效应,上行下效,不令而从。如果积极主动,也可以推及他人、社会用以正人。可见,德正与不正在政治生活中具有基础地位和实践效应。孔子的政治理想就是为政以德,即所谓"为政以德,譬如北辰,居其所而众星共之"(《论语·为政》)。

　　德政之所以值得提倡,因为德能化人心,比政令刑法更能感召人,产生长久的影响。孔子曾就德礼政刑做了一个比较,指出了德政的优越性:"道之以政,齐之以刑,民免而无耻;道之以德,齐之以礼,有耻且格"(《论语·为政》)。值得注意的是,"政"有两个意思,"政者正也"的"政"相当于今天所谈的"政治",而"道之以政"的"政"是指各种政令。一个人如果有德,即使不在朝为官,也能在家通过修德行德发挥影响。孔子有"在家为政"之说。孔子在回答有人问"子奚不为政"时回答说:"《书》云:'孝乎惟孝,友于兄弟。'施于有政,是亦为政,奚其为为政?"(《论语·为政》)"在家为政"不是说孔子不想在朝为官,而是说如果实行德政,每一个人在家都可以发挥政治安人的作用。

　　每一个人都生活在社会当中,都有一个社会角色或多个社会角色。尽管社会角色不同,但任何一个确定的角色都指示相应的身份和地位,都有相应的责任与义务,都有相应的伦理要求和规范。表征这些角色的就是各种名号。君君、臣臣、父父、子子、夫夫、妻妻等就是名号。在中国古代,名号绝不是一个可以随便更改的符号,而是由具体内容规定的。名是不可以随便叫的,也不可以随便假借于人。如果乱用名号,说起来就会不顺,整个社会就会引起混乱,政治社会行为就会失范。所以当子路问"卫君待子为政，子将奚先"时，孔子回答说："必也正名乎！"当子路说"有是哉，子之迂也！奚其正"时，孔子又进行了详细言说："野哉，由也！君子于其所不知，盖阙如也。名不正则言不顺，言不顺则事不成，事不成则礼乐不兴，礼乐不兴则刑罚不中，刑罚不中，则民无所措手足。故君子名之必可言也，言之必可行也。君子于其言，无所苟而已矣"（《论语·子路》）。名正、言顺、事成、礼乐兴、刑罚中、民措手足的系列中，名正成了政治的逻辑起点与先决条件。将"正名"与"名不正"合在一起，可知孔子所谓"正名"是要"正'名不正'"，即要"实符其名"。

《论语·颜渊》曾记载"齐景公问政于孔子。孔子对曰：'君君、臣臣、父父、子子。'公曰：'善哉！信如君不君，臣不臣，父不父，子不子，虽有粟，吾得而食诸？'"这表明，任何一个人的身份地位一旦确立，就有相应的责任义务和道德要求，如果君不像个做君的样子，不能履行君的职责并尽君的义务，那就不可能享受到君所该有的待遇。齐景公所讲的"虽有粟，吾得而食诸"就指出了这层意思。孔子讲正名，主要是从政治上讲的，这与名家的逻辑辩论不同，走的不是认识论路线。孔子讲正名，主要是指实符其名，但这是有隐含条件的，即一个人一旦身份地位已经确定，就实实在在取得了一个名，接下来要做的就是实至名归。如果你实际所做的不符合你的名，说明你不配称这个名，就要正身、正心、正德、正行，使实符合名，即正名。如果处在君位上你就是君，是君就要做符合君名所规定的实，如果实不符合名，那就将会不被当君看，其结果不仅仅是一个能不能"得食粟"的问题，还有可能是被放逐乃至被当成"一夫"诛杀的问题。所以当齐宣王问孟子"汤放桀，武王伐纣"是否为"臣弑其君"时，孟子说："贼仁者谓之'贼'，贼义者谓之'残'。残贼之人谓之'一夫'。闻诛一夫纣矣，未闻弑君也"（《孟子·梁惠王下》）。本来纣实是一个君，也取得了君这个名号，但纣贼仁贼义，根本就不配为君名。孟子之所以认为是"一夫"，就是因为实不符名，空有其名。孟子在此正名，确定了君的名号所包含的仁义伦理规定。由此可见，正名与制名是两码事，不可混为一谈。无名时，要制名，制名要求名副其实；而有名时，要正名，正名要求"实符其名"。

荀子在谈到如何制名时说："同则同之，异则异之；单足以喻则单；单不足以喻则兼；单与兼无所相避则共，虽共，不为害矣。知异实者之异名也，故使异实者莫不异名也，不可乱也，犹使异实者莫不同名也。故万物虽众，有时而欲徧举之，故谓之物。物也者，大共名也。推而共之，共则有共，至于无共然后止。有时而欲徧举之，故谓之鸟兽。鸟兽也者，大别名也。推而别之，别则有别，至于无别然后止。名无固宜，约之以命，约定俗成谓之宜，异于约则谓之不宜。名无固实，约之以命实，约定俗成谓之实名。名有固善，径易而不拂，谓之善名。物有同状而异所者，有异状而同所者，可别也。状同而为异所者，虽可合，谓之二实。状变而实无别而为异者，谓之化；有化而无别，谓之一实。此事之所以稽实定数也。此制名之枢要也。后王之成名，不可不察也。"（《荀子·正名》）在荀子看来，"制名之枢要"在于"稽实定数"。这是从无名到有名的根据，方法是约定俗成。而后王制名可以有两条路径：一是借鉴前人旧名；一是据实约定俗成。此即所谓"后王之成名：刑名从商，爵名从周，文名从《礼》。散名之加于万物者，则从诸夏之成俗曲期；.远方异俗之乡，则因之而为通"（《荀子·正名》）。① 对于这一方面，基本上属于语言名号的逻辑问题，孔子和孟子都没有多少讨论。另一方面是名定而后的事，荀子说："故王者之制名，名定而实辨，道行而志通，则慎率民而一焉。故析辞擅作名以乱正名，使民疑惑，人多辨讼，则谓之大奸；其罪犹为符节、度量之罪也。故其民莫敢托为奇辞以乱正名，故其民悫。悫则易使，易使则公。其民莫敢托为奇辞以乱正名，故壹于道法而谨于循令矣，如是则其迹长矣。迹长功成，治之极也。是谨于守名约之功也。"（《荀子·正名》）这表明，名称一经确定，就已经规定了实际的内容，思想表达就有了实际的所指，老百姓都统一到这样的实名上来，就可以实现政治的功能。这样，名一旦确定，就不可随便修改，因为"析辞擅作名以乱正名，使民疑惑"就会造成混乱，叫人无所适从。如果"民莫敢托为奇辞以乱正名"，那么名就像"符节、度量"，可以使人"壹于道法而谨于循令"，最终实现长治久安，达到"治之极"的政治境界，由此可见"守名约之功"。在"名"的作用这一方面，孔子非常重视，把它作为为政的一个首选项目。

正名的政治内涵与功能在孔子、孟子②、荀子那里都引起了关注，只

---

① 《荀子·正名》载："今圣王没，名守慢，奇辞起，名实乱，是非之形不明，则虽守法之吏，诵数之儒，亦皆乱也。若有王者起，必将有循于旧名，有作于新名。然则所为有名，与所缘以同异，与制名之枢要，不可不察也。"荀子指出"有循于旧名，有作于新名"，而有作于新名，方法在约定俗成。

② 孟子尽力为自己好辩进行解说，也充分表明其对正名正说的道德伦理诉求。

第四章　汉代公羊家伦理政治思想的名号呈现　83

不过荀子作了最有形式系统的理论表达。荀子说："故知者为之分别制名以指实，上以明贵贱，下以辨同异。贵贱明，同异别，如是，则志无不喻之患，事无困废之祸，此所为有名也。"由于"制名以指实"，而实"上以明贵贱，下以辨同异"，所以名号不能随便滥用，正所谓"名正"才能"言顺"。"明贵贱、辨同异"本就体现了正的政治价值。从政治治理的高度来看，事情还不止于此，荀子接着说："实不喻然后命，命不喻然后期，期不喻然后说，说不喻然后辨。故期、命、辨、说也者，用之大文也，而王业之始也。名闻而实喻，名之用也。累而成文，名之丽也。用丽俱得，谓之知名。名也者，所以期累实也。辞也者，兼异实之名以论一意也。辨说也者，不异实名以喻动静之道也。期命也者，辨说之用也。辨说也者，心之象道也。心也者，道之工宰也。道也者，治之经理也。心合于道，说合于心，辞合于说，正名而期，质请而喻。辨异而不过，推类而不悖，听则合文，辨则尽故。以正道而辨奸，犹引绳以持曲直；是故邪说不能乱，百家无所窜。有兼听之明，而无奋矜之容；有兼覆之厚，而无伐德之色。说行则天下正；说不行则白道而冥穷，是圣人之辨说也"①（《荀子·正名》）。荀子的这一段宏论一方面指出了与名和辞相关的四种语言行为，即约定（期）、命名（命）、辩论（辨）、解说（说），进一步强调名副其实的思想；另一方面又从心、道、辞、说四者的关系说明名辞辨说的极端重要性，并上升到"治之经理"的高度给予肯认；又一方面直接与"正道辨

---

①　这段话翻译成现代汉语，意思就是："实际事物不能让人明白就给它们命名，命名了还不能使人了解就会合众人来约定，约定了还不能使人明白就解说，解说了还不能使人明白就辩论。所以，约定、命名、辩论、解说，是名称使用方面最重要的修饰，也是帝王大业的起点。名称一被听到，它所表示的实际事物就能被了解，这是名称的使用。积累名称而形成文章，这是名称的配合。名称的使用、配合都符合要求，就叫作精通名称。名称，是用来互相约定从而联系实际事物的。言语，是并用不同事物的名称来阐述一个意思的。辩论与解说，是不使名实相乱来阐明是非的道理。约定与命名，是供辩论与解说时使用的。辩论与解说，是心灵对道的认识的一种表象。心灵，是道的主宰。道，是政治的永恒法则。心意符合于道，解说符合于心意，言语符合于解说；使名称正确无误并互相约定，使名称的内涵质朴直观而使人明白；辨别不同的事物而不失误，推论类似的事物而不违背情理；这样，听取意见时就能合于礼法，辩论起来就能彻底揭示其所以然。用正确的原则来辨别奸邪，就像拉出墨线来判别曲直一样，所以奸邪的学说就不能混淆视听，各家的谬论也无处躲藏。有同时听取各方意见的明智，而没有趾高气扬、骄傲自大的容貌；有兼容并包的宽宏大量，而没有自夸美德的神色。自己的学说得到实行，那么天下就能治理好；自己的学说不能实行，那就彰明正道而让自己默默无闻。这就是圣人的辩论与解说。"

奸"、"绳正邪说"的思想统一结合起来,说明正名辩说的政治本质与功能。①

透过以上论述,可以清楚地看到,无名要制名,有名要正名。正名在政治上突出表现为"正位",也就是"明贵贱",确定身份等级与社会角色;在道德上表现为"正德"也就是"明正道",确定伦理义务与政治道德。而正德的落实又在正身正心、正己正人。至少也要做个君子,学会"以仁心说,以学心听,以公心辨"。②按照儒家的德位关系论,德是位的前提,有德者应(必)有位,因此正德相对于正位更有价值优先性。循名责实,实副其名,是为政归正的根本路径依赖。

孔子作《春秋》,全在名号书写上作文章,名实对照,一字褒贬,微言大义显露,合礼、非礼呈现。公羊家正是循着这个思路,考究王者诸侯的政治行为以及王心、王法、王制、王道的。

二 书写名号与政治褒贬

孔子作《春秋》以"道名分",在名号书写上极有讲究,被司马迁说成是"笔则笔,削则削,子夏之徒不能赞一辞"(《史记·孔子世家》)。孔子正名分就是通过《春秋》的笔法与用辞表现出来。《礼记·经解》曰:"属辞比事,《春秋》教也……属辞比事而不乱,则深于《春秋》者也。"不对《春秋》属辞理论有一个基本的把握,就不可能破解《春秋》的微言大义密码。公羊寿在解释时,紧紧扣住书与不书的解析再现了孔子使用名辞的正名要求,可谓得其真传。

公羊寿著录的《公羊传》在庄公十年经"秋,九月,荆败蔡师于莘,以蔡侯献舞归"时有过这样的追问:"荆者何?州名也。州不若国,国不若氏,氏不若人,人不若名,名不若字,字不若子。蔡侯献舞何以名?绝。曷为绝之?获也。曷为不言其获?不与夷狄之获中国也。"按徐彦疏,

---

① 法家也特别强调正名的政治本质,即所谓"用一之道,以名为首,名正物定,名倚物徙。故圣人执一以静,使名自命,令事自定。"(《韩非子·扬权》)

② 《荀子·正名》载:"辞让之节得矣,长少之理顺矣,忌讳不称,袄辞不出;以仁心说,以学心听,以公心辨;不动乎众人之非誉,不治观者之耳目,不赂贵者之权执,不利传辟者之辞。故能处道而不贰,吐而不夺,利而不流,贵公正而贱鄙争,是士君子之辨说也。《诗》曰:'长夜漫兮,永思骞兮。大古之不慢兮,礼义之不愆兮,何恤人之言兮?'此之谓也。"

"州不若国"犹"言荆不如言楚";"国不若氏"犹"言楚不如言潞氏、甲氏";"氏不若人"犹"言潞氏不如言楚人";"人不若名"犹"言楚人不如言介葛卢";"名不若字"犹"言介葛卢不如言邾娄仪父";"字不若子"犹"言邾娄仪父不如言楚子、吴子"。换成现代的话语说,称呼州名不如称呼国名受到尊重,比如说称呼楚国比称呼荆州更受到尊重;称呼国名不如称呼姓氏受到尊重,比如说称呼潞氏、甲氏要比称呼楚更受到尊重;称呼某人不如称呼某名受到尊重,比如说称呼介葛卢比称呼楚人要受到尊重;称呼某名不如称呼某字受到尊重,比如说称呼邾娄仪父比称呼介葛卢要受到尊重;称呼某字不如称呼某子受到尊重,比如说称呼楚子、吴子比称呼邾娄仪父更受到尊重。按照《春秋》尊尊的观念,受到尊重就表明受到褒奖,这可是一个意义非凡的价值观问题,万万不可小窥。何休解诂曰:"爵最尊,《春秋》假行事以见王法,圣人为文辞孙顺,善善恶恶,不可正言其罪,因周本有夺爵称国氏人名字之科,故加州文,备七等,以进退之。若自记事者书人姓名,主人习其读而问其传,则未知己之有罪焉尔,犹此类也。"在政治生活中,爵位事关政治权力、政治权威以及各种具体礼遇待遇,是最受到尊重的。在周朝,本来就有"夺爵称国氏人名字"的做法,即通过改变爵位称号来表示爵位升降,来表示政治褒贬。孔子在作《春秋》时又加上州名,一共组成七个等级不同的称号,由此来观察诸侯国内部以及彼此之间"合礼"与"非礼"、"守礼"与"违礼"的行为,并进行价值褒贬。可是,身为历史生活世界中的主人,由于对于这些称呼已经相当熟悉,往往自己记事也书人姓名,因此,"主人习其读而问其传"也很难发现有什么深意。殊不知,孔子却借用这七等名号来表达政治审判和政治褒贬,在寄托自己的王心王道和设计自己的王法王制。要之,在《公羊传》以及所有的公羊家看来,名号是政治身份的象征,是政治权威的表现,是政治观念的寄托,意义非常重大。

那《公羊传》是如何通过具体名号书写来进行政治褒贬的呢?下面不妨先来看一系列的王号。与王相关的王号有王、天王、天子、王后、王世子、王母弟、王姬、王子、天子之大夫、王使、王师、王臣、王人,等等。《春秋》尊王,但王之所以为王,要求"德足以化众,能足以合群,财足以惠民,位足以受尊",天下不分内外一并归往,因此王者必须无外(天下大小若一)、无求(诸侯朝贡富足)、无敌(民心民力归顺)。王者派人到诸侯国也有专门的称呼,叫作"使","使"不是一个简单的行为动作，而是政治权威、政治身份的象征。如果王不能真正为王，那派人也不称呼"使"，不见称呼"使"，价值褒贬不言而喻。公羊寿在著录时，对此反复提到。比如，《春秋》隐公元年经"冬十有二月，祭伯来"。《公羊传》曰："祭伯者何？天子之大夫也。何以不称使？奔也。奔则曷为不言奔？王者无外，言奔，则有外之辞也。"这是关于王者无外却有外的解释，一方面，表明王不能成其为王，所以不称呼"使"，贬在其中；另一方面，王又始终需要符合王名，所以"不言奔"以示天下一统，王心自见。又如，《春秋》经桓公十五年"春，二月，天王使家父来求车"。《公羊传》曰："何以书？讥。何讥尔？王者无求，求车非礼也。"这是关于王者无求却有求的解释，非礼的理由已如前述，更详细例子还见于文公九年的经传："春，毛伯来求金。毛伯者何？天子之大夫也。何以不称使？当丧未君也。逾年矣，何以谓之未君？即位矣，而未称王也。未称王，何以知其即位？以诸侯之逾年即位，亦知天子之逾年即位也。以天子三年然后称王，亦知诸侯于其封内三年称子也。逾年称公矣。则曷为于其封内三年称子？缘民臣之心，不可一日无君；缘终始之义，一年不二君，不可旷年无君。缘孝子之心，则三年不忍当也。毛伯来求金何以书？讥。何讥尔？王者无求，求金非礼也。然则是王者与？曰：'非也。'非王者，则曷为谓之王者？王者无求，曰：'是子也，继文王之体，守文王之法度，文王之法无求，而求，故讥之也。'"透过这段经传，不难发现公羊家不仅尊王还尊君。所谓"缘民臣之心，不可一日无君；缘终始之义，一年不二君，不可旷年无君。缘孝子之心，则三年不忍当也"，体现了"忠孝"之心的必然要求。王者不能"继文王之体，守文王之法度"，不能真正担负起王者的责任，也不能得到王者该有的尊重，还不能享受到王者的待遇，实在是该讥讽。如是，在名号称呼的背后，蕴含的全是政治身份要求，实不符名，必然遭到批判。这种对实然政治历史否定的应然诉求，反映的恰恰是一种政治哲学的思考，王道政治理想主义的乌托邦情结得到了充分的呈现。

《公羊传》以为《春秋》"一字褒贬"，那又是如何褒贬的呢？比如说，孔子书名与不书名很有讲究，该书名的就书名，不该书名的就不书名。如果反其道而行之，则必有大义微言与价值褒贬。看看下面关于"名"与"不名"的几个例子就一目了然：

  庄公九年经传：公及齐大夫盟于暨。公曷为与大夫盟？齐无君也。然则何以不名？为其讳与大夫盟也，使若众然。

文公七年经传：秋，八月，公会诸侯、晋大夫盟于扈。诸侯何以不序？大夫何以不名？公失序也。公失序奈何？诸侯不可使与公盟，眣晋大夫使与公盟也。

襄公二十九年经传：吴子使札来聘。① 札者何？吴季子之名也。《春秋》贤者不名，此何以名？许夷狄者，不壹而足也。季子者，所贤也，曷为不足乎季子？许人臣者必使臣，许人子者必使子也。

隐公元年三月，公及邾娄仪父盟于昧。及者何？与也，会、及、暨，皆与也。曷为或言会，或言及，或言暨？会，犹最也。及，犹汲汲也。暨，犹暨暨也。及，我欲之。暨，不得已也。仪父者何？邾娄之君也。何以名？字也。曷为称字？褒之也。曷为褒之？为其与公盟也。与公盟者众矣，曷为独褒乎此？因其可褒而褒之。此其为可褒奈何？渐进也。昧者何？地期也。

在上述4个例子中，前两个追问"何以不名"，意思是问要"名"而"不名"。由例1可知，诸侯国与诸侯国之间的外交往来讲究的是等级身份对称，可是因为齐国无君，只好派大夫去参加盟会。在这种情况下，鲁庄公就不应该降低身份与大夫盟会，更重要的是，如果都像这种随便搞乱等级秩序来行事，就很容易为大夫专权开方便之门，对政治秩序的稳定带来极大的破坏并造成危害。这里虽然用讳名的方式来处理，但讳本质上是一种特殊的批判手段，是含贬义色彩的。例2进一步直接指出了"公失序"

---

① 《公羊传》对季子之贤有详细的著录："吴无君，无大夫，此何以有君，有大夫？贤季子也。何贤乎季子？让国也。其让国奈何？谒也、馀祭也、夷眛也，与季子同母者四。季子弱而才，兄弟皆爱之，同欲立之以为君，谒曰：'今若是迮而与季子国，季子犹不受也，请无与子而与弟，弟兄迭为君，而致国乎季子。'皆曰：'诺。'故诸为君者，皆轻死为勇，饮食必祝，曰：'天苟有吴国，尚速有悔于予身。'故谒也死，馀祭也立。馀祭也死，夷眛也立。夷眛也死，则国宜之季子者也。季子使而亡焉。僚者，长庶也，即之。季子使而反，至而君之。阖庐曰：'先君之所以不与子国，而与弟者，凡为季子故也。将从先君之命与？则国宜之季子者也。如不从先君之命与？则我宜立者也。僚恶得为君乎？'于是使专诸刺僚。而致国乎季子，季子不受，曰：'尔弑吾君，吾受尔国，是吾与尔为篡也。尔杀吾兄，吾又杀尔，是父子兄弟相杀，终身无已也。'去之延陵，终身不入吴国。故君子以其不受为义，以其不杀为仁。贤季子，则吴何以有君有大夫？以季子为臣，则宜有君者也。"（襄公二十九年）君主权力至高无上，历史上宫廷斗争从来非常复杂，不认亲情不择手段者在春秋时代就不可胜数，能让国者有几？非常值得注意的是，《公羊传》对于让国之贤不遗余力，详细著录，可见孔子以及公羊家们"礼让为国"的王道理想。

对政治秩序带来的危害。后两个追问"何以名",其中例3的意思是"不名"而"名"。本来,吴季子是贤人,按照名号书写惯例,一般不需要书写名,但在这里之所以书名,是因为要大力褒奖吴季子。对于文化落后代表的夷狄能够"见贤思齐",必须大力加以褒奖,所以"许夷狄"要"不壹而足",反复申说,引起广泛关注,而且还要直接针对贤人本身,不要"一切善皆归为君",即"许人臣者必使臣,许人子者必使子"。例4追问的是"何以名",回答的是"字"。在诸侯七等褒贬升降中,"名不若字",用"字"更体现了一种政治期许。小国邾娄在乱世中尚且能够"渐进"政治文明正道,很值得赞许,而且始受命王隐公主动积极地推动王道,是"及"(我欲之)而不是暨(不得已)地与邾娄小国结盟,宣化王道理想,隐公也同样值得赞许。如此一个名号书写,可见一箭双雕,同时褒奖两个人和两件事。"一字褒贬"的概括是准确的。

又比如说书氏与不书氏,同样可以看到政治原则与政治褒贬。不妨再看看下面的例证:

隐公三年经传:夏四月辛卯,尹氏卒。尹氏者何?天子之大夫也。其称尹氏何?贬。曷为贬?讥世卿,世卿非礼也。

隐公八年经传:无骇帅师入极。无骇者何?展无骇也。何以不氏?贬。曷为贬?疾始灭也。

宣公元年经传:三月,遂以夫人妇姜至自齐。遂以不称公子?一事而再见者,卒名也。夫人何以不称姜氏?贬。曷为贬?讥丧娶也。丧娶者公也,则曷为贬夫人?内无贬于公之道也。内无贬于公之道,则曷为贬夫人?夫人与公一体也。

昭公元年经传:叔孙豹会晋赵武、楚公子围、齐国豹、宋向戌、卫石恶、陈公子招、蔡公孙归生、郑轩虎、许人、曹人于漷。此陈侯之弟招也,何以不称弟?贬。曷为贬?为杀世子偃师贬,曰陈侯之弟招杀陈世子偃师。大夫相杀称人,此其称名氏以杀何?言将自是弒君也。今将尔,词曷为与亲弒者同?君亲无将,将而必诛焉。然则曷为不于其弒焉贬?以亲者弒,然后其罪恶甚。《春秋》不待贬绝而罪恶见者,不贬绝以见罪恶也。贬绝然后罪恶见者,贬绝以见罪恶也。

在上述4个例子中,例1的言下之意是"不该称氏而称氏",之所以要这样写是要"讥世卿非礼"。所谓世卿，就是世世代代为卿，[①] 属于权力继承的世袭制。从选贤与能的公羊大义出发，世卿不能世世代代为卿，世袭制只适用于王统（君统）。天子之大夫尹氏专权，搞世袭制，显然违反了《春秋》贤贤大义，贬斥自然不能例外。例2是说"该称氏而不称氏"。灭国是大恶，受命为王的鲁公本来是要借来宣化王道的，竟然在乱世中奉行十足的霸道，派遣展无骇率领军队灭掉了极国。在这里为了隐讳鲁公的罪恶，抬出了展无骇做替罪羊。但恶就是恶，公羊家绝不能容忍，于是书写"不称氏"来揭露恶行。从托王为鲁、托王《春秋》而言，这是"始灭"，慎始正始的要求更不可对此隐藏，必须给予尖锐批判。"入"是否又为"灭"的变文，公羊寿没有著录，但不难从此推出。没有直接为隐公言"讳"而只是归罪展无骇，恐怕还有不忍心在王道之始就如此数落鲁公，以见历史昏暗、王道难行的考虑。例3也是说"该称氏而不称氏"。丧娶就是在服丧期间娶亲，公羊家认为这是不孝的表现。在中国古代宗法伦理社会，家国同构，在家为孝，在国为忠，移孝作忠，孝治成为国治的根本。汉代帝王称号前都加一个"孝"字，就是以孝治国的具体表现。由于鲁公在服丧期间没有服完三年之丧，而有私欲享乐之心，讥是不可避免的。可是尊君是大义，在本国内不好明说，于是借助夫人姜氏来谴责。这样之所以可行，何休认为这是因为"耻辱与公共之。夫人贬，则公恶明矣。去氏比于去姜，差轻可言，故不讳贬夫人"。例4属于"不该称氏而称氏"。弑君是大恶，《春秋》不厌其烦地给予贬斥。按书写规则，陈国大夫要书"陈人"，但在这里直呼其名"陈公子招"，就是为了贬斥公子招的"弑君"大恶。事实上，公子招并没有直接弑君，何休已经注明，即"孔瑗弑君，本谋在招"。"孔瑗弑君"归罪为公子招，何休认为"明其欲弑君，故令与弑君而立者同文"，公羊寿在著录时将其解释为"君亲无将，将而必诛"，意思是说，只要有"弑君"的打算或想法，就可以当作"弑君"来认，应该受到诛杀，即便是亲戚也不能放过。"以亲者弑，然后其罪恶甚"，亲情还不懂礼让，罪恶更大。在公羊家的思想观念中，尊尊优先于亲亲，政治权威大于血缘亲情。一句话说，"《春秋》不待贬绝而罪恶见者，不贬绝以见罪恶也。贬绝然后罪恶见者，贬绝以见罪恶也"，而见

[①] "子代从政"就是"世卿"，与"选贤与能"相对。桓公五年经传："天王使仍叔之子来聘。仍叔之子者何？天子之大夫也。其称仍叔之子何？讥。何讥尔？讥父老，子代从政也。"

与不见的名号书写是一个根本手法。

公羊寿通过名号书写的考察，发掘出了孔子对政治历史进行褒贬的伦理法则，为后来公羊家深入考察名号提供了理论基础，在具体的时间与地点中通过具体的历史人物与事件展示了孔子的正名政治实践活动。

三　深察名号与政治伦理

透过书写名号可以看到孔子是如何正名的，深察名号内涵的政治伦理可以了解为什么孔子这样重视正名。董仲舒曾说："求王道之端，得之于正。正次王，王次春。春者，天之所为也；正者，王之所为也。其意曰，上承天之所为，而下以正其所为，正王道之端云尔。"（《汉书·董仲舒传》对策一）这是对孔子"政者正也"的绝好注脚。对于这个注脚，还可以做两个注脚：一是"以元之深正天之端，以天之端正王之政，以王之政正诸侯之即位，以诸侯之即位正竟内之治。五者俱正，而化大行"（《春秋繁露·玉英》）；二是"为人君者，正心以正朝廷，正朝廷以正百官，正百官以正万民，正万民以正四方"（《汉书·董仲舒传》对策一）。前者是一个天人系统，可以分为三个环节，即元—天—人，其中元是终极价值，天、人都归结到元，元正是天地万物归正的源头。后者主要是人间秩序，正君心在其中起到统摄作用，是人间一切归正的根本。

很有意思的是，上述"元正"系列与"君正"系列都是在正"元"之名中阐发的，怪不得董仲舒认为："治国之端在正名。名之正，兴五世，五传之外，美恶乃形，可谓得其真矣，非子路之所能见。"（《春秋繁露·玉英》）元正、君正、名正实际上是统一的，只不过从价值源头上说侧重要"元正"，从国家治理上说侧重要"君正"，从规范要求上说侧重要"名正"。而"正名"归根到底又是为了正德为善，所以董仲舒说："《春秋》之所善，善也，所不善，亦不善也，不可不两省也。"（《春秋繁露·玉英》）要正德为善还需要察名，所以董仲舒又说："《春秋》慎辞，谨于名伦等物者也。是故小夷言伐而不得言战，大夷言战而不得言获，中国言获而不得言执，各有辞也。"（《春秋繁露·精华》）"《春秋》别物之理以正其名，名物必各因其真。真其义也，真其情也，乃以为名。名霣石则后其五，退飞则先其六，此皆其真也。圣人于其言，无所苟而已矣。"（《春秋繁露·实性》）一言以蔽之，"治天下之端，在审辨大。辨大之端，在深察名号"(《春秋繁露·深察名号》)。

对于"名号",董仲舒有一个解释:"号凡而略,名详而目。目者,遍辨其事也;凡者,独举其大也。享鬼神者号,一曰祭。祭之散名,春曰祠,夏曰礿,秋曰尝,冬曰烝。猎禽兽者号,一曰田。田之散名,春苗,秋蒐,冬狩,夏狝。无有不皆中天意者。物莫不有凡号,号莫不有散名,如是。"(《春秋繁露·深察名号》)用我们今人的术语来表达,"号"相当于种概念;"名"相当于属概念。深察名号当然要了解关于名号的一般逻辑知识,知道名称概念应该符合客观实际,反映该事物的本质特征,即"名生于真,非其真,弗以为名。名者,圣人之所以真物也。名之为言真也"。因此,"欲审是非,莫如引名。名之审于是非也,犹绳之审于曲直也"(《春秋繁露·深察名号》)。但这不是最主要的任务。深察名号的关键是要深察名号的政治伦理规定。

围绕王道政治内涵的一系列核心概念,董仲舒在察名时深入挖掘了这些名号的伦理政治规定。众所周知,《春秋》所记载的历史主体中存在一个"天子"、"诸侯"、"大夫"、"士"、"民"的系列,深察这些名号必然首先引起关注。董仲舒总察这些名号说:"故号为天子者,宜视天如父,事天以孝道也。号为诸侯者,宜谨视所候奉之天子也。号为大夫者,宜厚其忠信,敦其礼义,使善大于匹夫之义,足以化也。士者,事也;民者,瞑也。士不及化,可使守事从上而已。"(《春秋繁露·深察名号》)从这些考察中不难发现,董仲舒通过对这些"号"所蕴含的文字符号隐喻,推演出了其中包含的政治等级身份与道德伦理规范。天子作为天之子,要把天当作父亲,要像尽孝道那样来事天,表达对天的敬畏。这种解释充分发挥了人的主观想象能力,真实想象的意图不外是要为"天子"立下"尽孝事天"的伦理要求。侯,就是侍候,所以诸侯应该候奉天子,这种"音训"凭借的也还是联想,联想的结果是明了诸侯的政治身份与伦理要求。大夫,使善大于匹夫,而大之所以大,在于依忠信礼义行善事,很显然这突出了大夫的伦理德性要求。士,事,同音相训,挖掘出了守事从上的政治伦理义务。对于"民",董仲舒依然是从音训着手,只不过解释时加入了人性与教化的内容。董仲舒说:"民之号,取之瞑也。使性而已善,则何故以瞑为号?以霣者言,弗扶将,则颠陷猖狂,安能善?性有似目,目卧幽而瞑,待觉而后见。当其未觉,可谓有见质,而不可谓见。今万民之性,有其质而未能觉,譬如瞑者待觉,教之然后善。"(《春秋繁露·深察名号》）在董仲舒眼中，民的人性处于幽瞑的状态而不自觉，自己有善质也没有发现，这就需要先觉者教化未觉者，避免未觉者总是冥顽不化。

一部主要由"王侯君臣"事迹构成的《春秋》，寄托的都是王道与君道。而王何以成为王呢，君又何以成为君呢？董仲舒还不满意公羊先师的一般解释，还要从哲学的高度来对王号与君号察其深意。他察看王号说："古之造文者，三画而连其中，谓之王。三画者，天地与人也，而连其中者，通其道也。取天地与人之中以为贯而参通之，非王者孰能当是？"（《春秋繁露·王道通三》）这个深察，对王者的知性提出了要求，认为真正的王要有把握天道、地道、人道的智慧。他又说："王者，民之所往。君者，不失其群者也。故能使万民往之，而得天下之群者，无敌于天下。"（《春秋繁露·灭国上》）这个深察，对王者的能力提出了要求，认为真正的王者要有超强的组织能力，能够整合社会力量，团结一切可以团结的力量。他还说："深察王号之大意，其中有五科：皇科、方科、匡科、黄科、往科。合此五科，以一言谓之王。王者皇也，王者方也，王者匡也，王者黄也，王者往也。是故王意不普大而皇，则道不能正直而方；道不能正直而方，则德不能匡运周遍；德不能匡运周遍，则美不能黄；美不能黄，则四方不能往；四方不能往，则不全于王。故曰：天覆无外，地载兼爱，风行令而一其威，雨布施而均其德。王术之谓也。"（《春秋繁露·深察名号》）这个深察，对王者的德性提出了要求，认为真正的王者要有博爱宽容精神，能够到处布施仁德。如果一个王者具备了智慧、能力、德性，就可以真的当王，就真的会使天下归往。

王是就天下而言，君是就诸侯而言。对于一个诸侯国来说，做一个真正的君又要符合什么要求。董仲舒也凭借着超常的想象力进行了系统的深察。他说："深察君号之大意，其中亦有五科：元科、原科、权科、温科、群科。合此五科，以一言谓之君。君者元也，君者原也，君者权也，君者温也，君者群也。是故君意不比于元，则动而失本；动而失本，则所为不立；所为不立，则不效于原；不效于原，则自委舍；自委舍，则化不行。用权于变，则失中适之宜；失中适之宜，则道不平，德不温；道不平，德不温，则众不亲安；众不亲安，则离散不群；离散不群，则不全于君。"（《春秋繁露·深察名号》）在董仲舒看来，身为人君，首先要使君意符合天元人元，保持道德的纯正（崇仁、守孝、正义、尚礼），确立政治的根本（尊天意，重民本）；接着要确立合理、合法、合情的政治道德原则，使百姓有可以效法的安身立命的价值本原,以便可以大化天下;然后是能够在政治生活实践中随时权变,根据具体情况运用并适合中道,无过又无不及;还有就是,伴随着原则与权变相结合,始终温和地施行礼乐刑政,从而使仁道运行顺畅,平稳舒坦,而德性温和如玉,泽及万物,得到群众的拥护和爱戴;最后采取有效措施充分整合群众的力量,集中群众的智慧,成为群众中的权威人物。

董仲舒不仅深察这些政治主体的名号,而且对其他一些名号也有深察,比如对"性"的深察。他说:"圣人之性不可以名性,斗筲之性又不可以名性。名性者,中民之性。中民之性如茧如卵,卵待覆二十日而后能为雏,茧待缲以涫汤而后能为丝,性待渐于教训而后能为善。善,教训之所然也,非质朴之所能至也,故不谓性。性者宜知名矣,无所待而起,生而所自有也。善所自有,则教训已非性也。是以米出于粟,而粟不可谓米;玉出于璞,而璞不可谓玉;善出于性,而性不可谓善。其比多在物者为然,在性者以为不然,何不通于类也?卵之性未能作雏也,茧之性未能作丝也,麻之性未能为缕也,粟之性未能为米也。"(《春秋繁露·实性》)在这里,董仲舒把"圣人之性"、"斗筲之性"排除在"性"外,即"不可以名性"。而"性"专指"中民之性"。董仲舒通过类比的方法进行了论证,其目的是要说明"善出于性,而性不可谓善",从而与人性本善的理论区别开来。他这样做又是为了强调质朴的人性中可以培养出善,但要在现实生活中成就善必须要有后天的"教训",从而为其政治教化主张奠基。很显然,这类"察名"已经与《春秋》乃至《公羊传》没有了关系,完全属于自家的"空言",当然董仲舒认为这也是孔子的"空言"。

名号既然已察,就可以按照名号的政治伦理规定在现实的政治道德生活中去要求或品评实王、实君、实礼了,如果实不符名,人臣不仅要尽力倡导王君自正其心。进一步,就是人臣要去正王心、正君心了。格君心之非,使君正心以正朝廷直到正天下,这就是臣子的重要责任和使命。

四 解诂名号与政治礼制

何休解诂《公羊传》,进一步详细阐发了孔子如何通过名号书写来褒贬政治历史,同时也对一些名号称谓的伦理含义进行了考察。成公八年经传曰:"秋,七月,天子使召伯来锡公命。其称天子何?元年,春,王正月，正也。其馀皆通矣。"何休注曰："其馀谓不系于元年者。或言王，或言天王，或言天子，皆相通矣，以见刺讥是非也。王者，号也。德合元者称皇。孔子曰：'皇象元，逍遥术，无文字，德明谥。'德合天者称帝，河洛受瑞可放。仁义合者称王，符瑞应，天下归往。天子者，爵称也，圣人受命，皆天所生，故谓之天子。此锡命称天子者，为王者长爱幼少之义，欲进勉幼君，当劳来与贤师良傅，如父教子，不当赐也。"这一段解说，与董仲舒对王号的深察相比，实在有过之而无不及。不过，除了名号的伦理规定如"德合元者称皇"、"德合天者称帝"、"仁义合者称王"之外，还凸显了"天子者，爵称"的政治制度规定。天子一爵说表明，天子不可以无法无天，还要事天顺命。

何休解诂名号的一个最大特色是对礼制的具体规定进行详细引证，名号的礼制规定显得十分清晰。在中国古代，礼从内容上来分，分为五类，即吉礼、凶礼、宾礼、军礼、嘉礼。《周礼·春官宗伯》载："大宗伯之职，掌建邦之天神、人鬼、地示之礼，以佐王建保邦国。以吉礼事邦国之鬼神示，以禋祀祀昊天上帝，以实柴祀日、月、星、辰，以槱燎祀司中、司命、风师、雨师，以血祭祭社稷、五祀、五岳，以狸沈祭山林川泽，以疈辜祭四方百物。以肆献祼享先王，以馈食享先王，以祠春享先王，以禴夏享先王，以尝秋享先王，以烝冬享先王。以凶礼哀邦国之忧，以丧礼哀死亡，以荒礼哀凶札，以吊礼哀祸灾，以襘礼哀围败，以恤礼哀寇乱。以宾礼亲邦国。春见曰朝，夏见曰宗，秋见曰觐，冬见曰遇，时见曰会，殷见曰同，时聘曰问，殷眺曰视。以军礼同邦国，大师之礼，用众也；大均之礼，恤众也；大田之礼，简众也；大役之礼，任众也；大封之礼，合众也。以嘉礼亲万民，以饮食之礼，亲宗族兄弟；以婚冠之礼，亲成男女；以宾射之礼，亲故旧朋友；以飨燕之礼，亲四方之宾客；以脤膰之礼，亲兄弟之国；以贺庆之礼，亲异姓之国。"五礼涵盖政治社会生活的各个方面，是古代中国社会超稳定结构的制度保证。何休对于五礼都有解释①，可以做一个专题来研究。我们在这里主要列出若干可见天子、诸侯、大夫、士等具体名号所对应的礼制规

---

① 廖平著《今古学考》，将经今文学和经古文学的区别归纳为31个方面，其中有3个方面为：1. 今祖孔子。古祖周公。2. 今，《王制》为主。古，《周礼》为主。3. 今主因革。专用四代礼。古主从周。专用周礼。在廖平看来，经今文学和经古文学区别的核心内容是制度不同，虽然都讲五礼，但具体规定并不一样。（参阅《今古学宗旨不同表》及其解说，见李耀仙编《廖平选集》（上），巴蜀书社1998年版，第44—45页。）

定，说明公羊家所用来正名的礼制标准。①

何休从天子、诸侯、大夫、士的等级来解释吉礼，特别详细，略举如下：

> 礼，祭，天子九鼎，诸侯七，卿大夫五，元士三也。（桓公二年）
> 烝，众也，气盛貌。冬万物毕成，所荐众多，芬芳备具，故曰烝。无牲而祭谓之荐。天子四祭四荐，诸侯三祭三荐，大夫、士再祭再荐。祭于室，求之于幽；祭于堂，求之于明；祭于枋，求之于远；皆孝子博求之意也。大夫求诸明，士求诸幽，尊卑之差也。殷人先求诸明，周人先求诸幽，质文之义也。礼，天子、诸侯、卿大夫牛羊豕凡三牲，曰大牢；天子元士、诸侯之卿大夫羊豕凡二牲，曰少牢；诸侯之士特豕。天子之牲、角握，诸侯角尺，卿大夫索牛。（桓公八年）
> 礼，绎继昨日事，但不灌地降神尔。天子诸侯曰绎，大夫曰宾尸，士曰宴尸，去事之杀也。必绎者，尸属昨日配先祖食，不忍辄忘，故因以复祭，礼则无有误，敬慎之至。殷曰肜，周曰绎。绎者，据今日道昨日，不敢斥尊言之，文意也。肜者，肜肜不绝，据昨日道今日，斥尊言之，质意也。祭必有尸者，节神也。礼，天子以卿为尸，诸侯以大夫为尸，卿大夫以下以孙为尸。夏立尸，殷坐尸周旅酬六尸。（宣公七年）
> 礼，天子诸侯立五庙，受命始封之君立一庙，至于子孙。过高祖，不得复立庙。周家祖有功，尊有德，立后稷、文、武庙，至于子孙。自高祖巳下而七庙；天子卿大夫三庙，元士二庙；诸侯之卿大夫

---

① 何休对礼乐的解释有一个长篇大论，充分表明公羊家的礼学特点。他在解释"僭诸公犹可言也，僭天子不可言也"时说："前僭八佾于惠公庙，大恶不可言也。还从僭六羽议，本所当托者非但六也。故不得复传上也。加初者，以为常也。献者，下奉上之辞。不言六佾者，言佾则干舞在其中，明妇人无武事，独奏文乐。羽者，鸿羽也，所以象文德之风化疾也。夫乐本起于和顺，和顺积于中，然后荣华发于外，是故八音者，德之华也；歌者，德之言也；舞者，德之容也，故听其音可以知其德，察其诗可以达其意，论其数可以正其容；荐之宗庙足以享鬼神，用之朝廷足以序群臣，立之学宫足以协万民。凡人之从上教也，皆始于音，音正则行正，故闻宫声，则使人温雅而广大；闻商声，则使人方正而好义；闻角声，则使人恻隐而好仁；闻征声，则使人整齐而好礼；闻羽声，则使人乐养而好施；所以感荡血脉，通流精神，存宁正性，故乐从中出，礼从外作也。礼乐接于身，望其容而民不敢慢，观其色而民不敢争，故礼乐者，君子之深教也，不可须臾离也。君子须臾离礼，则暴慢袭之；须臾离乐，则奸邪入之；是以古者天子诸侯，雅乐钟磬未曾离于庭，卿大夫御琴瑟未曾离于前，所以养仁义而除淫辟也。《鲁诗传》曰天子食日举乐，诸侯不释县，大夫、士日琴瑟，王者治定制礼，功成作乐，未制作之时，取先王之礼乐宜于今者用之。尧曰《大章》，舜曰《萧韶》，夏曰《大夏》，殷曰《大护》，周曰《大武》，各取其时民所乐者名之。尧时民乐其道章明也，舜时民乐其修绍尧道也，夏时民乐大其三圣相承也，殷时民乐大其护已也，周时民乐其伐纣也。盖异号而同意，异歌而同归。失礼鬼神例日，此不日者，嫌独考宫以非礼书，故从末言初可知。"（隐公五年）

比元士二庙，诸侯之士一庙。立武宫者，盖时衰多废人事，而好求福于鬼神，故重而书之。臧孙许伐齐有功，故立武宫。（成公六年）

从天子、诸侯、大夫、士的等级来解释凶礼的有：

礼，天子五日小敛，七日大敛；诸侯三日小敛，五日大敛；卿大夫二日小敛，三日大敛，夷而绖，殡而成服，故戊辰然后即位。凡丧，三日授子杖，五日授大夫杖，七日授士杖，童子、妇人不杖，不能病故也。（定公元年）

从天子、诸侯、大夫、士的等级来解释宾礼的有：

礼，天子朝皮弁，夕玄端，朝服以听朝，玄端以燕，皮弁以征不义，取禽兽，行射；诸侯朝朝服，夕深衣，玄端以燕，裨冕以朝。天子以祭其祖祢，卿大夫冕服而助君祭，朝服祭其祖祢；士爵弁黻衣裳以助公祭，玄端以祭其祖祢。（昭公二十五年）

从天子、诸侯、大夫、士的等级来解释军礼的有：

礼，大夫以上至天子皆乘四马，所以通四方也。天子马曰龙，高七尺以上；诸侯曰马，高六尺以上；卿大夫、士曰驹，高五尺以上。（隐公元年）
礼，天子千雉，盖受百雉之城十，伯七十雉，子男五十雉；天子周城，诸侯轩城。轩城者，缺南面以受过也。（定公十二年）
天子圉方百里，公侯十里，伯七里，子、男五里，皆取一也。（成公十八年）
礼，天子六师，方伯二师，诸侯一师。（隐公五年）
礼，天子造舟，诸侯维舟，卿大夫方舟，士特舟。（宣公十二年）
挟弓者，怀格意也。礼，天子雕弓。诸侯彤弓，大夫婴弓，士卢弓。（定公三年）

从天子、诸侯、大夫、士的等级来解释宾礼的有：

礼，天子外屏，诸侯内屏，大夫帷，士帘，所以防泄慢之渐也。礼，天子有灵台，以候天地；诸侯有时台，以候四时。登高远望，人情所乐，动而无益于民者，虽乐不为也。（庄公三十一年）

诸侯入为天子大夫，不得氏国称本爵，故以所受采邑氏，称子。所谓采者，不得有其土地人民，采取其租税尔。《礼记·王制》曰：天子三公之田视公侯，卿视伯，视夫视子男，元士视附庸。称子者，参见义。顾为天子大夫，亦可以见诸侯不生名，亦可以见爵，亦可以见大夫称，传曰"天子大夫"是也。不称刘子而名者，礼；逆王后当使三公，故贬去大夫，明非礼也。（成公十五年）

从上面的这些礼制可知，天子、诸侯、大夫、士由于等级身份不同，在礼器规格、仪式程序、名号称谓等方面都有严格的不同等级的具体规定，这是不能僭越的，如果僭越就是非礼，就要受到贬斥。同时，按照孔子的正名要求，既然天子、诸侯、大夫、士已经享有了如此对应的身份称号，并且获得了各自相称的礼遇，如果实不符名，那也同样给予贬斥，甚至取消名号。

不过，值得特别一提的是，礼制的规定也不是一成不变的。何休在解诂"礼制"时特别指明哪些是《春秋》制，意在说明孔子托《春秋》表达了新王也当与时俱进[1]，改制创新，以适应时代发展的需要的观点。何休在论说桓公十一年传文"《春秋》伯子男一也，辞无所贬"时有总的概括："《春秋》改周之文，从殷之质，合伯子男为一，一辞无所贬，皆从子，夷狄进爵称子是也。忽称子，则与《春秋》改伯从子辞同，于成君无所贬损，故名也。名者，缘君薨有降既葬名义也，此非罪贬也。君子不夺人之亲，故使不离子行也。王者起所以必改质文者，为承衰乱救人之失也。天道本下，亲亲而质省；地道敬上，尊尊而文烦。故王者始起，先本天道以治天下，质而亲亲，及其衰敝，其失也亲亲而不尊；故后王起，法地道以治天下，文而尊尊，及其衰敝，其失也尊尊而不亲，故复反之于质也。质家爵三等者，法天之有三光也。文家爵五等者，法地之有五行也。合三从子者，制由中也。"

---

[1] 孔子不是一个完全固守周礼的文化保守主义者，而是一个积极主张进行礼制改革的文化改良主义者。《论语》中有多处记载。如"子曰：'殷因于夏礼，所损益可知也；周因于殷礼，所损益可知也。其或继周者，虽百世，可知也。'"（《为政》）又如"子曰：'行夏之时，乘殷之辂，服周之冕，乐则韶舞。'"（《卫灵公》）

何休在此不仅指出孔子三爵归一的爵位制度改革，而且还对孔子的文质理论、则天理论进行了引申发挥，论证了改制的理论根据。

　　而就具体改制而言，何休也多有论述，比如他在解释成公十七年传文"郊用正月上辛"时指出："鲁郊博卜春三月，言正月者，因见百王正所当用也。三王之郊，一用夏正。言正月者，《春秋》之制也；正月者，岁首；上辛尤始新，皆取其首先之意。日者，明用辛例，不郊则不日"。这是对吉礼的改造。又如他在隐公元年"车马曰赗，货财曰赙，衣被曰襚"时写道："此者，《春秋》制也。赗，犹覆也；赙，犹助也，皆助生送死之礼。襚，犹遗也。遗是助死之礼。知生者赗赙，知死者赠襚。"这是对凶礼的改造。再如他在桓公四年解释"公狩于郎"时强调："狩，犹兽也。冬时禽兽长大，遭兽可取。不以夏田者，《春秋》制也。以为飞鸟未去于巢，走兽未离于穴，恐伤害于幼稚，故于苑囿中取之。"这就是对军礼的改造。改制特别侧重了礼的人文性，表明了孔子的王道精神。

　　由上可见，何休在察名号时将孔子正名的礼制标准给揭示了出来，《春秋》"道名分"、"正名"、"礼之大宗"的特质得到了很好的呈现。这充分表明，公羊家一方面要求整个社会秩序按照礼制规定固定下来，尽力保持稳定性和连续性，以维护由上而下的政治权威和政治秩序；另一方面又要求每一等级身份的政治主体按照名号规定的政治伦理责任与义务来做到实符其名，不至于随便打乱这种秩序规定。这样，政治等级就与政治伦理相互结合，正名就不仅仅是维护一种等级秩序，也包含了对等级的伦理要求以及伦理批判。如果政治主体不能实符其名，那就要升降、进退、予夺，不断进行身份称号调整。孔子与公羊家都特别强调"唯名与器"① 不可以假人，从此可以得到理解。一旦确定这个始终在形式上保持稳定持续性的名号系统和礼制礼器，根据实际政治道德行为来正名也就难怪是"政者正也"的首要任务。

---

　　① 明儒丘浚在《大学衍义补·治国平天下之要》中特别指出君主为政正名的重要性，可谓得孔子真传："人君之所以为君，所以砺天下之人，而使之与我共国家之政，而治天下之民者，爵号之名，车服之器而已。非有功者不可与，非有德者不可与，非有劳者不可与，非有才者不可与。为人君者，谨司其出纳之权，不轻以假借于人焉。必有功德才能者，然后与之。与之名与器，即与之以政也。使人闻吾爵号之名，即知所敬服，见吾车服之器，即知所尊让。如是，则吾之政令行矣。苟有财者，可以财；求有势者，可以势；得有亲昵贪缘者，皆可以幸而致之，则名与器不足贵矣。名与器不足贵，得者不以为荣，见者不知其为尊，则人君失其所司之柄矣。失其所司之柄，则亡其为政之体。亡其为政之体，则失其为君之道。国家将何所恃以自立哉？"

第五章　汉代公羊家权道政治智慧的人文关怀

尊经、释经、明经、守经是经学时代中华文化的深层心理结构。儒家尊经守经，也力主行权达变，守经行权归根到底又是对"道"的探寻和推崇。守死善道揭示了在价值冲突过程中儒家学者守经的价值理性立场；行权合道不仅体现了儒家学者守经的价值理性立场，还体现了在具体情境中权变的工具理性智慧，尤其值得珍视。公羊家不仅继承了儒家宗经的传统，而且对儒家的行权理论进行发挥，极力提倡行权道。行权道在政治生活中充分体现了政治权衡的知性智慧，也充分体现了政治权衡的德性要求。

一　行权有道的本真蕴涵

"权"在孔子那里是一个具有非常崇高地位的概念。孔子说："可与共学，未可与适道；可与适道，未可与立；可与立，未可与权。"（《论语·子罕》）在孔子看来，在共学、适道、与立、与权四个境界依次提高的过程中，与权是最高的。权与中有着内在关系，权需要把握中，也就是需要把握度。孔子说："不得中行而与之，必也狂狷乎！狂者进取，狷者有所不为也。"（《论语·子路》）狂与狷都不符合中道，因此容易过或不及。如果权不合中道，不是过就是不及，难以做到恰到好处，人也就无法真正行权。权与时也有着内在关系，行权需要把握时，根据不同时机的具体情况来行权，一旦条件环境随时改变了，而不知道随时根据情况来调整，也谈不上行权。孔子是圣之时者，又践行中庸之道，尚且感到"与权"很难，可见权道内在有着很高深的智慧。"狂者进取，狷者有所不为"虽然不合中道，但毕竟有原则立场，比起没有原则的"乡原"好多了。所以孔子说:"乡原,德之贼也。"① 在孔子眼中,八面玲珑、四方讨好的好好先生心中没有原则立场,就连"可与适道"都不够级别,更不用说"与权"了。因而,"权"绝对不是八面玲珑、四方讨好,"权"绝不能成为"德之贼";如果在政治权衡中,那就是绝不能没有道德或政治原则。

在公羊家看来,"权"相对于"经","变"相对于"常"。"经"是常道常理,"经""常"保持"常态""静态",具有稳定性,为人们日常采用的不二法则,可谓"日用之常";"权"是权衡权变,"权""变"保持"变态""动态",具有变易性,为特殊境遇运用的变通方法,系指"制宜之变"。但即便是"制宜之变"也是有前提条件的,不能随意主观臆断。董仲舒说:"《春秋》固有常义,又有应变。无遂事者,谓生平安宁也。专之可也者,谓救危除患也。进退在大夫者,谓将率用兵也。徐行不反者,谓不以亲害尊,不以私妨公也。"(《春秋繁露·精华》)其中,"常义"指的就是"经",而"应变"指的就是"权"。在政治行为活动中,如果可以专权(行权的一个表现),那就"专之可也"。但必须注意,行权是一定要建立在道德原则或政治原则上的,否则行权就为非法。董仲舒所云"救危除患"、"不以亲害尊,不以私妨公"就是政治原则,就是权中之经。如果违背了经,那就要返归于经,即孟子所谓"反经"。《孟子·尽心下》载:"非之无举也,刺之无刺也,同乎流俗,合乎污世,居之似忠信,行之似廉洁,众皆悦之,自以为是,而不可与入尧、舜之道,故曰'德之贼'也……君子反经而已矣。经正,则庶民兴;庶民兴,斯无邪慝矣。"在这里,孟子的"反经"就是针对"媚于世"的乡原而言的,认为人要守经,有原则。"经正,则庶民兴"说明政治治理中正确原则的无比重要性。必须指出的是,孟子讲反经,并没有将"权"与"经"相对而言,他强调的是守经。反经的实质是返归于经即守经。

与此不同,公羊家在谈论"权"的时候却将"经"、"权"对举,提出了一个"权者反于经"的命题,并阐发了"行权有道"的理论。《公羊传》在解释"九月,宋人执郑祭仲"时进行了详细叙事与理论表达:"祭仲者何?郑相也。何以不名?贤也。何贤乎祭仲?以为知权也。其为知权

---

① 孟子对乡原进行了一个描述:"'何以是嘐嘐也?言不顾行,行不顾言,则曰古之人,古之人。行何为踽踽凉凉?生斯世也,为斯世也,善斯可矣。'阉然媚于世也者,是乡原也。"(《孟子·尽心下》)

奈何？古者郑国处于留，先郑伯有善于邻公者，通乎夫人，以取其国而迁郑焉，而野留。庄公死已葬，祭仲将往省于留，涂出于宋，宋人执之。谓之曰：'为我出忽而立突。'祭仲不从其言，则君必死，国必亡。从其言，则君可以生易死，国可以存易亡，少辽缓之。则突可故出，而忽可故反，是不可得则病，然后有郑国。古人之有权者，祭仲之权是也。权者何？权者反于经，然后有善者也。权之所设，舍死亡无所设。行权有道：自贬损以行权，不害人以行权。杀人以自生，亡人以自存，君子不为也。"（桓公十一年）值得注意的是，"权者反于经"的"反"与孟子的"反"意义恰好相反，前者为"违反"，后者是"返归"。孟子讲"反经"是对没有原则的好好先生而言，认为人要有原则（正经），而公羊家讲"反于经"，是说祭仲表面上要"出忽而立突"，做了一件大逆不道的事，也就是违背了"尊君"大经，但在实质上是根据当时的具体情况违反经来行权，结果"君可以生易死，国可以存易亡"，反而达到保护"忽"的目的。这样，虽然违反了经，实际上却"然后有善"，返归于善。这种反经行权的理论为公羊家所独有，显得很特别。因为经在本质上就是善与道，所以反了经就有可能非善，因此讨论"行权有道"就显得非常重要。在此，公羊家设置了"行权有道"的两个标准：一是正面讲要"有善"（行权的道德要求），反面说"不害人以行权"，也就是"杀人以自生，亡人以自存，君子不为也"；二是"舍死亡无所设"（行权的特殊情境）。言外之意，如果不是"有道或有善"而行权，那行权就可能成为权变欺诈、谋取私利的借口或手段。公羊家对此表现得非常具有道德理性。

毫无疑问，公羊家是像孔子一样主张尊礼守经的。"守经"守的当然是善道而非恶道，所以圣贤如孔子者认为"守死善道"，"朝闻道，夕死可矣"（《论语·里仁》）。善道的具体表现主要是"礼"与"仁"。"礼"具有人文性、秩序性、稳定性、规范性，是内涵礼义、外显礼仪，形成礼制的复合体。"守经""乐道"外显为崇礼，亦即"学礼""明礼""尊礼""守礼"，所以"克己复礼"坚定如孔子者主张"非礼勿视，非礼勿听，非礼勿言，非礼勿动"（《论语·颜渊》）。"守经""乐道"内隐为崇仁，亦即"知仁""爱仁""行仁"，所以"仁者爱人"崇尚如孔子者主张"无求生以害仁，有杀身以成仁"（《论语·卫灵公》）。总而言之，"守经""尊礼""崇仁""乐道"者绝不可能躲避崇高，罕言理想，定会蔑视霸道盛行、物欲横流、狡诈弄权的世道现实，定会热衷道德操守、人文关怀、秩序追求，从而具有道德与政治理想主义情怀。公羊家力主孔子在《春秋》经中加王心、布王法、立王制、藏王道，正是要继承孔子"守经""乐道"的思想。

　　而经之所以必守，自有其理由。"经"被认为是反映宇宙人生的规律，或被认为是符合社会理性要求的规则，常常得到社会各界的普遍认同或政治权力的有力支持而具有权威性，一般情况下不能违反，违反了就要受到应有的惩罚或制裁。在一个"经"的权威没有动摇的社会中，人们常常乐于尊经守经。这也许是出于某种功利的考虑，更可能是出于对真理的追求。问题是，"经"里蕴含"道"实有规律与规则的区别。规律是人类无法创造、改变或消灭的，可以说是"天定"的，人们只能认识、发现、利用、遵循，所以规律永远具有普遍有效性，问题只在是否认识发现与是否利用得当，不管是自然规律、社会规律还是思维规律，违背规律不按照规律办事一定会受到惩罚；而规则是可以制造、改变或废除的，可以说是"人为"的，人类根据对规律的真理性认识、社会发展需要和伦理要求制定规则，也因认识有局限，历史在发展而经常更改规则，所以规则有合理性合人性的，也有非理性非人性的，有些规则合理度接近规律具有更大的普遍有效性，而有些规则具有明显的历史局限性和认识片面性，或者干脆就是权力宰制而形成的人定法则，这就需要人们正确认识各种规则及其合理限度，灵活把握各种规则。规律是自然、社会、思维都普遍存在的，而规则主要是人为确定用来指导人类生活实践的。可以说，儒家所谓"尊经守经"就是对规律的尊重与规则的遵守。"守经"之所以具有合理性，原因也非常简单，因为人们只有按规律或规则办事，才能使行为付出的代价与成本最低，才能使行为的合理性合法性得到普遍认同。不过，需要特别注意的是，传统儒家在讲"经权"时，"经"实际上主要是指人为的政治伦理规范，说得更直接一点，就是儒家所推崇的"仁义礼智信"，特别是礼仪、礼义、礼制三合一的"礼"。从某种角度说，儒家所谓"仁"主要是对"礼"的文化认同和自觉修养；所谓"义"主要是指"礼"的精神义理和内在价值；所谓"智"主要是对"礼"的理性认知和实践自觉；所谓"信"主要是对"礼"的忠诚信仰和主动遵循。如此看来，把"守经"说成是"尊礼"也未尝不可。如果"尊礼"，礼本身的合理性就需要考量，礼的整个系统的完备性也同样需要考量。当"守经"具体化为"尊礼"时，特别要注意外在的礼仪形式是否符合"礼义"的精神实质。否则的话，就会出现"人而不仁，如礼何"的问题。而且"仁义礼智信"毕竟各有区别，相对于"礼"而言，"仁义"终究是第一位的。公羊家对于孔子的这些道理应该都是心领神会的。

可是，在公羊家的话语系统中，经与权是泾渭分明的。作为权衡权变的"权"重在变通和求达，"权变"有助于减少牺牲和化解冲突，应付突发、随机、特殊、复杂的事件；而作为常道常理的"经"重在尊重和坚守，"守经"有助于维护秩序和保持稳定，解决日常、一般、普遍、单一的问题。两相比较，经自经，权自权，两者各有不同。

一般而言，"权"往往由于某些"经"的固守会付出更大代价，而且这种代价的付出并不值得，于是需要根据具体实际情况进行"反经"，放弃对"经"的固守，做出表面上"反经"而结果"有价""有善"的行为。"权"的表象是"反经"，本质是"有善"，目的是"合经"，"返归于经"。"经"是普遍的真理，但表面上"尊经"可能实际上就是"反经"，因为"尊经"的极端化就是"迷经"，"迷经"最容易漠视"经"的适应条件和范围，造成特殊运用普遍化，结果"乱套"而"无善"。权之所以必须，因为人为的规则本身并非完全正确的，需要置于理性的考察之中。"反"此种"经"的"权"就意味着颠覆"假经"以符合"真经"。有时，尽管"经"在当时条件下人们普遍认可，符合当时的伦理道德规范，但当人们"反"这种"经"带来的仅仅只有"名义"上的损害，而没有"实质"上的损害，结果却暗合其他规则原则。"反"此种"经"的"权"就意味着背离"此经"而暗合"彼经"。有时，由于社会历史条件的变化，"经"所适应的具体条件已经基本不存在了；从理想的角度来看，违反"经"是不合理的，但从现实的角度看，这是不得已而为之的事情，尽管这样"反经"没有超越合理性，但却具有历史合理性，符合特定条件和具体情境的实际需要。"反"此种"经"的"权"就意味着暂违"文经"而契合"实经"。

在一般情况下，只要大家"明经懂礼"、"守经尊礼"，使自己的行为符合"经""礼"内涵的规律或规则，那么行为本身因合规律或规则就会得到社会的普遍认可。而权衡权变不仅要在众多层次和众多方面的规律和规则中当机立断，灵活确定在复杂情况下最值得遵循的规律与规则，也就是说需要对各种"经""礼"及其适应条件、范围有认识，实施行为时始终具有原则立场，违背"假经"就要符合"真经"，背离"此经"就要暗合"彼经",暂离"文经"就要契合"实经"。这样理解,权变可以看作是守经的特殊表现形态和直接实践模式。当然权衡权变更要善于分析权变所适应的具体复杂条件和环境,指出"反经"的前提条件和具体背景与"权变"的原则理由和合理界限。在中国古代,权变在确立一个人的生死存亡与罪刑大小的决狱断案中尤其重要。权变既是一种人生智慧,也是一种政治智慧。

权衡、权变与尊经、守经相辅相成。守经如不知权变,简单照搬或盲目崇拜必然导致"经"的非理性迷信与无条件滥用,结果不但无法彰显"经"的真理价值和道德意义,反而会直接损害"经"的权威地位和正面影响。权变如不合某经,没有原则或假借原则必然导致"权"的主观臆断与诡诈欺骗,结果不仅无法彰显"权"的有善合道价值与权衡选择智慧,反而会直接陷入"权"的无法无天与自我中心泥潭,导致"机关算尽太聪明,反误了卿卿性命"的个人悲剧或带来整个社会的动乱和道德的败坏。因而只有守经尊礼,遵循规律、遵守原则,同时又善于当机立断、具体灵活地根据具体情况恰到好处地进行权衡变通,才能使人们的各种社会行为活动始终做到合情、合理、合法、合人性。

二 行权有道的现实表征

在现实生活中,特别是政治生活中,在什么情况下才可以"行权"呢?"行权有道"在现实生活中又有可能存在哪几种情况呢?公羊家对行权有道的不同表现进行了深入分析。

一是颠覆"假经"而符合"真经"。这种情况是指表面上违背道德常规(礼仪),实际上维护道德常规的根本精神和根本原则(礼义或仁义)。孟子把这层道理说得特别清楚:"君仁,莫不仁;君义,莫不义。无罪而杀士,则大夫可以去;无罪而戮民,则士可以徙。非礼之礼,非义之义,大人弗为。""大人者,言不必信,行不必果,惟义所在。"(《孟子·离娄下》)所谓"非礼之礼,弗为也",就表明"礼"本身的道德合理性就要受到质疑。"反"此种"经"的"权"就意味着颠覆"假经",符合"真经"。考察孟子与齐宣王的一个对话,就可以更容易地把握到这层意思:

齐宣王问曰:"汤放桀,武王伐纣,有诸?"孟子对曰:"于传有之。"曰:"臣弑其君,可乎?"曰:"贼仁者谓之'贼',贼义者谓之'残'。残贼之人谓之'一夫'。闻诛一夫纣矣,未闻弑君也。"(《孟子·梁惠王下》)

众所周知,在中国古代封建社会,"尊君"可谓天经地义,"弑君"可谓罪大恶极。问题是,如果这个"君"不配为"君","有位无德",那么此"君"就应该"禅让"给"贤者"。如果不"禅让"其位,那革其命就为合法。孟子虽然没有这样爽快地指明,但视"君"作"贼",其实就是认为尊这样的"实君"乃"非礼之礼",因而"汤放桀,武王伐纣"乃"行权合道"、"去假就真"。

在现实生活中,有的人固守外在礼仪而不懂内在礼义,其实就相当于尊"假经"而违"真经"。在这种情况下,"行权"就非常必要。儒家创始人孔子就有此主张:"麻冕,礼也;今也纯,俭。吾从众。"(《论语·子罕》)朱熹注引程子曰:"君子处世,事之无害于义者,从俗可也;害于义,则不可从也。""从俗"不是"媚俗",而是因为"事之无害于义"。用孔子的话说,就是"仁而不仁,如礼何?"此"礼"实为表面的"礼节仪式",而"仁"才是"礼"的真正根本,可以说"尊礼"本是为了"崇仁"。

公羊家更有一个著名的例子深刻地讲明了此理。这个故事以及董仲舒的分析让人深感行权之必要与行权要有道:"司马子反为其君使。废君命,与敌情,从其所请,与宋平。是内专政而外擅名也。专政则轻君,擅名则不臣,而《春秋》大之,奚由哉?曰:为其有惨怛之恩,不忍饿一国之民,使之相食。推恩者远之为大,为仁者自然为美。今子反出己之心,矜宋之民,无计其闲,故大之也。难者曰:《春秋》之法,卿不忧诸侯,政不在大夫。子反为楚臣而恤宋民,是忧诸侯也;不复其君而与敌平,是政在大夫也。溴梁之盟,信在大夫,而诸侯刺之,为其夺君尊也。平在大夫,亦夺君尊,而《春秋》大之,此所闲也。且《春秋》之义,臣有恶,擅名美。故忠臣不显谏,欲其由君出也。《书》曰:'尔有嘉谋嘉猷,入告尔君于内,尔乃顺之于外,曰:此谋此猷,唯我君之德。'此为人臣之法也。古之良大夫,其事君皆若是。今子反去君近而不复,庄王可见而不告,皆以其解二国之难为不得已也。奈其夺君名美何?此所惑也。曰:《春秋》之道,固有常有变,变用于变,常用于常,各止其科,非相妨也。

今诸子所称，皆天下之常，雷同之义也。子反之行，一曲之变，独修之意也。夫目惊而体失其容，心惊而事有所忘，人之情也。通于惊之情者，取其一美，不尽其失。《诗》云：'采葑采菲，无以下体。'此之谓也。今子反往视宋，闻人相食，大惊而哀之，不意之至于此也，是以心骇目动而违常礼。礼者，庶于仁、文，质而成体者也。今使人相食，大失其仁，安著其礼？方救其质，奚恤其文？故曰'当仁不让'，此之谓也。《春秋》之辞，有所谓贱者，有贱乎贱者。夫有贱乎贱者，则亦有贵乎贵者矣。今让者《春秋》之所贵。虽然见人相食，惊人相爨，救之忘其让，君子之道有贵于让者也。故说《春秋》者，无以平定之常义，疑变故之大则，义几可谕矣。"（《春秋繁露·竹林》）此事见于《公羊传》宣公十五年。在君主专制社会，"专政轻君，擅名不臣"违背的是尊君大经。可是，《春秋》还赞赏？难道违反经，还是好事？在董仲舒看来，司马子反有"惨怛之恩"与"仁爱之心"，爱护百姓生命，完全符合天地之大德曰生的仁义要求，这远比盲目地尊君更为可贵。在此，如果尊君，等于陷君主于不仁不义，就是从尊君的角度来说，也是假尊君，或尊假经。相比较而言，违背尊君大经，远不如守死仁义大经。为了说明这一点，董仲舒还从礼的仁爱精神本质，阐发文质互救的理论。在他看来，司马子反的行为与"今诸子所称，皆天下之常"的"雷同之义"不同，而是"一曲之变"的"独修之意"。而且从人情而言，"目惊而体失其容，心惊而事有所忘"是自然而然的事情，自然"通于惊之情者，取其一美"也就无可厚非。更何况子反以"仁质"救其"文礼"，"当仁不让"。因此，按照"有善"、"权道"来论，子反虽然违反了礼经，却符合比礼经更重要的仁经。

当然，行权如果背离了真经，那就死也不为。董仲舒于是说："器从名、地从主人之谓制。权之端焉，不可不察也。夫权虽反经，亦必在可以然之域。不在可以然之域，故虽死亡，终弗为也，公子目夷是也。故诸侯父子兄弟不宜立而立者，《春秋》视其国与宜立之君无以异也。此皆在可以然之域也。至于郑取乎莒，以之为同居，目曰莒人灭郑，此在不可以然之域也。故诸侯在不可以然之域者，谓之大德，大德无踰闲者，谓正经。诸侯在可以然之域者，谓之小德，小德出入可也。权谲也，尚归之以奉钜经耳。"（《春秋繁露·玉英》）权变的前提是"有善"、"在可以然之域"，如果是"害人"、"杀人"、"亡人"，"在不可以然之域"则"君子不为也"。换句话说，"行权"绝不是滑头主义，也不是没有原则的主观任性，而是利群利己、利人利己，乃至利人不利己，所以只能"自贬损以行权，不害人以行权"，如果行为不符合"善"或"道"的标准，"虽死亡，终弗为也"，所谓"死得其所"、"死得伟大"就此而言。

　　同时，对于某些表面上看起来像是行权的行为，需要给予"权道"的评价。董仲舒举郑祭仲与齐逢丑父为例说得义正词严，颇为精辟："祭仲措其君于人所甚贵以生其君，故《春秋》以为知权而贤之。丑父措其君于人所甚贱以生其君，《春秋》以为不知权而简之。其俱柱正以存君，相似也；其使君荣之与使君辱，不同理。故凡人之有为也，前柱而后义者，谓之中权，虽不能成，《春秋》善之，鲁隐公、郑祭仲是也。前正而后有柱者，谓之邪道，虽能成之，《春秋》不爱，齐顷公、逢丑父是也。夫冒大辱以生，其情无乐，故贤人不为也，而众人疑焉。《春秋》以为人之不知义而疑也，故示之以义，曰国灭君死之，正也。正也者，正于天之为人性命也。天之为人性命，使行仁义而羞可耻，非若鸟兽然，苟为生，苟为利而已。是故《春秋》推天施而顺人理，以至尊为不可以加于至辱大羞，故获者绝之。以至辱为亦不可以加于至尊大位，故虽失位弗君也。已反国复在位矣，而《春秋》犹有不君之辞，况其溺然方获而虏邪。其于义也，非君定矣。若非君，则丑父何权矣。故欺三军为大罪于晋，其免顷公为辱宗庙于齐，是以虽难而《春秋》不爱。丑父大义，宜言于顷公曰：'君慢侮而怒诸侯，是失礼大矣；今被大辱而弗能死，是无耻也而复重罪。请俱死，无辱宗庙，无羞社稷。'如此，虽陷其身，尚有廉名。当此之时，死贤于生。故君子生以辱，不如死以荣，正是之谓也。"（《春秋繁露·竹林》）由这段非常明白的解释可知，公羊家的"权道"始终理想地追求着道义、正义原则。归根到底，"行权"还是为了"行道""合经"，正所谓"义者，宜也"，"义以为上"即是"宜以为上"，行道行权当因地制宜、因时制宜、因事制宜。

　　二是背离"此经"而暗合"彼经"。客观的现实世界丰富多彩，具体的情况不同，就有其适应的不同规律或规则。这一点，孟子与淳于髡的一次对话透露出个中消息："淳于髡曰：'男女授受不亲，礼与？'孟子曰：'礼也。'曰：'嫂溺，则援之以手乎？'曰：'嫂溺不援，是豺狼也。男子授受不亲，礼也；嫂溺，援之以手者，权也。'曰：'今天下溺矣，夫子之不援，何也？'曰：'天下溺，援之以道；嫂溺，援之以手，子欲手援天下乎？'"（《孟子·离娄上》）在孟子看来，"援天下"与"援嫂子"存在区别，前者"援之以道"而后者"援之以手"，可见面对具体事物不同，采取的应对方法也不同。

当然更重要的是，"嫂溺，则援之以手"违反了当时普遍遵守的"男女授受不亲"的礼经，属于"行权"。而能行权，关键又在孟子所谓"嫂溺援之以手"实际上就是反"男女授受不亲"之"经"，而合"天地之大德曰生""仁者爱人"之"经"。北宋李觏《礼论第六》所言即点明此层意思："孟子据所闻为礼，以己意为权，而不谓先王之礼，固有其权也。自今言之，则必曰男女授受不亲，礼也。嫂溺援之以手，亦礼也。"

针对这种情况，董仲舒在谈论《春秋》一经时，说得明白，即"《春秋》有经礼，有变礼"。他说："为如安性平心者，经礼也；至有于性虽不安，于心虽不平，于道无以易之，此变礼也。是故昏礼不称主人，经礼也；辞穷无称，称主人，变礼也。天子三年然后称王，经礼也；有故，则未三年而称王，变礼也。妇人无出境之事，经礼也；母为子娶妇，奔丧父母，变礼也。明乎经变之事，然后知轻重之分，可与适权矣。难者曰：'《春秋》事同者辞同，此四者，俱为变礼，而或达于经，或不达于经，何也？'曰：'《春秋》理百物，辨品类，别嫌微，修本末者也。是故星坠谓之陨，霣坠谓之雨，其所发之处不同，或降于天，或发于地，其辞不可同也。今四者俱为变礼也同，而其所发亦不同，或发于男，或发于女，其辞不可同也。是或达于常，或达于变也。'"（《春秋繁露·玉英》）按照董仲舒的理解，"行权"实在依"变礼"行事，"变礼"根据"百物"、"品类"、"嫌微"的差别而定。可见，儒家提倡的权变智慧，始终基于道德本位立场，心归道德价值；始终注重行为情境，力求各有所宜。

三是暂违"文经"而契合"实经"。儒家重视道德理想，但也不是不顾道德现实。在理想的实现没有现实的条件时，根据历史本身来探索社会行为的道德合理性，就为儒家所特别珍视。儒家公羊学派就是典型代表。公羊家认为，在道德理想主义无法实现时，根据具体历史情境实行道德现实主义，就是一种权的智慧。

公羊寿在解释经文"齐师、宋师、曹师次于聂北，救邢"时写道："救不言次，此其言次何？不及事也。不及事者何？邢已亡矣。孰亡之？盖狄灭之。曷为不言狄灭之？为桓公讳也。曷为为桓公讳？上无天子，下无方伯，天下诸侯有相灭亡者，桓公不能救，则桓公耻之。曷为先言次，而后言救？君也。君则其称师何？不与诸侯专封也。曷为不与？实与，而文不与。文曷为不与？诸侯之义，不得专封也。诸侯之义不得专封，则其曰实与之何？上无天子，下无方伯，天下诸侯有相灭亡者，力能救之，则救之可也。"（僖公元年）实与而文不与，就在说明行权有现实的必要性，历史的合理性。当然，这是有条件的，一是"上无天子，下无方伯"，历史条件发生了变化，因而就要权变；二是所为之事要为正义的事情，如"救亡存绝"这种仁义事情。

针对后一条件，董仲舒还做了进一步的强调："诸侯在不可以然之域者，谓之大德，大德无踰闲者，谓正经；诸侯在可以然之域者，谓之小德，小德出入可也；权谲也，尚归之以奉钜经耳。"（《春秋繁露·玉英》）本来，根据"文"原则"诸侯之义不得专封"，但在"上无天子，下无方伯"的具体历史环境中，可以从"实"条件"行权"，"救之可也"。公羊家尽管时刻强调要立足尊王、尊君、大一统的"文"原则，认为诸侯"不得专封"（僖公元年），"不得致天子"（僖公二十八年），大夫"不得专废置君"（文公十四年），"不得专执"（定公元年）；主张即使实际行为具有历史合法性，从超越合法性来论，人们对此等不合"文"的行为也当给予应有的贬斥批评；但也总是站在"权"的立场，从客观实际情况出发，认为在"上无天子，下无方伯"的情况下，诸侯"缘恩疾者可也"（庄公四年），大夫"出竟有可以安社稷利国家者，则专之可也"（庄公十九年），作出"实与"的价值判定。"实与"因其具有历史合法性，也不乏道德价值，因此为行权有道的一种表现。不过，特别值得注意的是，权变不是权诈，行权的"出入"必须"在可以然之域"，本质符合"经义"，正所谓"归之以奉钜经"。

三　行权有道的伦理诉求

公羊家守经的道德立场非常鲜明，而行权的道德立场同样鲜明，而且更多伦理意蕴。"权"是一种高超的生活智慧，行"权"对行权者有一定的素质要求，行权者需要具有仁智勇的基本素质。

首先，行权者需要有仁性，因为有仁性才能像康德那样老是觉得"在我上者，有灿烂星空；在我心中，有道德律令"，自觉自愿地时刻把"经"、"礼"作为内在要求去尊重遵守，特别是当名义形式上的礼仪与不合时宜的礼制不符合实质性的"礼义""仁义"时，内心服从"第一义"

的人道仁道原则。孔子说："不仁者不可以久处约，不可以长处乐。仁者安仁，知者利仁。"(《论语·里仁》)这意味着，一个心中没有仁性的人就其自身而言都难以与人相处，如何能够行权为仁呢？即使行权，也必然是不守权道的权诈权术，是不可能真有原则立场的。而没有原则立场的行权是无道的行权。孔子又说："唯仁者能好人，能恶人。"(《论语·里仁》)只有真正的仁者，才能分辨大是大非，能真正爱护好人，贬斥恶人，才能在善恶之间做好决断，行权才能有道。所以公羊大师董仲舒指出："仁者，憯怛爱人，谨翕不争，好恶敦伦，无伤恶之心，无隐忌之志，无嫉妒之气，无感愁之欲，无险诐之事，无辟违之行。故其心舒，其志平，其气和，其欲节，其事易，其行道，故能平易和理而无争也。"(《春秋繁露·必仁且智》)公羊家之所以高度赞赏司马子反，就是因为他有仁者爱人的胸怀，能够借权行道而不使楚王陷于不仁不义。

其次，行权者需要有智性，因为有智性才能像培根那样尽力破除"假像"，理性批判地对待"经"、"礼"，充分认识到"经义"和"礼义"的精神实质及其合理限度与适应条件，善于对复杂的现实生活问题进行具体分析，善于在两难或多难价值冲突中进行定性定量的价值权衡和价值认定。孔子曾说："好仁不好学，其蔽也愚；好知不好学，其蔽也荡；好信不好学，其蔽也贼；好直不好学，其蔽也绞；好勇不好学，其蔽也乱；好刚不好学，其蔽也狂。"(《论语·阳货》)好学养成的智性可以避免德性的遭受利用与原则的极端滥用。所以公羊大师董仲舒强烈要求"必仁且智"，认为"仁而不智，则爱而不别也；智而不仁，则知而不为也。故仁者所爱人类也，智者所以除其害也"(《春秋繁露·必仁且智》)。权衡要求取舍，两善取其大，两害取其小，非智难行，正所谓"智者见祸福远，其知利害蚤，物动而知其化，事兴而知其归，见始而知其终；言之而无敢哗，立之而不可废，取之而不可舍，前后不相悖，终始有类，思之而有复，及之而不可厌。其言寡而足，约而喻，简而达，省而具，少而不可益，多而不可损，其动中伦，其言当务"(同上)。公羊家之所以高度赞赏祭仲为知权，一方面是因为他知权道；另一方面也因为他能知利害大小以及随机应变。

最后，行权者需要有勇气，因为有勇气才能当机立断，果敢地进行价值判断和行为决策，乐于权衡价值冲突和利害得失，最大限度地使行为尽量合人性、合理性、合规律性、合目的性。孔子曾说："非其鬼而祭之，谄也；见义不为，无勇也。"(《论语·为政》）在仁智具备的时候，见义就必须勇敢去做，此时意志的决断力就起决定性作用，正所谓"知者不惑，仁者不忧，勇者不惧"(《论语·子罕》）。司马子反如果不果断地向敌军详细告知楚国的军情，也就无法成仁，避免生灵涂炭的战争。祭仲如果不能当机立断驱逐君主而另立新君，不仅不能保存君主，而且还会引发战争，造成社稷难保。

行权道始终贯穿着理想主义与现实主义的精神。行权道的基本法则是扬善抑恶行为的合理性尽量最大化或社会成本损失的代价尽量最小化，即所谓"权善则取大，权恶则取小"。所以行权道既体现了鲜明的价值取向和果敢的决策智慧，又体现了现实的生活关怀与精明的经济意识。行权道是权衡选择的主体活动，需要在不同价值冲突、矛盾冲突、利益冲突中根据具体条件的变化而作出不同的选择决断。总体上说，公羊家主张当义利、群己、王霸等价值原则发生冲突时，应当见利思义、利群克己、尊王贱霸。

比如在义利问题上，孔子主张如果义利一致，人们"见义思利"，那"人不厌其取"；如果义利发生冲突，那就要"先义后利"、"重义轻利"而不能"见利忘义"；如果公利和私利发生冲突，那就要"先公后私"、"大公无私"而不能"损公肥私"；如果他利与己利发生冲突，那就要"先他后己"而不能"害他为己"。一句话说，"谋利"一定符合某种超越个体局限性和狭隘私利性的"义"。前引"自贬损以行权，不害人以行权。杀人以自生，亡人以自存，君子不为也"（桓公十一年），就充分表明了公羊家的这种权道立场。如果非要在两者之间进行取舍，在不可得兼的时候，"仁人者，正其道不谋其利，修其理不急其功"(《春秋繁露·对胶西王越大夫不得为仁》）。

又如在王霸问题上，理想的状态是完全行王道，大家心悦诚服；但如果"世道"真的无法行"王道"，那"称霸"也要有"道"，以力服人也要真有实力，而且"霸道"始终需要置身于"王道"的审判当中，尽力使"霸道"趋向"王道"。《公羊传》反复乐道的"文不与""实与"就是如此。以战争为例，孟子认为"春秋无义战"，但当战争成为不可避免的解决争端的手段时，又有正义战争与非正义战争之分，有值得历史肯定的"仁义之师"与"偏战"。董仲舒对此的分析非常精辟："若《春秋》之于偏战也，善其偏，不善其战，有以效其然也。《春秋》爱人，而战者杀人，君子奚说善杀其所爱哉？故《春秋》之于偏战也，犹其于诸夏也。引之鲁，则谓之外。引之夷狄，则谓之内。比之诈战，则谓之义；比之不战，则谓之不义。故盟不如不盟，然而有所谓善盟；战不如不战，然而有所谓善战。不义之中有义，义之中有不义。辞不能及，皆在于指，非精心达思者，其孰能知之。《诗》云：'棠棣之华，偏其反而。岂不尔思？室是远而。'孔子曰：'未之思也！夫何远之有？'由是观之。见其指者，不任其辞。不任其辞，然后可与适道矣。"（《春秋繁露·竹林》）读《春秋》，要透过文辞来把握精髓（辞不能及，皆在于指；见其指者，不任其辞）直达大道，这是精心达思者读书的权。面对活生生的政治现实生活，不能根据现实来行权可谓精心达思吗？

行权有道在政治生活中的一个突出表现是如何根据内心动机来进行断案，决定生死大问题。《后汉书·应劭传》载："胶西相董仲舒老病致仕，朝廷每有政议，数遣廷尉张汤亲至陋巷，问其得失。于是作《春秋决狱》二百三十二事，动以经对，言之详矣。"且看董仲舒"春秋决狱"的例子："时有疑狱，曰：甲无子，拾道旁弃儿乙，养之以为子。及乙长，有罪杀人，以状语甲，甲藏匿乙。甲当何论？仲舒断曰：甲无子，振活养乙，虽非所生，谁与易之？《诗》云：'螟蛉有子，蜾蠃负之。'《春秋》之义，父为子隐。甲宜匿乙，而不当坐。"（杜佑《通典》卷六十九，东晋成帝咸和五年散骑侍郎乔贺妻于氏上表引）在这里，董仲舒在考虑案件的主观动机和客观事实时做了一个权衡，根据"父为子隐"开脱了甲的罪责，强调了主观动机。在今天看来，这种权衡有碍司法公正，并不可取，但从真实心理而言，也无可厚非。客观事实是定案的依据，但主观动机也不可轻视。公羊家结合主观动机与客观事实来综合考虑是无可置否的权衡智慧。董仲舒论道："《春秋》之听狱也，必本其事而原其志。志邪者不待成；首恶者罪特重；本直者其论轻。是故逄丑父当斮，而辕涛涂不宜执；鲁季子追庆父，而吴季子释阖庐。此四者罪同异论，其本殊也。俱欺三军，或死或不死；俱弑君，或诛或不诛。听讼折狱，可无审耶！故折狱而是也，理益明，教益行。折狱而非也，闇理迷众，与教相妨。教，政之本也。狱，政之末也。其事异域，其用一也，不可不以相顺，故君子重之也。"（《春秋繁露·玉英》）这种区分事（客观事实）与志（主观动机）、事成和未成、"志邪"（动机不良）与"本直"（意志善良）、首恶与屡恶来定罪量刑的断案方式，不仅具有道德理性智慧，而且具有工具理性智慧。

行权道实际上还包含根据仁义标准确定自己内心的价值原则并进行价值衡定的伦理意蕴。这包括善于针对不同事物确定不同规则，因为物各有则，事各有理，只有各有所宜，才能符合"义"（自有公道仁义在人心）；善于在两难与多难价值冲突中根据仁义标准来进行价值优先判断，定性定量地权衡福祸、利害、得失、善恶、轻重、缓急，从而决定是否行权（定性定量权衡该不该）；善于根据具体时间（时）、空间（位）、情境（场）、对象（事）来确保当下行为的恰到好处（执中有权）、适度合理（因时、因地、因事、因人、因物来制宜）；善于从实际情况出发找出与实际相符合的原则、方法、策略，而不是用原则原理来裁剪丰富多彩的实际生活（行权反经返道再创新经）。要之，公羊家的行权道既是一个遵守道德与政治原则性与掌握灵活性的问题，也是一个关注普遍性与针对特殊性的问题；既是一个在两难或多难困境中进行选择决断的问题，也是一个主体确定原则立场的问题。尽管在道德与政治实践过程中公羊家不可能个个都能真正地守经行权，但力倡"行权合道"却充分体现了公羊家的道德理想主义价值理性与道德现实主义工具理性的有机统一。

第六章　汉代公羊家政治敬畏观念的灾异表达

　　自然灾异在公羊家的眼中决不仅仅是一种自然现象，而是昭示天意天命的祥瑞谴告。公羊寿所著于竹帛的《公羊传》中已有明确表达；董仲舒既结合五行进行归类解说，同时又对灾异给予了理论概括；何休详细解诂《春秋》，极尽其能事。灾异说的哲学基础是天人感应论与阴阳五行论。灾异说的政治关怀是谴告人君保持政治敬畏，检讨政治行为，调整政策政令，进行政治决策，坚持民本政治。帝王的罪己诏是灾异政治的集中体现。灾异说的道德意义是谴告人君，正心正德，为政以德，选贤与能，清君侧，正朝廷正天下正境内之治。唯物地说，灾异是一面自然之镜，是必须面对的铁定事实；唯心地说，灾异是一把神圣之剑，是必须敬畏的天意民心。

一　公羊家灾异说的历史演进

　　据刘逢禄统计，《春秋》记录日食三十四、晦二、星变四、震二、雨雪雨雹各三、霜二、雨木冰一、无冰三、不雨七、大旱二、大雩二十、大水十、地震五、地陷山崩水涌各一、螟三、螽九、饥三、无麦苗一、大无麦禾一、火六、人疴一、疾疫一、牛祸四、蟲禽兽异四、雨一、蜮生一、有年一、大有年一、麟瑞一、外灾异八，凡一百四十五条。[①] 这些天地灾异为什么在一部史书中记载得如此详细呢？这与中国古代的天命观以及对天人关系的思考应有联系。

---

　　① 刘逢禄：《公羊何氏释例》，王先谦《皇清经解》（卷一二八九），上海书店1988年版，第418页。

第六章 汉代公羊家政治敬畏观念的灾异表达

早在春秋时代，伯阳父论地震，就把天人合在一起说。从哲学上说，伯阳父一方面讲自然之道，带有朴素唯物主义成分；另一方面又讲亡国之征，带有神秘主义唯心成分。《国语·周语》载："幽王二年，西周三川皆震。伯阳父曰：'周将亡矣！夫天地之气，不失其序。若过其序，民乱之也。阳伏而不能出，阴迫而不能烝，于是有地震。今三川实震，是阳失其所而镇阴也。阳失而在阴，川源必塞；源塞，国必亡。夫水土演而民用也，水土无所演，民乏财用，不亡何待？昔伊洛竭而夏亡，河竭而商亡。今周德若二代之季矣，其川源又塞，塞必竭。夫国必依山川。山崩川竭，亡之征也。川竭，山必崩。若国亡，不过十年，数之纪也。夫天之所弃，不过其纪。是岁也，三川竭，岐山崩。十一年，幽王乃灭，周乃东迁。'"这段记载不难理解，我们要揭示的是其中蕴含的一种独特的政治哲学思考，即借天道说人道，借自然说政事，而其目的不外有二：一是要重德；二是要爱民。神秘面纱一旦揭穿，其政治伦理的本意就豁然明朗。天人类比，不外是要王者君主们重德与爱民。

孔子留下了著名的三畏说。孔子曰："君子有三畏：畏天命，畏大人，畏圣人之言。小人不知天命而不畏也，狎大人，侮圣人之言。"（《论语·季氏》）天命难违，敬畏天命，才能谨小慎微，勤勉自己，敬事敬业，修养自己。敬畏之心不是恐惧之心，而是在心中悬设一个绝对命令、一把神圣之剑。孔子五十而知天命，懂得按照天理来行事，所以七十从心所欲而不逾矩，实现了敬畏与洒落的有机统一[①]。现实生活中有不少人不懂敬畏，无法无天，往往会受到惩罚，没有好的结果。在政治生活中，如果没有政治敬畏，就会为所欲为，无限膨胀，最后自取灭亡。保持对天命的敬畏，恰恰成就人事的有为。当然，在孔子的年代，天命之天还是主宰性的神，

[①] 王阳明曾谈论到敬畏与洒落，并指出了两者之间的内在一致性。这在《王阳明全集》卷三十五《年谱三》中有记载："是月，舒柏有敬畏累洒落之问，刘侯有入山养静之问。先生曰：'君子之所谓敬畏者，非恐惧忧患之谓也，戒慎不睹，恐惧不闻之谓耳。君子之所谓洒落者，非旷荡放逸之谓也，乃其心体不累于欲，无入而不自得之谓耳。夫心之本体，即天理也。天理之昭明灵觉，所谓良知也。君子戒惧之功，无时或间，则天理常存，而其昭明灵觉之本体，自无所昏蔽，自无所牵扰，自无所歉馁愧怍，动容周旋而中礼，从心所欲而不逾；斯乃所谓真洒落矣。是洒落生于天理之常存，天理常存生于戒慎恐惧之无间。孰谓敬畏之心反为洒落累耶？'谓刘侯曰：'君子养心之学如良医治病，随其虚实寒热而斟酌补泄之，是在去病而已，初无一定之方，必使人人服之也。若专欲入坐穷山，绝世故，屏思虑，则恐既已养成空寂之性，虽欲勿流于空寂，不可得矣。'"

非人力所能把握，言天不可避免地具有神秘性。

公羊寿在传《春秋》时，虽然对《春秋》灾异解释不多，但也明确把天人结合起来思考，阐发了"天戒"与"应天"两大天人感应观念，开启了公羊家说灾异的先河。"天戒"观念是在解释僖公十五年经文"己卯，晦，震夷伯之庙"时说的："晦者何？冥也。震之者何？雷电击夷伯之庙者也。夷伯者，曷为者也？季氏之孚也。季氏之孚则微者，其称夷伯何？大之也。曷为大之？天戒之，故大之也。何以书？记异也。"季氏专权，卑公室，天以地震作为警戒。"应天"观念是在解释宣公十五年经文"冬，蝝生"时写的："未有言蝝生者，此其言蝝生何？蝝生不书，此何以书？幸之也。幸之者何？犹曰受之云尔。受之云尔者何？上变古易常，应是而有天灾，其诸则宜于此焉变矣。"这是对君上不守常道的感应表现。以今天的科学论，这种解释是很荒唐的，天人之间根本不可能会有这种感应。

除了上述天人感应的观念外，把天人相结合起来解释往往为借天论政提供了方便之门。比如昭公二十五年经曰："秋，七月，上辛，大雩。季辛，又雩。"《公羊传》说："又雩者何？又雩者，非雩也，聚众以逐季氏也。"很显然，这里把自然现象直接与人事行为挂钩，目的是表达一种放逐专权者季氏的政治要求。当然，灾异现象也不全是上天谴告警戒，还会是上天降临符瑞。比如将哀公十四年"西狩获麟"解释成"麟者，仁兽也。有王者则至，无王者则不至"，就是借麒麟进行想象性发挥，寄托王道理想，希望后圣拨乱反正，继承尧舜之道，推行王道于天下。

董仲舒继承公羊寿衣钵，试图把春秋史事与《春秋》灾异——对应起来，品评各种人事。这些材料比较完整地保存在《汉书·五行志》中。我们不妨来看几个灾例。一是"《春秋》桓公十四年'八月壬申，御廪灾'"。董仲舒以为先是"四国共伐鲁，大破之于龙门。百姓伤者未廖，怨咎未复，而君臣俱惰，内怠政事，外侮四邻，非能保守宗庙终其天年者也，故天灾御廪以戒之"。二是"严公（庄公）二十年'夏，齐大灾'……《公羊传》曰，大灾，疫也"。董仲舒以为"鲁夫人淫于齐，齐桓姊妹不嫁者七人。国君，民之父母；夫妇，生化之本。本伤则末夭，故天灾所予也"。三是"成公三年'二月甲子，新宫灾'……"董仲舒以为"成居丧亡哀戚心，数兴兵战伐，故天灾其父庙，示失子道，不能奉宗庙也"。四是"三十年'五月甲午，宋灾'"。董仲舒以为"伯姬如宋五年，宋恭公卒，伯姬幽居守节三十余年，又忧伤国家之患祸，积阴生阳，故火生灾也"。五是"昭十八年

'五月壬午，宋、卫、陈、郑灾'"。董仲舒以为"象王室将乱，天下莫救，故灾四国，言亡四方也。又宋、卫、陈、郑之君皆荒淫于乐，不恤国政，与周室同行。阳失节则火灾出，是以同日灾也"。这些解释都把"灾"与人事行为直接联系起来，要么解说政治问题，要么解说道德问题，要么解说战争问题，要么解说外交问题，要么综合解说各种问题。这种解说其实与公羊寿没有什么根本区别，只是加入阴阳观念，所以班固说："汉兴，承秦灭学之后，景、武之世，董仲舒治《公羊春秋》，始推阴阳，为儒者宗。"（《汉书·五行志》）

仅仅解释《春秋》灾异，董仲舒是绝对不会满足的。董仲舒还要越出这种文本之外面向汉代的历史来进行解说。董仲舒就"武帝建元六年六月丁酉，辽东高庙灾。四月壬子，高园便殿火"进行了如下解说："《春秋》之道举往以明来，是故天下有物，视《春秋》所举与同比者，精微眇以存其意，通伦类以贯其理，天地之变，国家之事，粲然皆见，亡所疑矣。按《春秋》鲁定公、哀公时，季氏之恶已孰，而孔子之圣方盛。夫以盛圣而易孰恶，季孙虽重，鲁君虽轻，其势可成也。故宇公二年五月两观灾。两观，僭礼之物。天灾之者，若曰，僭礼之臣可以去。已见罪征，而后告可去，此天意也。定公不知省。至哀公三年五月，桓宫、釐宫灾。二者同事，所为一也，若曰燔贵而去不义云尔。哀公未能见，故四年六月亳社灾。两观、桓、釐庙、亳社，四者皆不当立，天皆燔其不当立者以示鲁，欲其去乱臣而用圣人也。季氏亡道久矣，前是天不见灾者，鲁未有贤圣臣，虽欲去季孙，其力不能，昭公是也。至定、哀乃见之，其时可也。不时不见，天之道也。今高庙不当居辽东，高园殿不当居陵旁，于礼亦不当立，与鲁所灾同。其不当立久矣，至于陛下时天乃灾之者，殆其时可也。昔秦受亡周之敝，而亡以化之；汉受亡秦之敝，又亡以化之。夫继二敝之后，承其下流，兼受其猥，难治甚矣。又多兄弟亲戚骨肉之连，骄扬奢侈，恣睢者众，所谓重难之时者也。陛下正当大敝之后，又遭重难之时，甚可忧也。故天灾若语陛下：'当今之世，虽敝而重难，非以太平至公，不能治出。视亲戚贵属在诸侯远正最甚者，忍而诛之，如吾燔辽东高庙乃可；视近臣在国中处旁仄及贵而不正者，忍而诛之，如吾燔高园殿乃可'云尔。在外而不正者，虽贵如高庙，犹灾燔之，况诸侯乎！在内不正者，虽贵如高园殿，犹灾燔之，况大臣乎！此天意也。罪在外者天灾外，罪在内者天灾内，燔甚罪当重，燔简罪当轻，承天意之道也。"董仲舒在此一方面系统解释《春秋》灾例；另一方面，根据"高庙""高园"两灾尽力发挥，向汉武帝建议要削藩、清君侧。

巧合的是，董仲舒的灾说预测还在后来得到了应验："先是，淮南王安入朝，始与帝舅太尉武安侯田蚡有逆言。其后胶西于王、赵敬肃王、常山宪王皆数犯法，或至夷灭人家，药杀二千石，而淮南、衡山王遂谋反。胶东、江都王皆知其谋，阴治兵弩，欲以应之。"想当时，董仲舒因"言灾论政"差点丧命。

董仲舒不仅解说《春秋》文本中的灾异，而且解释现实生活中的灾异，还构建一套灾异理论。他说："其大略之类，天地之物有不常之变者谓之异，小者谓之灾。灾常先至而异乃随之。灾者，天之谴也；异者，天之威也。谴之而不知，乃畏之以威。《诗》云：'畏天之威。'殆此谓也。凡灾异之本，尽生于国家之失。国家之失乃始萌芽，而天出灾害以谴告之；谴告之而不知变，乃见怪异以惊骇之，惊骇之尚不知畏恐，其殃咎乃至。以此见天意之仁而不欲陷人也。谨案灾异以见天意。天意有欲也，有不欲也。所欲所不欲者，人内以自省，宜有惩于心；外以观其事，宜有验于国。故见天意者之于灾异也，畏之而不恶也，以为天欲振吾过，救吾失，故以此报我也。"（《春秋繁露·必仁且智》）这一段话非常经典，直接将灾异之本与国家之失联系在一起，将灾异与内心修养和外事治国连接起来，指出了天意之仁是如何通过灾异谴告来促进统治者尽力做到内圣外王的。如果统治者能够做到内圣外王，则天下就会和平。所以董仲舒又说："天下和平，则灾害不生。今灾害生，见天下未和平也。天下所未和平者，天子之教化不行也。诗曰：'有觉德行，四国顺之。'觉者，著也，王者有明著之德行于世，则四方莫不响应，风化善于彼矣。故曰：悦于庆赏，严于刑罚，疾于法令。"（《春秋繁露·郊语》）这样，灾异的政治学意义就不断揭示了出来。

在汉代公羊家中，何休对灾异的解释是不胜其烦的，几乎每一次灾异都有发挥，但基本上不出公羊家灾异与政治相结合的一般套路。何休说："天动地静者，常也。地动者，象阴为阳行。是时鲁文公制于公子遂，齐、晋失道，四方叛德，星孛之萌，自此而作，故下与北斗之变所感同也。"这是对文公九年"地震"的解释，与伯阳父简直如出一辙。又如何休对僖公十四年"沙鹿崩"之"异"的分析："土地者，民之主，霸者之象也。河者，阴之精，为下所袭者，此象天下异，齐桓将卒，霸道毁，夷狄动，宋襄承其业，为楚所败之应。而不系国者，起天下异。"以阴阳①作为理论基础来解释灾异是先秦的传统，但在公羊家这里得到特别的重视，而且还不时和五行理论相结合②。

二 公羊家灾异说与政治敬畏

司马迁的自我期许"究天人之际，通古今之变，成一家之言"实际上指出了中国古代思想家的三大任务。孔子作《春秋》不仅是"成一家之言，通古今之变"，也是"究天人之际"。"究天人之际"的微言大义，董仲舒旗帜鲜明地替孔子说了出来："《春秋》至意有二端，不本二端之所从起，亦未可与论灾异也，小大微著之分也。夫览求微细于无端之处，诚知小之将为大也，微之将为著也。吉凶未形，圣人所独立也，虽欲从之，末由也已，此之谓也。故王者受命，改正朔，不顺数而往，必迎来而受之者，授受之义也。故圣人能系心于微而致之著也。是故《春秋》之道，以元之深正天之端，以天之端正王之政，以王之政正诸侯之即位，以诸侯之即位正竟内之治，五者俱正而化大行。故书日蚀、星陨、有蜮、山崩、地震、夏大雨水、冬大雨雹、陨霜不杀草，自正月不雨至于秋七月有鸜鹆来巢，《春秋》异之，以此见悖乱之征。"（《春秋繁露·二端》）所谓二端

---

① 灾异说的前提是天人感应，而天人感应的基础又是阴阳五行论。董仲舒对此有详细解说："天地之常，一阴一阳。阳者天之德也，阴者天之刑也。迹阴阳终岁之行，以观天之所亲而任。成天之功，犹谓之空，空者之实也。故清溧之于岁也，若酸咸之于味也，仅有而已矣。圣人之治，亦从而然。天之少阴用于功，太阴用于空。人之少阴用于严，而太阴用于丧。丧亦空，空亦丧也。是故天之道以三时成生，以一时丧死。死之者，谓百物枯落也；丧之者，谓阴气悲哀也。天亦有喜怒之气、哀乐之心，与人相副。以类合之，天人一也。春，喜气也，故生；秋，怒气也，故杀；夏，乐气也，故养；冬，哀气也，故藏。四者天人同有之。有其理而一用之。与天同者大治，与天异者大乱。故为人主之道，莫明于在身之与天同者而用之，使喜怒必当义而出，如寒暑之必当其时乃发也。使德之厚于刑也，如阳之多于阴也。"（《春秋繁露·阴阳义》）即天人同类，天人同气，天人相副，天人之间存在着必然的联系。

② 在董仲舒看来，政治行为的不合理可以表现在五行上，会引起五行有不同的表现。他说："王者与臣无礼，貌不肃敬，则木不曲直，而夏多暴风。风者，木之气也，其音角也，故应之以暴风。王者言不从，则金不从革，而秋多霹雳。霹雳者，金气也，其音商也，故应之以霹雳。王者视不明，则火不炎上，而秋多电。电者，火气也，其音征也，故应之以电。王者听不聪，则水不润下，而春夏多暴雨。雨者，水气也，其音羽也，故应之以暴雨。王者心不能容，则稼穑不成，而秋多雷。雷者，土气也，其音宫也，故应之以雷。"（《春秋繁露·五行五事》）这可谓是人感天应。

者，一端是天，一端是人；一端是微，一端是著。体察天微可见政治悖乱之征，可以保持一种最起码的政治敬畏；保持了最起码的政治敬畏，君主就能五正而王化天下。

　　灾异对政治行为作用的方式主要有两种：一是预测警告；二是应验报应。比如上述董仲舒对汉武帝时期的两场灾异进行预测警告，尽管在当时政治生活中并没有直接的事实相对应，但可以提醒统治者引起注意，并采取必要的政治措施，防患于未然。如果不采取必要的措施，那么在政治生活中就会得到应验并受到应有的报应或付出极大的代价。灾异警告劝勉君主的具体展现过程，从前述对董仲舒灾异理论的概括可见一斑。何休也在具体解释中多处论及，比如他说："僖公饬过求己，六月澍雨；宣公复古行中，其年有大丰。明天人相与报应之际，不可不察其意。"（僖公三年）政治行为过分，就是大雨；政治行为合适，就是丰年。又如他在解释僖公十六年"五石六鹢"时指出："王者之后有亡征，非新王安存之象，故重录为戒，记灾异也。石者，阴德之专者也；鹢者，鸟中之耿介者，皆有似宋襄公之行。襄欲行霸事，不纳公子目夷之谋，事事耿介自用，卒以五年见执，六年终败，如五石六鹢之数。天之与人，昭昭著明，甚可畏也。于晦朔者，示其立功善甫始而败，将不克终，故详录天意也。"作为国家兴亡征象的灾异之所以可畏，说到底不过是恶的政治行为受到天谴而已。如果保持起码的政治敬畏，问题完全可以化解，这就是公羊家谈论灾异的良苦用心。

　　具体说来，在"天人相与报应之际"，要不就是"先是"违背王道王心受到因果报应，比如何休说桓公五年"大雩"："旱者，政教不施之应。先是桓公无王行，比为天子所聘，得志益骄，去国远狩，大城祝丘，故致此旱。"要不就是"是后"不知悔改得到事实应验，比如何休说哀公四年的"蒲社灾"："戒社者，先王所以威示教戒诸侯，使事上也。灾者，象诸侯背天子，是后宋事疆吴，齐、晋前驱，滕、薛侠毂，鲁、卫骖乘，故天去戒社，若曰王教灭绝云尔。"这样看来，公羊家谈论已发生的灾异报应有助于总结这些灾异可能产生的政治道德根源，可以吸取政治教训；察看当下正在发生的灾异谴告有助于检讨当前的政治道德现象，可以采取果断措施；分析将要发生的灾异征象有助于预测将来的政治发展走向，可以提出政治主张。

　　不管受到预测警告还是遭到应验报应，公羊家指向的都是帝王君主，

第六章 汉代公羊家政治敬畏观念的灾异表达　121

要求帝王君主保持政治敬畏。政治敬畏包括对政治秩序的敬畏、政治伦理的敬畏、政治根本的敬畏，等等。

从政治秩序来看，灾异反映的是政治秩序的失常。唯物地看，如果帝王君主借此来反省身处其中的政治秩序，及时发现可能出现的问题，无疑对于建立良善政治秩序是有帮助的。唯心地论，天道自然秩序失常就是人间政治秩序失常的直接表现，是天神在警戒帝王君主要注意可能的政治秩序失常。不管如何，保持这种秩序敬畏是统治者必须予以重视的。公羊家说灾异首要的就在阐发这个意思。何休写道："孛者，邪乱之气。慧者，扫故置新之象也。北斗，天之枢机玉衡，七政所出，是时桓文迹息，王者不能统政，自是之后，齐、晋并争，吴、楚更谋，竞行天子之事，齐、宋、莒、鲁弑其君而立之应。"（文公十四年）这个对"有星孛于北斗"的解释关心的不外就是"王者不能统政"，政治失秩，结果夷狄也称王称霸，行天子之事；诸侯也弑君篡位，一片混乱景象。要之，以灾异为表象的天序失常反映在政治秩序上就是王道衰败，霸道盛行，天下无道，秩序失范，如诸侯僭王，臣子弑君，大夫专权，陪臣执命。这就像何休注成公五年"梁山崩"所言，"记山崩壅河者，此象诸侯失势，王道绝，大夫擅恣，为海内害。自是之后，六十年之中，弑君十四，亡国三十二，故溴梁之盟，遍刺天下之大夫"。

从政治伦理来看，灾异反映的是政治伦理的失常，而政治伦理的失常集中体现在君主与宫廷当中，突出表现为奸臣当道，道德败坏，乱伦淫泆等现象。《汉书·五行志》载："定公二年'五月，雉门及两观灾'"。董仲舒、刘向以为"此皆奢僭过度者也。先是，季氏逐昭公，昭公死于外。定公即位，既不能诛季氏，又用其邪说，淫于女乐，而退孔子。天戒若曰，去高显而奢僭者。一曰，门阙，号令所由出也，今舍大圣而纵有罪，亡以出号令矣。京房《易传》曰'君不思道，厥妖火烧宫'"。奢僭过度必遭天戒，这就是董仲舒的结论，而京房"君不思道"其实也正好助公羊家之说。在公羊巨子何休的解释中，庄公十八年的"日有食之"在人间的表现"是后戎犯中国，鲁蔽郑瞻，夫人如莒，淫泆不制所致"，而同年的"有螟"好像"螟之犹言惑也，其毒害伤人，形体不可见，象鲁为郑瞻所惑，其毒害伤人，将以大乱而不能见也"。庄公二十年的"齐大灾"实在是淫乱成灾也，即所谓"是时鲁任郑瞻，夫人如莒淫泆，齐侯亦淫诸姑姊妹，不嫁者七人"。面对这种王道不见，君道淫乱，臣道专权的有悖伦理现象，如果不采取果断措施，宣德教化，那就国将不国了。

从政治根本来看，灾异反映的是政治民心的丧失，这突出表现为帝王君主与民争利，漠视民生，不顾民命。比如，由何休注隐公五年"螟灾"可见"灾者，有害于人物，随事而至者，先是隐公张百金之鱼，设苛令急法，以禁民之所致"。又如，由何休注桓公十四年"御廪灾"可知"火自出烧之曰灾。先是龙门之战，死伤者众，桓无恻痛于民之心，不重宗庙之尊，逆天危先祖，鬼神不飨，故天应以灾御廪"。再如，由何休注庄公七年"大水"与"无麦苗"可以"明君子不以一过责人。水、旱、螟、螽，皆以伤二谷乃书。然不书谷名，至麦苗独书者，民食最重"。儒家政治哲学最有现代意义的就是民本思想，公羊家继续发扬了这种民本思想，直接用来解释灾异。公羊家认为，漠视民食民利、民生民命、民心民意，最终是不可避免地会失去天下的。

在我们今人看来，灾异不过是一种自然现象，根本与政治人事没有关系。但在中国古代，尤其是汉代人的一般知识信仰与精神世界中，天人之间是有必然逻辑联系的。在以董仲舒为核心的公羊家天人感应系统宇宙图式中，一切灾异现象都多少反映一定的政治道德行为。因此，灾异作为天意天心的反映，投射到人间就要求帝王君主去反省自身的政治道德行为，保持对政治秩序的敬畏、政治伦理的敬畏、政治民本的敬意。一方面，帝王君主正心正身，及时调整自己的政治道德行为，应对灾异的谴告；另一方面，重视政治秩序、政治伦理建设，正朝廷正天下，不断推进政治官僚体制改革，选贤与能，争取民心，巩固政治秩序，发挥政教功能，建立良善政治。这样一来，"天戒若曰"就如悬设的一把"神圣之剑"，借着"自然之镜"照射着人间，使君主不能"无法无天"，无所限制。

三 帝王罪己诏与灾异说效应

公羊家灾异说虽然笼罩着一层神秘的面纱，但透过这层面纱可见宝贵的政治敬畏观念。政治不能不讲秩序，政治不能不讲伦理，政治不能不讲根本。面对着客观的铁定的灾异现象，谴告人君保持政治敬畏，检讨政治行为，调整政策政令，进行政治决策，坚持民本政治，无疑在君主专制时代是没有办法的最好办法。

翻开汉代历史，灾异频繁发生，《史记》中多处散记，《汉书》专辟

《五行志》详录，《后汉书》继承《五行志》衣钵。必须指出的是，在一个天人感应思维深入人心的时代，汉代灾异实录的同时伴随的是汉代政治生活大事的实录，这在尊重历史事实的史学家中也是一般的知识信仰。随便挑选两则记录就可见一斑。《汉书·五行志》载："文帝后五年六月，齐雍城门外有狗生角。先是，帝兄齐悼惠王亡后，帝分齐地，立其庶子七人皆为王。兄弟并强，有炕阳心，故犬祸见也。犬守御，角兵象，在前而上乡者也。犬不当主角，犹诸侯不当举兵乡京师也。天之戒人亹矣，诸侯不寤。后六年，吴、楚畔，济南、胶西、胶东三国应之，举兵至齐。齐王犹与城守，三国围之。会汉破吴、楚，因诛四王。故天狗下梁而吴、楚攻梁，狗生角于齐而三国围齐。汉卒破吴、楚于梁，诛四王于齐。"文帝时的这种自然异象与政治事象难道仅仅是历史的偶然巧合，这在公羊家看来是不可能的，因为那是天人的必然因果联系反映。《后汉书·五行志》载："桓帝延熹二年夏，霖雨五十余日。是时，大将军梁冀秉政，谋害上所幸邓贵人母宣，冀又擅杀议郎邴尊。上欲诛冀，惧其持权日久，威势强盛，恐有逆命，害及吏民，密与近臣中常侍单超等图其方略。其年八月，冀卒伏罪诛灭。"桓帝时"霖雨五十余日"的背后是"梁冀专政"。此类记载不胜枚举，可见灾异说在当时的影响。

不过，公羊家说灾异主要针对的是帝王君主，用董仲舒的话说是要"屈君而伸天"（《春秋繁露·玉杯》），通过"天"来限制"君"，防止权力欲望的过分膨胀，防止绝对权力导致绝对专制。这是因为在君主专制时代，人君很难找到人间的力量来限制，因为即便是相权也完全可以通过君权来架空。抬出神秘神圣的天来屈君，使作为"天之子"的君主力求孝天、敬天、畏天、顺天，的确是一个虽然神秘但也不乏理性的路径。这可是"义不讪上，智不危身"（《春秋繁露·楚庄王》）的政治智慧。而帝王们如何对待灾异呢？像汉武帝那样一身霸气的君主只希望"屈民而伸君"，决不想"屈君而伸天"。当年董仲舒谈灾异就被认为是胡说八道，并差点被处死，但是汉武帝到后来也改变了态度，即所谓"上思仲舒前言，使仲舒弟子吕步舒持斧钺治淮南狱，以《春秋》谊颛断于外，不请。既还奏事，上皆是之"（《汉书·五行志》），而且在元光四年夏四月陨霜杀草，五月地震时，决定大赦天下，检讨自己的政治行为。

而一般的君主，对于灾异往往保持有一种政治敬畏，这就是汉代非常流行的帝王下罪己诏。《汉书·文帝纪》载："诏曰：'间者数年比不登，又有水旱疾疫之灾，朕甚忧之。愚而不明，未达其咎。意者朕之政有所失而行有过与？乃天道有不顺，地利或不得，人事多失和，鬼神废不享与？何以致此？将百官之奉养或费，无用之事或多与？何其民食之寡乏也！夫度田非益寡，而计民未加益，以口量地，其于古犹有余，而食之甚不足者，其咎安在？无乃百姓之从事于末以害农者蕃，为酒醪以靡谷者多，六畜之食焉者众与？细大之义，吾未能得其中。其与丞相列侯吏二千石博士议之，有可以佐百姓者，率意远思，无有所隐。'"分析这个诏书，不难发现，文帝面对着灾害首先表现出一种忧患意识、敬畏意识；然后检讨自己的个人智性德性，深感自己有"不明"智性，并将灾异与国家政治举措和个人思想行为的过失联系起来，进行深入反省，考察是否在天道、地利、人事、鬼神等方面存在不当行为；接着抓住民为邦本这个政治核心问题，着力检讨从百官奉养到民食民生状况以及农事农业情形是否有不合理的地方；最后责令臣子们选贤与能，推荐可以"佐百姓"的人才，改良现实政治。

文帝的这个"罪己诏"成为后来帝王"罪己诏"的一个基本模式，产生了很大影响。后来多数帝王逢灾异就检讨个人行为和国家政策，基本上还能做到敬惧修省，宽刑赦罪。《汉书·宣帝纪》载："夏四月壬寅，郡国四十九地震，或山崩水出。诏曰：'盖灾异者，天地之戒也。朕承洪业，奉宗庙，托于士民之上，未能和群生。乃者地震北海、琅邪，坏祖宗庙，朕甚惧焉。丞相、御史其与列侯、中二千石博问经学之士，有以应变，辅朕之不逮，毋有所讳。令三辅、太常、内郡国举贤良方正各一人。律令有可蠲除以安百姓，条奏。被地震坏败甚者，勿收租赋。'"这个诏书明确地把"灾异"当作"天地之戒"，认为"灾异"与"政治"有必然联系，表明"灾异政治"是汉代政治的一大特色。作为人君，要求"能和群生"，宣帝检讨自己"今未能和群生"正是帝王正名以正天下的头等任务，充满了"甚惧"的内心敬畏。求通经致用之士，举贤良方正之才，在人才上着力，可谓抓住了政治主体的关键。紧扣立法工作，完善法律政令，在制度上着力，无疑抓住了政治建设的核心。针对受灾情况，减免、勿收租赋，在民政上着力，真正抓住了政治治理的根本。由此可见，帝王君主能够通过灾异来正名、正心、正德，对政治的善是能起到积极作用的。宣帝还特别强调政治民本的重要，曾在灾异出现时提出了一项重要的政治举措，这就是"官吏循行天下"的制度。《汉书·宣帝纪》载："夏四月辛丑晦，日有蚀之。诏曰:'皇天见异,以戒朕躬,是朕之不逮,吏之不称也。以前使使者问民所疾苦,复谴丞相、御史掾二十四人循行天下,举冤狱,察擅为苛禁深刻不改者。'"以民为本,一定要体察民情,调查民意,了解民心。把"问民所疾苦"作为"吏之不称"的重要内容,不仅丰富了"吏"这个名号的政治责任要求,而且通过循新名责新实,建立官吏问责制,有效地推动了官僚体制建设。由此看来,在封建君主专制社会,如果君主能保持政治敬畏,就会对政治改良发挥极大效应。

神学的价值是双重的,可能成为民众的鸦片,也有可能成为民众的福音。公羊家灾异政治是其天人感应政治神学当中最有价值的内容。当神学用来神道设教,成为论证帝王统治合法性的时候,更多的是反动的内容。但当神学用来神道设教,成为限制帝王并促使其改善政治的时候,对民众来说多少都会带来实惠。嵇文甫曾指出:"传统的旧文化中,有些东西,看着虽然是乌烟瘴气的,但其中却包含一种真理,或近代思想的某些因素。对于这些,我们应该像马克思对于黑格尔的学说一样,'从神秘的外衣中,剥取合理的内核'。"① 深入公羊家政治神学的哲学层面,在天人感应的天意主宰和主观随意的类比附会背后,可以看到灾异政治的人文内容。近代公羊大师皮锡瑞综论灾异说时指出:"汉有一种天人之学而齐学尤盛。《伏传》五行,《齐诗》五际,《公羊春秋》多言灾异,皆齐学也。《易》有象数占验,《礼》有明堂阴阳,不尽齐学,而其旨略同。当时儒者以为人主至尊,无所畏惮,借天象以示儆,庶使其君有失德者犹知恐惧修省。此《春秋》以元统天,以天统君之义,亦《易》神道设教之旨。汉儒藉此以匡正其主。其时人主方崇经术,重儒臣,故遇日食地震,必下昭罪己,或责免三公。虽未必如周宣之遇灾而惧,侧身修行,尚有君臣交儆遗意。此亦汉时行孔教之一证。后世不明此义,谓汉儒不应言灾异,引谶纬,于是天变不足畏之说出矣。近西法入中国,日食、星变皆可豫测,信之者以为不应附会灾祥。然则,孔子所书日食、星变,岂无意乎? 言非一端,义各有当,不得以今人之所见轻议古人也。"② 如果我们历史地看问题,同情地了解公羊家,皮锡瑞所言是非常一针见血的。当代大陆公羊家

---

① 嵇文甫:《漫谈学术中国化问题》,见罗荣渠编《从西化到现代化——五四以来有关中国的文化趋向和发展道路论争文选》,北京大学出版社1990年版,第635页。

② 皮锡瑞:《经学历史》,中华书局2004年版,第68—69页。

蒋庆也曾指出："天人感应说的功能非常明显，就是对政治进行批判。这种批判不是纯假灾异对统治者进行恐吓，而是揭示统治者行为与灾异之间具有某种合乎逻辑的联系，从而使统治者见天戒而悔过自新，建立良好的政治。"① 其实，灾异政治还不仅仅局限在批判，更重要的是引导帝王君主进行政治改革，使政治秩序更合理，政治伦理更纯正，政治民本更落实。

---

① 蒋庆：《公羊学引论》，辽宁教育出版社1995年版，第216页。

第七章 近代的公羊情结与当代的政治儒学

近代的春秋公羊情结以康有为最为典型，而当代的政治儒学以蒋庆最为鲜明。汉代公羊家政治的哲学思考在两者身上都有十分独特的体现。考察康有为的公羊情结和蒋庆的政治儒学对于从现代反观汉代的政治哲学思考无疑提供了一个耐人寻味的视角。

一 康有为的公羊情结

康有为（1858—1927），原名祖诒，字广厦，又字长素，号更甡、西樵山人、游存叟、天游化人，广东南海人，人称"康南海"。近代著名的思想家、政治家、教育家、宗教家、书学理论家。在春秋学史上，康有为更是一位公羊学家，其与春秋公羊学血脉相连，其狂者个性神接公羊精神，其求学问道坚挺公羊硬核，其考证创作深明公羊要旨，其义理经世极通公羊逻辑。

（一）狂者个性神接公羊精神

康有为是一个很有个性的人物。尽管康有为具有相当的保守性、折中性，或者说在某些问题上甚至表现出十足的狷者、中庸品性，但最引人注目的还是他的狂者个性。

光绪二年丙子，19岁的康有为就充分显示了他的狂者胸次，"以圣贤为必可期，以群书为三十岁前必可尽读，以一身为必能有立，以天下为必可为"。"谢绝科举之文，土芥富贵之事，超然立于群伦之表，与古贤豪君子为群。"① 光绪二十年甲午，37 岁的康有为在京师，"有贵人问曰：'国朝可百年乎？'吾答之以'祸在眉睫，何言百年？'贵人甚谬之"。他还直指当时"政俗之污坏，官方之紊乱"。②狂者往往刚健有为、志向高远、抱负宏伟、勇于批评，敢言众人不能言。

光绪四年戊寅秋冬，21 岁的康有为"四库要书大义，略知其概，以日埋故纸堆中，汩其灵明，渐厌之。日有新思，思考据家著书满家，如戴东原，究复何用？因弃之。而私心好求安身立命之所，忽绝学捐书，闭户谢友朋，静坐养心。同学大怪之，以先生尚躬行，恶禅学，无有为之者。静坐时，忽见天地万物皆我一体，大放光明，自以为圣人，而欣喜而笑。忽思苍生困苦，则闷然而哭。忽思有亲不事，何学为？则即束装归庐先墓上。同门见歌哭无常，以为狂而有心疾矣"。③狂者往往锐意进取、超越自我、率性而为、独立特行，敢做众人不能做。

光绪十四年戊子，31 岁的康有为"顺天试已列第三名，以吾经策环伟，场中多能识之。侍郎孙诒经曰：'此卷当是康某'，大学士徐桐衔吾前书，乃谓'如此狂生不可中！'抑置副榜，房官王学士锡藩争之，徐更怒，抑置誊录第一"。④光绪二十年甲午，37 岁的康有为被给事中余晋珊参劾："惑世诬民，非圣无法，同少正卯，圣世不容，请焚《新学伪经考》，而禁粤士从学。"⑤光绪二十四年戊戌，41 岁的康有为面对戊戌变法失败的追杀曾说："是役也，身冒十一死，思以救中国，而竟不死，岂非天哉！事后追思，无一生理，吾先出上海办报，则上海掩捕立死。皇上无明诏、密诏之敦促，迟迟出京必死。荣禄早发一日，无论在京在途必死。无黄仲韬之告，宿天津必死。从仲韬之言，出烟台亦必死。搭招商局之海晏船，英人欲救无从，必死。是日无重庆之轮开，或稍迟数时行，追及必死。飞鹰快船不因煤乏还，必死。莱青道非因有事往胶州，则在烟台必死。上海道不托英人搜，则英领事不知，无从救，必死。英人不救亦必死。凡此十一死，得救其一二，亦无所济，而曲线巧奇，曲曲生之，留言身以有待其

---

① 康有为：《我史》（《康南海自编年谱》），收入刘梦溪主编《中国现代学术经典·康有为卷》，河北教育出版社 1996 年版，第 818 页。
② 同上书，第 837 页。
③ 同上书，第 818 页。
④ 同上书，第 830 页。
⑤ 同上书，第 836 页。

兹，中国不亡，而大道未绝耶？"① 狂者往往锋芒常露、引人注目，但遭人贬斥谋杀能大胆正视，敢忍众人不能忍。

狂者的最大短处就是主观与武断。康有为的主观与武断深为学生梁启超所洞察："有为之为人也，万事纯任主观，自信力极强，而持之极毅。其对于客观的事实，或竟蔑视，或必欲强之以从我，其在事业上也有然，其在学问上也亦然；其所以自成家数、崛起一时者以此，其所以不能立健实之基础亦在此；读《新学伪经考》而可见也。""《伪经考》之著，二人者多所参与，亦时时病其师之武断，然卒莫能夺也。实则此书大体皆精当，其可议处乃在小节目。乃至谓《史记》、《楚辞》经刘歆羼入者数十条，出土之钟鼎彝器，皆刘歆私铸埋藏以欺后世。此实为事理之万不可通者，而有为必力持之。实则其主张之要点，并不必借重于此等枝词强辩而始成立，而有为以好博好异之故，往往不惜抹杀证据或曲解证据，以犯科学家之大忌，此其所短也。"② 康有为的最大短处也正是他的最大长处，因为狂者有理想、有热诚、有胆气、有事业、有创造精神，"若其理想之宏远照千载，其热诚之深厚贯匕札，其胆气之雄伟横一世，则并时之人，未见其比也。先生在今日，诚为举国之所妒视。若夫他日有著二十世纪新中国史者，吾知其开卷第一页，必称述先生之精神事业，以为社会原动力之所自始。"③ 康有为自成家数、崛起一时在相当程度上靠的就是他的狂者个性。

康有为的狂者个性与公羊精神若合符节。公羊精神突出表现为公羊家热衷阐发"非常异义可怪之论"，乐意进行反思批判、大胆倡导制义立法、积极主张权变发展、始终坚持经世致用且非常注重创造诠释。真正坚守公羊家法的公羊家们一方面把孔子当作批判家、政治家、实践家、立法家、改革家；另一方面自觉不自觉地效法孔子自己也做批判家、政治家、实践家、立法家、改革家。略观康有为智不危身，非常智慧地敢言众人不能言、敢做众人不能做、敢忍众人不能忍，与公羊家董仲舒如出一辙。其对孔子改制立法的坚信、三世历史发展的信仰、大同乌托邦理想的渴望，贯注的就是公羊家面向未来、锐意进取的精神。康有为选择春秋公羊学作为

---

① 康有为：《我史》，第877页。
② 梁启超：《清代学术概论》，上海古籍出版社1998年版，第78页。
③ 梁启超：《南海康先生传》，《梁启超全集》（第二册），北京出版社1999年版，第482页。

其思想硬核的偶然事件中暗含着某种必然的因素，其中之一就是狂者个性与公羊精神的神接。

（二）求学问道坚挺公羊硬核

具有狂者个性的康有为在求学问道上也显示出狂者胸次。他主张求学问道当"合经子之奥言，探儒佛之微旨，参中西之新理，穷天人之赜变；搜合诸教，披析大地，剖析今故，穷察后来；自生生之源，人群之合，诸天之界，众星之世，生生色色之故，大小长短之度，有定无定之理，形魂现示之变，安身立命，六通四辟浩然自得"。① 30 岁时编《人类公理》，"推孔子据乱、升平、太平之理，以论地球……创地球公议院，合公士以谈合国之公理，养公兵以去不会之国，以为合地球之计"。为了求道、明理、为仁、致用，康有为主张学不分中西，贯串古今，因而涉及的思想学说包罗万象，比较复杂。

就西学言，光绪五年己卯，22 岁的康有为"得《西国近事汇编》、李圭《环游地球新录》及西书数种览之。薄游香港，览西人宫室之环丽、道路之整洁、巡捕之严密，乃始知西人治国有法度，不得以古旧之夷狄视之。乃复读《海国图志》、《瀛寰志略》等书，购地球图，渐收西学之书，为讲西学之基矣"。②光绪八年壬午，25 岁的康有为"道经上海之繁盛，益知西人治术之有本。舟车行路，大购西书以归讲求焉。十一月还家，自是大讲西学，始尽释故见"。③ 光绪九年癸未，26 岁的康有为"购《万国公报》，大攻西学书，声、光、化、电、重学及各国史志，诸人游记，皆涉焉"。④ 值得注意的是，康有为 29 岁时，"中国西书太少，傅兰雅所译西书，皆兵医不切之学，其政书其要，西学颇多新理，皆中国所无，宜开局译之，为最要事"。⑤ 尽管开局译书未成，但康有为一直继续积极收集西学著作，而且不仅学西学，讲西学，还撰写西学著作，如《日本变政考》、《波兰分灭记》、《法国变政考》、《德国变政考》、《英国变政考》等。这为维新变法提供了可贵的西方经验。光绪二十四年戊戌，41 岁的康有为还主

---

① 康有为：《我史》，第 825 页。
② 同上书，第 821—822 页。
③ 同上书，第 820 页。
④ 同上书，第 823 页。
⑤ 同上书，第 826 页。

张"西学则人专一门",以新定科举事。总起来说,康有为除了对西方的自然科学知识感兴趣外,对西方的人权、民主、自由、平等、博爱、立宪等重要政治理念以及各国变政经验更是颇为珍视。可以说,西学是他思想的重要组成部分,也是他维新变法的直接理论基础。这正如毛泽东所说:"自从一八四〇年鸦片战争失败那时起,先进的中国人,经过千辛万苦,向西方国家寻找真理。洪秀全、康有为、严复和孙中山,代表了中国共产党出世以前向西方寻找真理的一派人物。"① 康有为之所以被称为资产阶级维新派的领袖人物,是与其对西学的摄取以及世界眼光视野和兼收并蓄精神分不开的。

就中学言,同治二年癸亥,6岁的康有为"从番禺简侣琴先生凤仪读《大学》、《中庸》、《论语》,并朱注《孝经》"。② 从此开始,正式接受传统教育。光绪二年丙子,19岁的康有为从学粤儒朱九江先生,学其"主济人经世,不为无用之空谈高论";学其四行五学,"四行者:敦行孝弟,崇尚名节,变化气质,检摄威仪。五学则经学、文学、掌故之学、性理之学、词章之学也";学其"动止有法,进退有度,强记博闻,每议一事,论一学,贯串今故,能举其词,发先圣大道之本,举修己爱人之义,扫去汉宋之门户,而归宗于孔子"。③ 光绪七年辛巳,24岁的康有为"日读唐宋史为课,补温北魏宋齐梁书,兼涉丛书传记经解。读宋儒之书,若《正谊堂集》、《朱子全集》尤多。苦身力行,以明儒吴康斋之坚苦为法,以白沙之潇洒自命,以亭林之经济为学"。④ 康有为研究中学的突出特点是博闻强记,贯串今古,讲求经世致用,其核心理念是尊孔,归宗于孔子。

在中学当中,孔子《春秋》受到康有为的特别青睐,康有为对春秋公羊学情有独钟。光绪六年庚辰,23岁的康有为"治经及公羊学,著《何氏纠谬》,专攻何劭公者。既而自悟其非,焚去"。⑤ 从此以后,康有为不仅很少怀疑批判公羊学,而且推崇到几乎言必称公羊的地步。光绪十六年庚寅,33岁的康有为拜会经今文学家廖平,了解到《今古学考》,初步确定了经今文学的基本立场,他告诉弟子陈千秋"以孔子改制之意,仁道合

---

① 《毛泽东选集》(第四卷),人民出版社1991年版,第1469页。
② 康有为:《我史》,第814页。
③ 同上书,第818页。
④ 同上书,第822页。
⑤ 同上。

群之原，破弃考据旧学之无用"，"以尧舜三代之文明，皆孔子所托"，"以诸天之界，诸星之界，大地之界，人身之界，血轮之界，各有国土、人民、物类、政教、礼乐、文章"，"以大地界中三世，后此大同之世，复有三统"，① 而且还著述《王制义证》，印证公羊义理。光绪十七年辛卯，34岁的康有为在陈千秋、梁启超的帮助下刻成《新学伪经考》，认为古文经是刘歆伪造的伪经，刘歆"饰经佐篡"，是新莽的新臣，古文经学当称"新学"。这从消极的意义上确立经今文学家尤其是公羊学家的立场。光绪十八年壬辰，35岁的康有为选同学高才编纂《孔子改制考》，"以孔子所制之礼与三代旧制不同，更与刘歆伪礼相反，古今混淆，莫得折衷，考者甚难，乃刺取古今礼说，立例以括之：一，孔子定说，以《春秋》公羊、董氏《繁露》、《礼王制》、《论语》、《孟子》、《荀子》为主。次三统说，孔子每立一制，皆有三统，若建子建寅建丑，尚白尚黑尚赤，鸡鸣平旦日午为朔，托之夏殷周者，制虽异而同为孔子之正说，皆可从也。三曰存旧。周初遗制，诸国旧俗，皆杂见于诸子，而管子最多，刘歆所采以为礼者，然可以考旧制，故次焉。四曰辟伪。刘歆伪撰《周礼》、《左传》及诸古文经之说，向来窜乱于诸经中者，辞而辟之。五曰传谬。自刘歆以后，诸儒展转附会讹传者"。② 这从积极的意义上确立经今文学家尤其是公羊学家的立场。光绪十九年癸巳，36岁的康有为欲撰《三世演孔图》，未成，著《孟子为公羊学考》、《论语为公羊学考》，力图将《孟子》、《论语》公羊化，以公羊义统摄诸经。光绪二十年甲午，37岁的康有为著《春秋董氏学》及《孔子改制考》，进一步直指公羊学权威董仲舒及其公羊学。光绪二十二年丙申，39岁的康有为讲学于万木草堂，续成《孔子改制考》、《春秋董氏学》。在《孔子改制考》中，认为"六经"皆为孔子托古改制而亲作，试图把孔子塑造成进行维新变法的先驱，争取民主人权的斗士，同时运用公羊家通三统、张三世理论来阐明据乱世、升平世、太平世有序进化的公羊家历史哲学。光绪二十三年丁酉，40岁的康有为编成《春秋考义》、《春秋考文》，继续考究《春秋》奥义。光绪二十六年辛丑，44岁的康有为撰写《中庸注》、《春秋笔削大义微言考》、《孟子微》，并在《春秋笔削大义微言考》中指出："孔子之道，其本在仁，其理在公，其法

---

① 康有为：《我史》，第831页。
② 同上书，第833页。

在平,其制在文,其体在各明名分,其用在与时进化。夫主乎太平,则人人有自立之权;主乎文明,则事事去野蛮之陋;主乎公,则人人有大同之义;主乎仁,则物物有得所之安;主乎各明权限,则人人不相侵;主乎与时进化,则变通尽利。故其科指明,在张三世,其三世所立,身行乎据乱,故条理较多;而心写乎太平,乃意思所注。虽权实异法,实因时推迁,故曰孔子圣之时者也。若其广张万法,不持乎一德,不限乎一国,不成乎一世,盖浃乎天人矣。"[1] 其对孔子的近代化与美化由此可见一斑。光绪二十七年壬寅,45岁的康有为撰成《论语注》、《大学注》、《礼运注》、《孟子微》、《大同书》,"三注""一微"成为康有为运用公羊学创造诠释经典的典范,而"一书"成为康有为的真正"创作",具有"大地震"的作用。

孔子《春秋》以及公羊学在康有为的思想中占据核心地位,贯穿在其大半生的思想和行动中,可以说是其整个思想的一个硬核。

(三)考证创作深明公羊要旨

康有为的春秋公羊学研究一方面通过考证在一破一立中进行,《新学伪经考》通过证伪《左传》而为公羊学张目,《孔子改制考》通过证实孔子为王改制作《春秋》而为公羊学奠基;另一方面通过倒退式还原考察直指公羊学本身,力图还原孔子《春秋》真精神,《春秋董氏学》直面公羊学大师董仲舒,尽力彰显其公羊学理论及其特质以及言说方式,《春秋笔削大义微言考》直面公羊学源头《春秋》与《公羊传》,尽力阐发公羊学大义以及原史《春秋》与孔子《春秋》的区别,特标孔子笔削《春秋》的制作意图和价值命意;又一方面通过注解并公羊化其他经典,试图以公羊义统摄其他经典,凸显春秋公羊学的地位和作用以及实现其与其他经典思想的疏通结合,《孟子为公羊学考》、《论语为公羊学考》、《论语注》、《中庸注》、《孟子微》、《大学注》、《礼运注》等著作都在公羊学的思维框架中运作,赋予了公羊意蕴;再一方面是本着公羊学的制义传道、改制立法精神以及乌托邦情结,一直在构建一个具有乌托邦色彩的大同理想,并渴望未来在此理想的指引下实际地解除人类苦难,实现社会理想,而当前

---

[1] 康有为:《春秋笔削大义微言考》(上),蒋贵麟《康南海先生遗著备刊》,宏业书局(影印本)1987年版,第7页。

主要通过维新变法改良来解决升平世小康社会的问题。

1. "一伪一真"两大学术事件

康有为的春秋公羊学研究始于对"刘歆佐篡作伪经"与"孔子改制作真经"两大学术事件的考证，两个考证基本确立了康有为的学术信仰。

A.《新学伪经考》

该书共14考，依次为《秦焚六经未尝亡缺考》、《〈史记〉经说足证伪经考》、《〈汉书·艺文志〉辨伪》（上、下）、《〈汉书·河间献王鲁共王传〉辨伪》、《〈汉书·儒林传〉辨伪》、《〈汉书·刘歆王莽传〉辨伪》、《〈汉书〉愤攻伪经考》、《伪经传于通学，成于郑玄考》、《〈后汉书·儒林传〉纠谬》、《〈经典释文〉纠谬》、《〈隋书·经籍志〉纠谬》、《伪经传授表》（上、下）、《〈书序〉辨伪》附《〈尚书〉篇目异同真伪表》、《刘向经说足证伪经考》。稍微具有一点经史知识的人，从这个考证篇目上就可以大致窥测出基本要点。

康有为在其《序目》中提出了一个振聋发聩的"论断"——刘歆作伪："始作伪，乱圣制者，自刘歆，布行孔经，篡孔统者，成于郑玄。阅两千年岁月日时之绵暧，聚百千万亿衿缨之问学，统二十朝王者礼乐制度之崇严，咸奉伪经为圣法，诵读尊信，奉持施行，违者以非圣无法论，亦无一人敢违者，亦无一人敢疑者。于是，夺孔子之经以与周公，而抑孔子为传，于是扫孔子改制之圣法，而目为断烂朝报……"① 这个论断旗帜鲜明地指出"刘歆作伪经抑孔崇周，扫孔子改制之圣法"。同时，又提出了一个语惊四座的概念——新学："夫'古学'所以得名者，以诸经之出于孔壁，写以古文也；夫孔壁既虚，古文亦赝，伪而已矣，何'古'之云！后汉之时，学分今古，既托于孔壁，自以古为尊，此新歆所以售其欺骗者也。今罪人斯得，旧案肃清，必也正名，无使乱实。歆既饰经佐篡，身为新臣，则经为新学，名义之正，复何辞焉？后世汉、宋互争，门户水火，自此视之，凡后世所指目为'汉学'者，皆贾、马、许、郑之学，乃新学，非汉学也；即宋人所尊述之经，乃多伪经，非孔子之经也。新学之名立，学者皆可进而求之孔子，汉、宋二家退而自讼，尝自咎其夙昔之眯妄，无为谬讼者矣。"② 所谓"新学"，意为"新臣刘歆辅佐篡逆新君王莽

---

① 康有为：《新学伪经考》，古籍出版社1955年版，第2页。
② 同上书，第3页。

建立新朝的新学"。"新学"是"伪经",非孔子"真经",清代所谓"汉学"其实不过是"新学"。言下之意,真正的汉学乃经今文学也。

消除"古文经"非"新学""伪经"的主要技法,康有为认为主要是刘歆在《汉书》的《艺文志》、《河间献王鲁共王传》、《儒林传》、《王莽传》中进行作伪。刘歆这样做的结果是导致学人一直生活在伪经的盲从推崇中:"经学纷如乱丝,于今有汉学、宋学之争,在昔则有今学、古学之争。不知古经皆刘歆之窜乱伪撰也,凡今所争之汉学、宋学者,又皆歆之余绪支派也。经歆乱诸经、作《汉书》之后,凡后人所考证,无非歆说,征用四布,条理精密,几于攻无可攻,此歆所以能欺绐两千年而无人发其覆也。"① 要证实伪造,"今取西汉人之说证之,乃知其伪乱百出,而司马迁《史记》,统《六艺》,述《儒林》,渊源具举,条理必备,尤可信据也"。② 通过《史记》、《汉书》的对比研究,刘歆作伪的事实就十分明显。

梁启超曾对《新学伪经考》的内容和影响作了极为精准的简略概括:"一、西汉经学,并无所谓古文者,凡古文皆刘歆伪作。二、秦焚书,并未厄及六经,汉十四博士所传,皆孔门足本,并无残缺。三、孔子时所用字,即秦汉间篆书,即以'文'论,亦绝无今古之目。四、刘歆欲弥缝其作伪之迹,故校中秘书时,于一切古书多所羼乱。五、刘歆所以作伪经之故,因欲佐莽篡汉,先谋湮乱孔子之微言大义。诸所主张,且勿论,要之此说一出:第一,清学正统派之立脚点,根本动摇;第二,一切古书,皆须从新检查估价。此实思想界之一大飓风也。"③ 尽管康有为的考证有非科学的成分,但其重估传统价值的理论勇气和学术主张确实如"飓风"影响一时,乃至被官方三次禁毁。

B. 《孔子改制考》

该书共分20考,依次为《上古茫昧无稽考》、《周末诸子并起创教考》、《诸子创教改制考》、《诸子改制托古考》、《诸子争教互攻考》、《墨老弟子后学考》、《儒教为孔子所创考》、《孔子为制法之王考》、《孔子创儒教改制考》、《六经皆孔子改制所作考》、《孔子改制法尧舜文王考》、《孔子改制弟子时人据旧制问难考》、《诸子攻儒考》、《墨老攻儒尤盛考》、

---

① 康有为:《新学伪经考》,第16页。
② 同上。
③ 梁启超:《清代学术概论》,第78页。

《儒墨争教交攻考》、《儒攻诸子考》、《儒墨最盛并称考》、《鲁国全从儒教考》、《儒教遍传天下战国秦时尤盛考》、《汉武帝后儒教一统考》。

同样地，这个考证篇目也大略反映出康有为的基本观点。作为一个政治家，康有为最关心孔子为制法之王，法尧舜文王进行改制，救时补弊，经世致用以治国平天下。康有为作《孔子改制考》的最主要目的就是要树立孔子的教主地位，通过一个具有宗教性色彩的孔子权威来推行变法改制。他之所以必须这样做，梁启超曾从文化接受心理规律的角度作了一个比较合情合理的解释："以为生于中国，当先救中国；欲救中国，不可不因中国之历史习惯而利导之。又以为中国人公德缺乏，团体散涣，将不可以立于大地；欲从而统一之，非择一举国人所同戴而诚服者，则不足以结合其感情，而光大其本性，于是乎以孔教复原为第一著手。"[①] 在一个新的价值体系还没有建立、旧的价值权威还没有打倒的过渡时期，这可谓是没有办法的最好办法。

梁启超对《孔子改制考》的思想影响曾作了非常独到的分析："一、教人读古书，不当求诸章句训诂名物制度之末，当求其义理。所谓义理者，又非言心言性，乃在古人创法立制之精意。于是汉学、宋学，皆所吐弃，为学界别辟一新殖民地也。二、语孔子之所以为大，在于建设新学派（创教），鼓舞人创造精神。三、《伪经考》既以诸经中一大部分为刘歆所伪托，《改制考》复以真经之全部为孔子托古之作，则数千年来共认为神圣不可侵犯之经典，根本发生疑问，引起学者怀疑批评的态度。四、虽极力推捧孔子，然既谓孔子之创学派与诸子之创学派，同一动机，同一目的，同一手段，则已夷孔子于诸子之列。所谓'别黑白定一尊'之观念，全然解放，导人以比较的研究。"[②]相对于传统的封闭视野、泥古精神、尊信态度、线性方法，康有为《孔子改制考》突然给人的那种开阔视野、创造精神、批评态度、比较方法的确如同"火山喷火也"，是"思想解放也"。

---

① 梁启超：《南海康先生传》，第486页。康有为对孔教之发明具有世界眼光和近代意识，梁启超曾有系统概括："先生者，孔教之马丁路德也。其所以发明孔教者，不一而足，约其大纲，则有六义：一、孔教者，进步主义，非保守主义。二、孔教者，兼爱主义，非独善主义。三、孔教者，世界主义，非国别主义。四、孔教者，平等主义，非督制主义。五、孔教者，强立主义，非巽懦主义。六、孔教者，重魂主义，非爱身主义。"（同上）

② 梁启超：《清代学术概论》，上海古籍出版社1998年版，第79—80页。

2. "一学一经"两部学术经典

从春秋学的意义上来考量，如果说《新学伪经考》与《孔子改制考》更多的是确立康有为的公羊家立场的话，那么，《春秋董氏学》与《春秋笔削大义微言考》则是真正地直接深入了公羊学内部，并进行了专门的学术探讨。

A.《春秋董氏学》

该书共8卷，分别为《春秋》旨、《春秋》例、《春秋》礼、《春秋》口说、《春秋》改制、《春秋》微言大义（上、下）、传经表、董子经说。从这个卷目可知，康有为意在归纳分疏董仲舒"春秋公羊学"的几个基本问题，即孔子为何作《春秋》（旨）、如何作《春秋》（例）、如何传《春秋》（口说）、《春秋》的核心价值何在（改制制礼与微言大义）。

在此归纳分疏中，康有为进一步显露其经今文学家与公羊家的立场。他认为"《春秋》所重在义，不在文与事也"。[1] 又认为"盖《春秋》之义，不在经文，而在口说，虽作伪之人，不能易其辞"。"董子为《春秋》宗，所发新王改制之非常异义及微言大义，皆出经文外，又出《公羊》外……此无他，皆七十子后学，师师相传之口说也。"[2] "故知《春秋》言微，与他经殊绝，非有师师口说之传，不可得而知也。今师说之传，只有董、何二家。"[3] 改制立法、微言大义、口说传授是三个关键词，在康有为的春秋学中具有极其重要的地位。无此三者，无公羊学也。

康有为在《春秋董氏学自序》中编织了一个"道—教—圣人—孔子—六经—《春秋》—《公羊》"的逻辑链条，直接将"道"归结到《公羊》，使《公羊》成为其思想中心："苟非毛羽爪角之伦，有所行，必有道焉，有所效焉，必有教焉。无教者谓之禽兽，无道者谓之野人。道教何从？从圣人，圣人何从？从孔子。孔子之道何在？在《六经》。《六经》粲然深美，浩然繁博，将何统乎？统一于《春秋》……《春秋》三传何从乎？从公羊氏……《左传》详文与事，是史也，于孔子之道无与焉，《公羊》独详《春秋》之义。孟子述《春秋》之学，曰'《春秋》，天子之事也'。《谷梁》不明《春秋》王义，传孔子之道而不光焉。惟《公羊》详素王改

---

[1] 康有为：《春秋董氏学自序》，《中国现代学术经典·康有为卷》，河北教育出版社1996年版，第110页。
[2] 同上。
[3] 同上。

制之义，故《春秋》之传在《公羊》也。"① 同时，康有为又认为要真正理解《公羊》，最后探求孔子之道，董仲舒又是绕不开的关键性人物，于是，又提供了一条今人理解孔子之道的路径："因董子以通《公羊》，因《公羊》以通《春秋》，因《春秋》以通六经，而窥孔子之道本。"② 从道到《公羊》，从董子到道，成了一个互通有无的逻辑圆环。

尽管康有为用了 8 卷归纳梳理了董仲舒的春秋公羊学，但他对其中的大多数具体内容并没有多少发明，主要聚焦在孔子为王改制立法、笔削与口说微言大义这件事上，在通过托古改制的形式表达三世的历史进化哲学上，也许康有为就是要效法孔子，推行变法维新并传达自己的微言大义。

B. 《春秋笔削大义微言考》

该书共 11 卷，《发凡》首先就作了 7 个考证，即 " '《春秋》在义，不在事与文'考"、" '《春秋》之义，传以口说，而不传在文字'考"、" '《春秋》义之口说，传在《公》、《榖》，考"、" '《公》、《榖》以义附经文，有同经同义、同经异义、异经同义，而舍经文传大义，则其口说皆同'考"、" '《春秋》口说，《公》、《榖》只传大义，其非常之微言，传在公羊家董仲舒、何休'考"、"董、何传口说与刘向学说全合考"、"《春秋》有鲁史之不修《春秋》及孔子笔削已修之《春秋》考"。这 7 个考证再次充分表明了康有为的公羊家立场。

特别值得注意的是，康有为区分了"著文"与"口说"两个《春秋》版本以及口说《春秋》的两个版本："《春秋》有四本。一、鲁史原文，'不修之《春秋》'（孟子所见鲁之《春秋》，公羊所见不修《春秋》是也，今佚。可于《公》、《榖》'书不书'推得之）。一、孔子笔削，已修之《春秋》（世所传一万六千四百四十六字者是也）。以上二本皆文。一、孔子口说之《春秋》义（《公》、《榖》传之）。一、孔子口说之《春秋》微言（公羊家之董仲舒、何休传之）。以上二本皆无文，而口说传授者。"③ 这个《春秋》四本，实际就是《春秋》三部："一不修之《春秋》也，只有史文及齐桓晋文之事，而无义焉，此鲁史之原文也。一孔子已修

---

① 康有为：《春秋董氏学自序》，第 108 页。
② 同上书，第 109 页。
③ 康有为：《春秋笔削大义微言考》（上），蒋贵麟：《康南海先生遗著备刊》，宏业书局 1987 年版，第 24 页。

之《春秋》也，因其文而笔削之，因文以见义焉，此大义之《春秋》也，《公》、《穀》多传之。一代数之《春秋》也，但以其文为微言大义之记号，而与时事绝无关，此微言之《春秋》也，《公羊》家，董、何所传为多，而失绝者盖不知几矣。"① 最重要的是孔子《春秋》还可分为"已修之《春秋》"与"代数之《春秋》"，亦即"大义之《春秋》"与"微言之《春秋》"。前者至关重要，可见应用于"小康升平世"的"拨乱反正"之大义；后者更为根本，蕴藏应用于"大同太平世"的"文致太平"之微言。

建立在这种区分的基础上，康有为依次对鲁国12公进行对比分析，作了一个旨在实现"文献还原"与"义理还原"的大胆又小心的推理工作："今以《公羊》、《穀梁》、董仲舒、何休所称书、不书，而推鲁史'不修《春秋》'原文，以墨写在先，存为史文案稿；以《公羊》、《穀梁》、董仲舒、何休所称书、不书，而推出孔子笔削'已修之《春秋》'，以朱笔写改于墨字旁后，以明笔削之真迹，俾一览如见孔子修《春秋》原本。《公》、《穀》、董、何、刘向所传微言大义合辑之，于是孔子作《春秋》微言大义乃略发明；而教主改制、升平、太平之义，亦可一一而推之。"② 具体说来，就是"正文分三行平列，以阐发孔子笔削大义。第一条为'不修《春秋》'，即鲁史原文；第二条为孔子笔削之稿；第三条为'已修《春秋》'，即今《春秋经》也"。③ 在这3条列后，康有为以《公》、《穀》、董、何等公羊义为主，兼采他说进行综合分析，不时自觉不自觉地附加进一些近代西方的民主、自由、平等、博爱等思想。这样做，一方面，孔子《春秋》的微言大义好像在真切地还原；另一方面，康有为的微言大义又在悄悄地生成，客观性迷信与主观性创造自然而然地结合在了一起。

3. "一注一书"两项学术行为

康有为除了本着怀疑的精神，采用考证的方法，考究两大学术事件与两个学术经典外，还通过注解和创作两种学术行为，直接贯穿公羊精髓。

A. 《论语注》、《孟子微》、《大学注》、《中庸注》和《礼运注》

---

① 康有为：《春秋笔削大义微言考》（上），第40页。
② 同上书，第24—25页。
③ 同上书，第27页。

康有为对于经典研究，也依旧采取经学时代的惯用方式，即"我注六经"，但是他在"我注六经"时更为根本的是"六经注我"，把其他经典公羊化并阐发他杂合中西的思想观念。康有为所作的《中庸注》、《孟子微》、《大学注》、《论语注》、《礼运注》都可以明显地品味到浓厚的公羊学味道。与其他几个"注"采取逐条注解不同，《孟子微》是列总论、性命、身心、仁义、礼智、孝弟、仁不仁、王霸、仁政、同民、政制、外交、战、贵耻、师友、辩说、论古、辟异一共18个专题来进行"微"的。

在"注"和"微"中，《公羊》"三世"说非常灵活地运用到了相关解说中，特别引人注目。康有为在《论语注》中注"学而时习之"云："《白虎通》曰：'学者，觉也。'文从爻，杂物撰德，有所交效，包内外，兼人己，合知行，而成其觉者也。先觉觉后觉，后觉效先觉，故人物之异全视所觉，知觉之异全视所学。但时势不同，则所学亦异。时当乱世，则为乱世学；时当升平太平，则为升平太平之学。礼时为大，故学亦必随时而后适。孔子为时圣，学之宗师也。"① 这个看起来与三世毫无关系的命题，在康有为的笔下也建立了某种联系。《孟子微》对"亲亲、仁民、爱物"的微言可以深切地体会到一种"公羊化解释"："孔子立三世之法，据乱世仁不能远，故但亲亲；升平世仁及同类，故能仁民；太平世众生如一，故能兼爱。"② 亲亲、仁民、爱物分别纳入三世当中，体现了文明进化的特性。《中庸注》对"君子之中庸也，君子之时中"的注解也如是："孔子之道有三统三世焉，其统异，其世异，则其道亦异。故君子当因其所处之时，观其会通，以行其典礼。上下无常，惟变所适。"③ 诸如此类，不胜枚举。

至于《礼运注》对"大同小康"的注解，更是把大同小康与三世说融合在一起了："大道者何？人理至公，太平世大同之道也。三代之英，升平世小康之道也。孔子生据乱世，而志则常在太平世，必进化至大同，乃孚素志，至不得已，亦为小康……天下为公，选贤与能者，官天下也。夫天下国家者，为天下国家之人公共同有之器，非一人一家所得私有，当合

---

① 康有为：《论语注》，中华书局1984年版，第1页。
② 康有为：《孟子微》，楼烈宇《孟子微 中庸注 礼运注》（合刊本），中华书局1987年版，第11页。
③ 康有为：《中庸注》，中华书局1987年版，第192页。

大众公选有以任其职，不得世传其子孙兄弟也，此君臣之公理也。"① 康有为这个大同理解还渗透了近代西方的民主、平等、公有等观念。如果说康有为采用"注"与"微"这种传统的方式感到还无法自由地表达自己思想的话，那直接师心自用大书特书《大同书》来表达自己的社会理想就是不可避免的了。

B.《大同书》

该书共 30 卷，约 20 万字，分为 10 部，依次为甲部《入世界观众苦》、乙部《去国界合大地》、丙部《去级界平民族》、丁部《去种界同人类》、戊部《去形界保独立》、己部《去家界为天民》、庚部《去产界公生业》、辛部《去乱界治太平》、壬部《去类界爱众生》、癸部《去苦界至极乐》。10 部又可以归为 2 大部分，甲部与癸部构成一大部分，总讲人生苦界以及去苦界至极乐；中间 8 部构成一大部分，具体讨论如何去国、级、种、形、家、产、乱、类八界以实现大同境界。

《大同书》中最核心的主张和内容，梁启超概括为 13 点："1. 无国家，全世界置一总政府，分若干区域。2. 总政府及区政府皆由民选。3. 无家族，男女同栖不得逾一年，届期须易人。4. 妇女有身者入胎教院，儿童出胎者入育婴院。5. 儿童按年入蒙养院及各级学校。6. 成年后由政府指派分任农工等生产事业。7. 病则入养病院；老则入养老院。8. 胎教、育婴、蒙养、养病、养老诸院，为各区最高之设备，入者得最高之享乐。9. 成年男女，例须以若干年服役于此诸院，若今世之兵役然。10. 设公共宿舍、公共食堂，有等差，各以其劳作所入自由享用。11. 警惰为最严之刑罚。12. 学术上有新发明者及在胎教等五院有特别劳绩者，得殊奖。13. 死则火葬，火葬场比邻为肥料工厂。"② 这个大同理想涉及经济、政治、文化、社会、教育等各个方面，糅合了儒家的大同说，佛教、基督教的平等观念，达尔文的进化论，柏拉图的乌托邦以及傅立叶、欧文等空想社会主义内容，体现了康有为救苦救难、救国救民的人道主义精神，成为康有为思想中最有创造性的部分，也是最具空想性的部分。

梁启超将此书与《孔子改制考》一道比作"火山大喷火"、"大地震"，足见其影响巨大。"而有为始终谓当以小康义救今世，对于政治问

---

① 康有为：《礼运注》，中华书局 1987 年版，第 239 页。
② 梁启超：《清代学术概论》，第 79—80 页。

题，对于社会道德问题，皆以维持旧状态为职志。自发明一种新理想，自认为至善至美，然不愿其实现，其竭全力以抗之遏之；人类秉性之奇诡，度无以过是者。"① 康有为不愿实现大同理想，既关涉中国现实的国情，又与其思想的传统保守性有一定关系；既关涉大同理想本身的乌托邦空想性，又与其没有找到真正的社会力量和现实道路有关系。毛泽东曾指出："康有为写了《大同书》，他没有也不可能找到一条到达大同的路。"② 这可谓击中了问题的实质。

总体说来，康有为"著《伪经考》而别其真赝，又著《改制考》而发明圣作。因推《公》、《穀》、董、何之口说，而知微言大义之所存；又考不修《春秋》之原文，而知笔削改本之所托"。③ 加上"四注"、"一微"、"一书"以及其他一些著述口说，形成了一个比较完整系统的春秋公羊学架构，深得公羊要旨，在春秋学史与公羊学史上具有集大成者的地位和影响。

（四）义理经世极通公羊逻辑

梁启超在讲述其与康有为的分歧时说："启超与康有为最相反之一点，有为太有成见，启超太无成见。其应事也有然，去治学也亦有然。有为常言：'吾学三十岁已成，此后不复有进，亦不必求进。'启超不然，常自觉其学未成，且忧其不成，数十年日在旁皇求索中。故有为之学，在今日可以论定；启超之学，则未能论定。然启超以太无成见之故，往往徇物而夺其所守，其创造力不逮有为，殆可断言矣。"④ "太有成见"的康有为在其春秋公羊学研究中的最大特点是具有鲜明的公羊家立场。这种立场如果进行分解，就涉及经今文学家立场、公羊学家立场、政治家立场与经世致用立场。

在经学的思维框架中，本来经学家有不少共性，但自从有了经古文学与经今文学之分，两家在很多问题上存在着根本的对立。站在两家不同的立场上来展开研究，往往会得出完全不同的结论。康有为说："平先儒之争，先在辨今古之学……古学者，周公之制；今学者，孔子改制之作也。

---

① 梁启超：《清代学术概论》，第82页。
② 毛泽东：《论人民民主专政》，第1471页。
③ 康有为：《春秋笔削大义微言考》（上），第8页。
④ 梁启超：《清代学术概论》，第89—90页。

辨今古礼，当先别其书。古学者，周公之制，以《周礼》为宗，《左》、《国》守之。孔子改制之作，《春秋》、《王制》为宗，而《公》、《穀》守之。"① 由此可见，两家对立的根本原因就在对"经"与"制经者"关联的不同认定上，说到底，就是在对六经与孔子的关系认定以及由此衍生的孔子身份角色的认定上。康有为认为，"六经"为孔子托古改制而作，孔子是"改制之王"，孔子带罪作经负载微言大义，还口说传授微言大义与"非常异义可怪之论"。康有为的这种立场确定以后，他考证所引用的材料服从的逻辑就有可能不再是"材料证实客观史实的逻辑"，而是"材料证实主观立场的逻辑"，尽管这种考证也借着"材料证实客观史实的逻辑"进行。康有为曾说："'六经'中之尧、舜、文王，皆孔子民主、君主之所寄托，所谓尽君道，尽臣道，事君治民，止孝止慈，以为轨则，不必其为尧舜文王之事实也。"② 在康有为的考证中，经今文学家的观念立场与两种"材料逻辑"始终纠结在一起，客观性迷信与主观性臆断始终纠结在一起。

经古文学家与经今文学家的对立特别体现在春秋学的研究当中，左传学家与公羊学家各自形成了相互对立的学派、立场与传统。在春秋学的框架内，由经今文学家深入，康有为立即就呈现出他的春秋公羊家立场。他说："若学孔子，而不学《春秋》，是欲其入而闭其门也……故学《春秋》者，在其义，不在其事与文。然则《公》、《穀》是而左氏非也……《春秋》所以宜独尊者，为孔子改制之迹在也。《公羊》、《繁露》所以宜专传信者，为孔子改制之说在也。"③ 这是着力拔高《春秋》与《公羊》的地位和作用。又说："其传《春秋》改制当新王继周之义，乃见孔子教主之证。尤要者据乱、升平、太平三世之义，幸赖董、何传之，口说之未绝，今得一线之仅明者此乎！今治大地升平、太平之世，孔子之道犹能范围之。若无董、何之传，则布于诸经，率多据乱义，孔子之道不能通于斯世矣。"④ 这是特标孔子教主地位和作用以及董仲舒与何休口说传经的地位和作用。至于说："故凡《春秋》之说，皆托以立义，当观其通。鲁非天下而托为天下，隐公非王而托为王，隐公非受命王而托为受命王，皆假托

---

① 康有为：《教学通义》，河北教育出版社1996年版，第90页。
② 康有为：《孔子改制考》，河北教育出版社1996年版，第609页。
③ 康有为：《桂学答问》，《康有为全集》（二），上海古籍出版社1990年版，第52—53页。
④ 康有为：《春秋笔削大义微言考》，第17页。

以立义，万不可泥。"① "盖《春秋》以明义为主，但托之于事耳。孔子曰：'我若见之空言，不如托之行事之博深切明。'若得鱼忘筌，既知其义则事可略之矣。"② 无疑凸显了公羊家对于义理与事实的态度以及假托立义的独特言说方式。作为一个公羊家，在立场与材料、思想与事实、论与史的关系上，最重要的是立场、思想和论点，材料、事实、历史不过是表达立场、构建思想、生成论点的工具而已。

公羊学家的这种立场又常常表现为一种执着的信仰："读《公羊》先信改制，不信改制，则《公羊》一书，无用之书也。"③ 这种信仰的最关键点是一种政治信仰与立场，即孔子务必为王，否则政治不可能走向良善："自刘歆以《左氏》破《公羊》，以古文伪传记攻今学之口说，以周公易孔子，以述易作，于是孔子遂仅为后世博学高行之人，而非复为改制立法之教主圣王，只为师统而不为君统。诋素王为怪谬，或且以为僭窃。尽以其权归之人主。于是，天下议事者引律而不引经，尊势而不尊道。其道不尊，其威不重，而教主微；教主既微，生民不严不化，益顽益愚。皆去孔子素王之故。"④ 康有为确立了"孔子为制法之王"的政治信仰后，从"孔子为新王"、"孔子为素王"、"孔子为文王"、"孔子为圣王"、"孔子为先王"、"孔子为后王"、"孔子为王者"、"孔子托王为鲁"来继续深入考证，也就不过是增强这种信仰罢了。可问题是，材料本身有本来的历史材料与书写的历史材料之分，书写的历史材料有真实反映客观史实与真实表现主观愿景之别。因此，"孔子为王"作为一个客观的历史事实本身还需要更多反映客观史实的材料来印证，恐怕就不是文献材料能考证出来的。当然"孔子为王"作为文化认同或主观愿景或历史信仰，那这样的考证其实也是可有可无的。康有为主观性太强，犯科学家大忌，那即便是运用考证的办法也难以让人信服。钱穆在《刘向歆父子年谱自序》中指出康有为考证刘歆作伪"不可通者二十有八端"⑤，应该说是发人深省的。

必须特别指出的是，政治家的立场注定要把外王事功摆在优先位置，

---

① 康有为：《春秋笔削大义微言考》，第42页。
② 同上书，第76页。
③ 张伯桢：《康南海先生讲学记》，《康有为全集》（二），上海古籍出版社1990年版，第247页。
④ 康有为：《孔子改制考》，第519页。
⑤ 钱穆：《两汉经学今古文平议》，商务印书馆2001年版，第1页。

因而一切学问最好最终都指向现实实践,即所谓"经世致用":"圣人之言,非必义理之至也,在矫世弊,期于有益而已。"①公羊家对历史事实本身素来不太重视,主要关注义理,可是就在"义理"与"经世"之间,"经世"还要处于优先地位:"孔子之学,有义理,有经世。宋学本于《论语》,而《小戴》之'大学'、'中庸'及《孟子》佐之,朱子为只嫡嗣。凡宋明以来之学,皆其所统。宋、元、明及国朝《学案》,其众子孙也,多于义理者也。汉学则本于《春秋》之《公羊》、《穀梁》,而《小戴》之'王制'及《荀子》辅之,而以董仲舒为《公羊》嫡嗣,刘向为《穀梁》嫡嗣。凡汉学皆其所统,《史记》、《两汉》君臣政议,其支派也,近于经世者也。"②从某种意义上说,他之所以特别器重春秋公羊学,是因为他也可以像孔子独作《春秋》那样能著书立说以"求道",最终矫弊经世以"致用"。"致用"第一义的思想在康有为那里还有狂者的个性表达:"又爱张江陵之言曰:'吾平生学在师心,不但一时之毁誉有所不计,虽万世之是非,有所不计也。'又曰:'余有一宏愿,愿以身为蓐荐,使人寝处其上,溲溺垢秽之,吾无问焉,期有济于世而已。'仆窃愿有然。自愿其身,不甚可爱,多生数十年无大补于世,虽德行高妙,著述繁富,亦觉无谓。"③康有为对时局的最大忧患是"今天下博闻强识之士不少。患无知道者,尤患无任道者"。④知道求真至关重要,任道求用最为根本。生当国家内忧外患之时,树立孔子教主地位和改制标杆,借用历史考证再生微言大义以求人类公理和大同理想,力主经世致用以推动维新变法,可谓康有为的公羊逻辑。

二 蒋庆的政治儒学

近年来,中国大陆出现了一个所谓"浮出水面"的大陆新儒学团体⑤。

---

① 康有为:《康子内外篇》,中华书局1988年版,第26页。
② 康有为:《长兴学记》,《长兴学记 桂学答问 万木草堂口说》(合刊本),中华书局1988年版,第16页。
③ 康有为:《与沈刑部子培书》,蒋贵麟编《万木草堂遗稿》(卷四),成文出版社1978年版,第265页。
④ 同上书,第264页。
⑤ 方克立:《甲申之年的文化反思:评大陆新儒学"浮出水面"和保守主义"儒化"论》,《中山大学学报》(社会科学版)2005年第6期。

此团体中，代表人物蒋庆格外引人注目。与早期文化保守主义者不同，蒋庆特别重视儒家公羊学政治传统的当代价值，推崇一个有别于港台新儒家的政治儒学，表现出一个政治保守主义者的姿态。政治儒学以重视阐发"微言大义"，多"非常异义可怪之论"的公羊学为理论基础和价值源头，在对儒学文化的现代解释和理论升级上也颇多"非常异义可怪之论"，有些观点难免偏颇和主观任性，引来非议。尽量客观理性地直指政治儒学整个理论的思想中心，揭示整个理论的偏至所在，或许有助于对政治儒学进行更为科学的认识与评价。

（一）政治儒学的思想中心

蒋庆政治儒学的代表作主要有《公羊学引论》、《政治儒学：当代儒学的转向、特质与发展》、《生命信仰与王道政治：儒家文化的现代价值》、《以善致善：蒋庆与盛洪对话》等著作以及《关于重建儒教的构想》、《儒学在当今中国有什么用？》等论文。其思想中心可以概括为：儒学有心性儒学与政治儒学两个并列的传统，政治儒学不是政治化的儒学，公羊学是政治儒学的正宗，公羊学政治儒学可以解决现代中国政治社会问题，而且这种解决是真正的中国式解决，能够避免西化或变相西化，克服西方文化的弊端，因此复兴中华民族就要复兴儒学，复兴儒学就要复兴政治儒学，复兴政治儒学就要复兴公羊学。只有以儒家文化为指导思想，并将其重新制度化落实到各个社会层面，才能实现中国式的现代化。具体说来，突出表现在以下五个方面：

一是从政治意识形态出发，严格区分政治儒学与政治化儒学，指出两者区别的标志就在是否具有批判性，是否直接无原则维护社会政治秩序，将现存制度永恒化和绝对化。政治化儒学没有批判性，是直接维护现实的意识形态。相反，政治儒学反对把君主制度绝对化、永恒化与神圣化。政治儒学是以儒学指导政治、转化政治、以政治为关注对象的儒学，是批判儒学、外王儒学、制度儒学、希望儒学与实践儒学，重视现实政治实践和社会制度建设，主张用制度批判人性，用新制度批判旧制度，认为政治批判与制度批判具有理想的和历史的双重标准。①

二是从儒学流派特征出发，严格区分心性儒学与政治儒学，指出两者

---

① 蒋庆：《公羊学引论》，辽宁教育出版社1995年版，第1—60页。

不是线性派生关系而是结构并列关系，认为心性儒学特别是港台新儒学只注重个人道德与生命问题，具有极端个人化、形上化、内在化、超越化倾向，将儒学封闭在生命心性、局限在个体存在、禁锢在形上超越的领域，而且内圣开新外王的政治主张无法将儒家政治理想落实到当代中国社会现实，无法建立体现儒家理想的政治法律制度，无法继承儒学全副精神特别是儒家政治智慧。心性儒学采用由内穷外（程朱学）、摄外归内（陆王学）、由下而上（曾思学）的线性思维方式，始终不离生命心性。相反，政治儒学采取站在世界之中来进行思考的向世界开放的结构性思维方式，重心落在世界中的结构、事件及其相互关系，关注社会现实和当下历史，重视政治实践和制度批判[1]。

三是从儒家政治传统出发，严格区分经古文学与经今文学，认为古文学是政治化儒学，没有批判精神和距离意识，只有公羊学才是真正的政治儒学，公羊学不仅重视批判，而且重视政治和制度批判（以区别纯道德批判），重视理想和历史双重批判（以区别单向度批判）；公羊学既不是意识形态也不是乌托邦空想，公羊政治大义主要包括《春秋》新王与王鲁说、孔子为王与改制说、天子一爵与天人感应说、夷夏说、经权说、张三世说、大一统说、通三统说、大复仇说等，每一大义都有现代可资借鉴的政治资源。公羊学的王道政治、一统政治、礼乐政治、道德政治是当代中国政治文化重建的基本资源。

四是从中国当代社会实际出发，强调指出政治儒学可以解决现代社会政治问题，其基本理论主张是重建"以中国解释中国"的文化解释系统[2]，充分挖掘公羊学"以制说经"的政治儒学传统，超越西方民主回归儒家本源，以儒家大一统政治智慧为重要资源来重建中国政治文化，以王道政治为理论基础来论证中国政权合法性，以儒家文化为深厚资源来建构中国式市民社会，建立中国实质性的民族主义，作为中国式现代化的精神特质与文化方向，应对全球伦理与全球化运动。

五是从复兴儒学的直接实践出发，试图将儒学制度化到具体的操作层面，形成广泛的儒学复兴政治社会实践。具体实践主张包括以推崇儒家经

---

[1] 蒋庆：《政治儒学：当代儒学的转向、特质与发展》，生活·读书·新知三联书店2003年版，第11—57页。

[2] 蒋庆、盛洪：《以善致善：蒋庆与盛洪对话》，上海三联书店2004年版，第1页。

典为核心的读经运动①，以重建中国儒教为主旨的教育体制改革，以全面复兴儒学为目的上下（国家政府与民间社会）兼顾的双行政治路线实施，以"代表人心民意的庶民院"、"代表天道价值的通儒院"、"代表历史文化的国体院"为基本架构的"儒家议会三院制"政治体制设计等。

从政治儒学的思想中心可知，蒋庆本人是想做一个深入学习、广泛宣传、现代解释、忠实信仰、积极践行儒家文化的当代新儒家，做一个坚守传统经典、热衷经学思维、力行自我主张、乐为参政议政的公羊学家，做一个独尊儒术、以儒家文化一统天下、全面指导中国现代化建设的现代圣王孔子。

（二）政治儒学的理论偏至

在一个价值多元、思想宽容、政治民主的现代社会，蒋庆独立特行，有自己的价值信仰并为自己的信仰而设坛讲学，乐为布道，积极活动，作为一个有相当社会良知的知识分子那当然无可厚非，甚至值得钦佩。但是按照儒家"修齐治平"的理想，如果要将其个人主张作用于整个中国社会，就必须谨慎地考量其理论和实践主张本身的真理性与可行性。从纯粹学理角度来审视，至少在思维方式、学术研究、政治设计上，政治儒学还具有相当的理论偏至。

从思维方式来看，现代中国人需要的是全球眼光、现代意识、辩证理性、求是态度、实践精神。思考问题和构想理论都需着眼中国革命、建设、改革实践与理论发展过程的正反经验，正视不断变化的社会新矛盾、新问题与新任务，直面日新月异的实践创新、制度创新与理论创新。政治儒学几乎将自己的视野定格在道德理想的系谱、传统文化的框架、经学思维的范围、儒学万能的神话、家法学派的偏见中，尽管有意竭力避免走向思维偏执，但实际上还是不自觉地存在思维短视、自我中心倾向。按照政治儒学所主张的向世界开放的结构性思维，就必须客观地认识到经济基础与政治、观念上层建筑的关系，不能抽象地谈论道德。政治是经济的集中体现，离开经济抽象地谈政治必然无法真正解决政治合法性问题。大家都明白，政治文化资源也不是一个政治儒学传统所能独揽。

---

① 胡晓明：《读经：启蒙还是蒙昧？——来自民间的声音》，华东师范大学出版社2005年版，第3—13页。

从学术研究来看，政治儒学基本上站在公羊家的立场研究儒学，带着理想纯化的心态，自然多少具有自恋情结，至少是缺乏对公羊学政治思想的客观考察与内外批判，尤其是缺乏对公羊学政治理念的历史的具体的解析，停留在抽象的"理想类型"阐发上，所以就是想真正摆脱乌托邦色彩也显得困难。公羊家素来重视"以义解经"、"借事明义"，寄托自己的"非常异义可怪之论"，阐发自己的"一家之言"。这固然可能有创造性的新见，但未必就有真理性。政治儒学对传统公羊学带有颇多个人眼光和自我意识。比如，孔子是否作《春秋》本是学术公案，没有定论，可政治儒学却坚持认为《春秋》经、传、说、记都本自孔子，但事实是否如此，因为死无对证，至少还有待商榷。其实，公羊家有此文化认同倒也是历史事实，但文化认同未必就是历史事实。公羊家可以说，这是借事明义，问题是这个"义"本身也未必"正"。稍微深入公羊学政治思想内部，就不难发现公羊学既有理想的一面，有乌托邦色彩，也有现实的一面，有意识形态功能。阅读《公羊传》，可见公羊家阐发的《春秋》经义主要是尊尊、亲亲、贤贤、一统四义。尊尊包括尊王、尊君、尊礼，这里虽有尊理想的王、君与礼的一面，但也有强烈地维护等级特权、封建专制的一面。亲亲内涵维护封建宗法人伦，维护家庭中的家长专制、政治上的君主专制与任人唯亲。贤贤包括权变、复仇、礼让、仁爱等当时认为重德重才的内容，但有些大义古代本有争议，更何况中国古代社会的道德和人才标准本身也不是没有问题，而且贤贤还以尊尊、亲亲为贤，同样包含维护等级特权、封建专制的内容。"一统"说到底也是以尊尊、亲亲、贤贤为核心观念的"礼乐制度"一统天下，说成是一统于"王"、"君"与"礼"也未尝不可，里面确实有与现代社会生活和民主政治相悖的"以礼杀人"的思想观念。政治儒学对此等实质性内容避开不谈，难免背离严肃认真全面的学术探讨。学术如果仅仅热衷于阐发"理想类型"自说自话，谁能保证不会自觉不自觉地将古人思想现代化，或是将现代思想古代化呢？至于运用"二元对立"、"主观设定"思维把儒学一分又再分为并列对立不容的两派，不能不让人联想到狭隘的家法师法、门户偏见，这样的话，作为一个整体的儒学也就难窥全貌，当然也无法准确理解儒学伦理与政治互摄的特质。其实，公羊学本质上是对历史作道德批判来由此阐发一些实践法则，深层理论基础还是心性儒学，就如政治儒学所重视的政治道德，以善治善。

从政治设计来看，儒家文化的政治智慧毫无疑问要吸收到当代中国的政治文化与制度建设中来。但政治儒学的读经观总是让人自然地联想到那曾经神圣化与权威化的圣人观、天才观等唯心史观内容，至于里面让人领悟出来的或多或少独尊儒经、精英卫道、神道设教内容，显得还是与当代素质教育的根本精神不尽相符，很有可能使本身重视批判的政治儒学事实上远离文化批判精神，有悖人们汲汲追求的文化民主化、大众化与科学化。政治儒学的儒家议会三院制以三重合法性为依据，似乎漠视政治自身的逻辑与世界普遍接受的民主理念，漠视"一切权力属于人民"的《宪法》精神。三院制将人民权利与权力削为三分之一，搬来封建陈旧的帝王和圣贤血统，恐怕有逆现代政治民主化主流，倒退到传统儒家民心论与民本论层次，为政治专制服务的嫌疑。至于用儒学文化来全面指导中国现代化建设，试图模仿"汉儒"通过将儒家经典权威化、儒家思想社会化、政府首脑和官员儒士化、政治制度儒学化来推行儒术独尊，恢复儒学的"王官学"即"国家意识形态"地位，显然意在儒化共产党、儒化马克思主义、儒化中国，试图取消中国共产党的领导地位、取消马克思主义与中国化马克思主义的指导地位，改变中国特色社会主义现代化建设道路。这无论在理论上还是在实践上都是令人担忧的。在这百年来中国革命、建设、改革的实践中，中国人民选择了中国共产党，选择了马克思主义，选择了社会主义道路，这是历史的必然。这是谁也无法否定的事实。在当今社会，政治民主化进程不可逆转，政治儒学的基本理论和实践主张如果说具有一定深刻性，那也只是"片面的深刻性"。

第八章 儒家政治文化的核心元素与精神特质

公羊家政治哲学与儒家政治文化存在内在的关联，从儒家政治文化的核心元素、精神特质和当代启示来考察，不难体会到公羊家政治哲学对传统儒家政治文化的深刻影响。自近代以来，儒家政治文化曾被简单地等同于封建文化，曾被简单地当作政治保守主义，曾接受来自儒学内部与外部的无情批判。毫无疑问，儒家政治文化在封建专制社会维护着封建君主专制和宗法社会秩序，诸如王权主义、等级特权思想、家长制作风、官本位情结、封建礼教等不少内容虽然已经过时，但有些内容又顽强地在当代社会死灰复燃，批判的任务始终没有完成。因此，理性批判儒家政治文化的核心内容与积极发掘儒家政治文化的优质资源必须同时进行，只有这样才能避免从儒家政治文化虚无主义这一个极端走向政治儒学文化保守主义另一个极端。整体把握儒家政治文化的特质，批判继承儒家政治文化，充分挖掘其合理内核，对于当代社会的中国特色社会主义政治文明建设想必不无裨益。

一 儒家政治文化的核心元素

中国古代各家各派的思想中心和焦点意识都落在"务为治者"上。恰如司马谈论"六家要指"所言："《易大传》：'天下一致而百虑，同归而殊途。'夫阴阳、儒、墨、名、法、道德，此务为治者也，直所从言之异路，有省不省耳。"（《史记·太史公自序》）力主自强不息、刚健有为、积极入世的儒家更是长期聚焦社会政治，形成了以一统政治、伦理政治、圣贤政治、民本政治为核心元素的独特政治文化，在中国古代社会发挥着超稳定的结构功能，产生了持续深远的影响。

1. 一统政治是儒家政治文化的核心

儒家政治文化的核心是一统政治，把政治追求的目标定位在权威、秩序、稳定上。儒家经典《尚书·益稷》所言"光天之下，至于海隅苍生，万邦黎献，共为帝臣"，俨然把所有人都置于帝王之下。《诗经·小雅·北山》所云"普天之下，莫非王土；率土之滨，莫非王臣"，更把"王天下"作为一种政治追求。《礼记·明堂位》所称周公"朝诸侯于明堂，制礼作乐，颁度量而天下大服"，进一步把王天下奠基在"礼乐文明"上。儒家创始人孔子，通过"有道"与"无道"的社会时世比较，极力推崇礼乐文明，高度赞赏"礼乐征伐自天子出"（《论语·季氏》），认为天子一统天下才是"有道"的标志。管仲因为能够"一匡天下"而且"民受其赐"，即便辅佐"霸诸侯"，也被孔子不顾学生质疑而"许仁"（《论语·宪问》）。春秋战国时期，儒家最重要的两派代表人物孟子、荀子也强烈要求王者一统天下。翻开《孟子》一书，到处都是讨论如何"王天下"与"定于一"（《孟子·梁惠王上》）。翻开《荀子》一书，讨论如何"调一天下"（《荀子·儒效》）、"齐一天下"（同上）并实现"四海之内若一家"（《荀子·王制》）也屡见不鲜。影响深远的"一统"概念首见于《公羊传》隐公元年："王者孰谓？谓文王也。曷为先言王而后言正月？王正月也。何言乎王正月？大一统也。"经过公羊家的解释，政治一统与文化一统等多重意义表现得越发明显。从董仲舒答汉武帝策问指出"《春秋》大一统者，天地之常经，古今之通谊"（《汉书·董仲舒传·对策三》）时开始，儒家把"一统"提高到了前所未有的高度。自从汉代为了实现思想一统把儒家思想作为国家意识形态来建设，此后儒家文化一统在现实政治力量的强有力支持下深入到中国人的心灵深处，渗透到中国社会的各个领域，积淀成中华民族文化心理结构的重要组成部分。儒家一统政治要求一统于君王、一统于文礼、一统于儒术，不断得以强化固化。

2. 伦理政治是儒家政治文化的根基

儒家政治文化的根基是伦理政治，始终把政治活动的基础扎根在道德、人伦、血亲上。《尚书·尧典》所言"克明俊德，以亲九族。九族既睦，平章百姓。百姓昭明，协和万邦，黎明于变时雍"，《大禹谟》所言"德惟善政，政在养民"，《蔡仲之命》所言"皇天无亲，惟德是辅。民心无常，惟惠之怀。为善不同，同归于治；为恶不同，同归于乱"，等等，说明儒家所推崇的圣王已经实际上把伦理政治置于神权政治之上。儒家继承了三代圣王的"克明俊德"、"政在养民"、"惟德是辅"、"为善于治"等德治善治理念，充分表达了对"政治的善"与"善的政治"的渴求。孔子以"正"来解"政"，提出"政者，正也"（《论语·颜渊》）的主张，明确地从道德的角度来理解政治，把政治道德化。孔子的政治理想是"为政以德，譬如北辰，居其所而众星共之"（《论语·为政》），建设道德政治。孔子有"仁者爱人"（《论语·颜渊》）之说，立足人伦关系把道德从家延伸到国，推行伦理政治。仁者爱人的"爱"是立足在剪不断的、温情脉脉的血缘根基上的"爱"："君子务本，本立而道生。孝弟也者，其为仁之本与！"（《论语·学而》）在家庭人伦中，以我为支点，父母子女、兄弟姊妹之间的纵向（孝）和横向（悌）亲情关系，涵盖了血缘关系的全部内容。孔子把父子关系与君臣关系联系在一起，将父子关系与君臣关系直接进行类推，认为齐家是治国平天下的基础："出则事公卿，入则事父兄。"（《论语·子罕》）孟子干脆把"天下国家"当作恒言，把天下邦国归结于齐家修身："天下之本在国，国之本在家，家之本在身。"（《孟子·离娄上》）荀子明确从治理角度把君父、家国直接类比等同，认为"君者，国之隆也；父者，家之隆也。隆一而治，二而乱"（《荀子·致士》）。后来儒家主张"移孝作忠"，由家及国，进一步发展了这种伦理政治。董仲舒把人伦与天道结合起来，认为"王道之三纲，可求于天"（《春秋繁露·基义》），用人为尊卑化的阴阳来类比"三伦"关系，指出"君臣父子夫妇之义，皆取诸阴阳之道。君为阳，臣为阴；父为阳，子为阴；夫为阳，妻为阴。阴道无所独行，其始也不得专起，其终也不得分功，有所兼之义。是故臣兼功于君，子兼功于父，妻兼功于夫，阴兼功于阳，地兼功于天"（《春秋繁露·基义》），直接把政治锁定在已经政治化的人伦三纲上，既使政治伦理化，又使伦理政治化。帝王亲自裁制的儒家通义"君为臣纲，父为子纲，夫为妻纲"（《白虎通·三纲六纪》）进一步强化了此后儒家政治文化的伦理基调。

3. 圣贤政治是儒家政治文化的标志

儒家政治文化的标志是圣贤政治，始终把政治实现的希望寄托在圣贤的德性、能力和智慧上。儒家认为，一切政治活动都是由政治主体发动的，政治主体的德性直接会影响行为善恶和社会治乱。儒家学者始终把目光集中在政治活动主体的道德修养上，正所谓"自天子以至于庶人，壹是皆以修身为本"（《礼记·大学》）。《大学》的"内圣外王"纲领，就是孔子"修己安人"的翻版。孔子始终强调为政者要修身正身，然后方可正人正物，正所谓"苟正其身矣，于从政乎何有？不能正其身，如正人何？"（《论语·子路》），如果为政者"其身正，不令而行；其身不正，虽令不从"（同上）。圣贤政治就是把政治良善寄托在个体道德修养上。孔子讲为仁由己，孟子讲尽心养性，荀子讲修身积德，董仲舒讲仁义在我，朱熹讲穷理灭欲，陆九渊讲发明本心，王阳明讲知行合一、致良知，等等，无不倡导个体在道德境界上超越自然生命不断努力提升。在中国古代社会，天子、人君操生死大权，天子、人君的"修己"对于整个社会具有决定性作用。孔子讲君君臣臣与老少安怀，孟子讲格君心之非与一正君而国定，荀子讲君师者治之本，《大学》讲诚意正心与修齐治平，董仲舒讲"为人君者，正心以正朝廷，正朝廷以正百官，正百官以正万民，正万民以正四方"（《汉书·董仲舒传》），等等，无不彰显帝王君主的外王事功需要以内圣德性为前提。内圣德性的要义全在人性、人心、人格。孔子的"修己安人"纲领在宋儒真德秀的《大学衍义》与明儒丘濬的《大学衍义补》有更为充分的衍义，简直把对人心的重视发挥到了极致。宋儒真德秀在《大学衍义》中说："盖朝廷者天下之本，人君者朝廷之本，而心者又人君之本也。人君能正其心，湛然清明，物莫能惑，则发号施令罔有不臧而朝廷正矣。朝廷正则贤不肖有别，君子小人不相易位而百官正矣。"[1] 明儒丘濬在《大学衍义补》中说："臣惟《大学》一书，儒者全体大用之学也。原于一人之心，该夫万事之理，而关乎亿兆人民之生。其本在乎身也，其则在乎家也，其功用极于天下之大也。圣人立之以为教，人君本之以为治，士子业之以为学，而用以辅君。是盖六经之总要，万世之大典。二帝三王以来，传心经世之遗法也。孔子承帝王之传，以开百世儒教之宗，其所以立教垂世之道，为文二百有五言。凡夫上下古今，百千万年，所以为学、为教、为治之道，皆不外乎是。"[2] 这两者的洞察进一步突出了儒家把秩序治理扎根在个体修养上的逻辑进路。儒家推崇圣君贤臣的清官情结在残酷的现实政治生活反衬中越发得以彰显，散发着持久的魅力。所以，孟子所言"贼仁者谓之'贼'，贼义者谓之'残'。残贼之人谓之'一夫'。闻诛一夫纣矣，未闻弑君也"（《孟子·梁惠王下》）的话一直使后来的君

---

[1] 朱人求校点：《大学衍义》，华东师范大学出版社2010年版，第22页。
[2] 丘濬：《大学衍义补》，京华出版社1999年版，第2页。

王闻之而无不胆寒，一直产生振聋发聩的作用。

4. 民本政治是儒家政治文化的灵魂

儒家政治文化的灵魂是民本政治，始终把政治永续安扎在民本、民心、民服上。《尚书·泰誓》所言"天矜于民，民之所欲，天必从之"（上），"天视自我民视，天听自我民听。百姓有过，在予一人，今朕必往"（中），《皋陶谟》所言"天聪明，自我民聪明。天明畏，自我民明畏"，《五子之歌》所言"皇祖有训：民可近，不可下。民惟邦本，本固邦宁"，《洪范》所言"天子作民父母，以为天下王"，等等，从天与民、邦与民、王与民的关系角度把民摆在了一个非常重要的位置。儒家注重立足社会关系来理解"民"的价值和意义。被谭嗣同指为两千年皆荀学的《荀子》中也照样有"君舟民水"的至理名言："《传》曰：'君者，舟也；庶人者，水也。水则载舟，水则覆舟。'"（《王制》）不为宋儒正统人士所乐道的荀子和董仲舒有至今都难能可贵的"君王为民"与"为民革命"思想："天之生民，非为君也；天之立君，以为民也。故古者，列地建国，非以贵诸侯而已；列官职，差爵禄，非以尊大夫而已。"（《荀子·大略》）"且天之生民，非为王也，而天立王以为民也。故其德足以安乐民者，天予之；其恶足以贼害民者，天夺之。《诗》云：'殷士肤敏，祼将于京。侯服于周，天命靡常。'言天之无常予，无常夺也。故封泰山之上，禅梁甫之下，易姓而王，德如尧舜者七十二人。王者天之所予也，其所伐皆天之所夺也，今唯以汤武之伐桀纣为不义，则七十二王亦有伐也。推足下之说，将以七十二王为皆不义也！故夏无道而殷伐之，殷无道而周伐之，周无道而秦伐之，秦无道而汉伐之。有道伐无道，此天理也，所从来久矣，宁能至汤武而然耶？"（《春秋繁露·尧舜不擅移汤武不专杀》）立足历史经验与道德理性的这种"立君为民"、"革命有理"思想虽然还是从"天命"、"天理"的角度，而不是从"民本身"的角度立论，但无疑将民本思想推向了一个新的高度。《礼记·缁衣》有言："民以君为心，君以民为体。心庄则体舒，心肃则容敬。心好之，身必安。君好之，民必欲之。心以体全，亦以体伤；君以民存，亦以民亡。"这种"君心民体"的观点进一步凸显了儒家对君臣互存性、依赖性的认识。"为君为民"的思想争论一直到明代都不曾停息："古者以天下为主，君为客，凡君之所毕世而经营者，为天下也。今也以君为主，天下为客，凡天下之无地而得安宁者，为君也。"(《明夷待访录·原君》)① 古今对比的实情未必如此，但托古以求思想解放无疑振奋人心。由以上民惟邦本、立君为民、君舟民水、民贵君轻、君心民体、君客天下主等一系列提法不难看到，儒家对"民"的重视简直无以复加。到底如何为民呢？儒家创始人孔子阐发了重民、爱民、富民、教民、安民、惠民、使民、举民等一系列民本观点，重点在"使民"与"民服"上做文章，使儒家的民本观念具有更丰富的内涵。孟子更直接地从民贵君轻、重民生、制民产、除民害、得民心、与民乐等方面进行详细阐发，重点在"民心"与"民生"上做文章，使民本观念更加具体而微。丘浚在论"固邦本"中紧扣一个"民"字进行归纳也非常直截了当，内容包括蕃民之生、制民之产、重民之事、宽民之力、憨民之窈、恤民之患、除民之害、择民之长、分民之牧、询民之虞等多个方面。

由上可见，之所以说一统政治、伦理政治、圣贤政治、民本政治是儒家政治文化的核心元素，因为这些元素是儒家之所以是儒家的标志，一直受到儒家最普遍的尊重，一直受到儒家最反复的演绎，一直受到儒家最广泛的实践，一直受到儒家最持久的传承。毫无疑问，以上这些核心元素并非彼此孤立的，而是相互交叠的，其中，一统政治作为核心统摄伦理政治、圣贤政治与民本政治。

二 儒家政治文化的精神特质

儒家以四大核心元素组成的政治文化不仅讨论政道，而且讨论治道，涉及政治秩序性、政治合法性、政治伦理性、政治主体性、政治批判性、政治规范性等一系列问题。而每一个方面既包含了儒家立足政治历史现实又试图超越政治历史现实的理想主义色彩和乌托邦情结，又包含了儒家屈从政治历史现实且竭力维护政治历史现实的现实主义精神和意识形态本质。儒家政治文化的内在矛盾性为后代学者的批判继承提出了严峻的挑战，因为没有内在的同情性了解与外在的理智性超越都无法摆脱儒家政治文化的或显或隐影响。

1. 儒家一统政治的精神特质

儒家一统政治主张尊王尊君、王道仁政、等差秩序、和谐稳定，本质

---

① 《黄宗羲全集》第1卷，浙江古籍出版社1985年版，第2页。

上归于王权主义，与民权根本无关。具体说来，一是儒家所讲的一统包括多个方面和多个向度，突出表现为对一统秩序、一统权威、一统文化的推崇。从孔子开始，特别是公羊寿、董仲舒、何休等儒家公羊学者对大一统进行了深入阐发，如果动态地讲，一统是一个王道由古到今，由内向外的历史发展过程，是一个王道在"三世"与"内外"的时空中的具体呈现过程，是一个"文致太平"的政治理想进化过程。如果静态地说，一统包括疆土一统、军事一统、经济一统、政治一统、制度一统、文化一统、宇宙一统等不同方面，而核心是政治一统，源头是宇宙一统，实质是制度一统，灵魂是文化一统与价值一统。如果具体地讲，一统说到底就是一统于王道仁政至善、一统于王权君权礼治、一统于尊尊亲亲贤贤、一统于儒学儒术儒教。如果就功能讲，一统就是要"以一持万"、"执一统众"、"一统归一"，实现一个超稳定的社会秩序、政治秩序、心理秩序。儒家对一统于谁、一统什么、如何一统、为何一统的思考算是精微。

二是儒家推崇的一统秩序是一个等差的政治秩序、伦理秩序、心理秩序。孔子说："天下有道，则礼乐征伐自天子出；天下无道，则礼乐征伐自诸侯出。自诸侯出，盖十世希不失矣；自大夫出，五世希不失矣；陪臣执国命，三世希不失矣。天下有道，则政不在大夫。天下有道，则庶人不议。"（《论语·季氏》）有道的社会就是一个等差有序的社会，天子、诸侯、大夫、庶人各安其位，各司其职，各享其乐。儒家对宗法社会的政治等级秩序结构的建立与设置有这般思考："天子建国，诸侯立家，卿置侧室，大夫有贰宗，士有隶子弟，庶人工商各有分亲，皆有等衰。是以民服事其上而下无觊觎。"（《左传·桓公二年》）天子、诸侯、卿、大夫、士、庶人工商是政治生活的主体，国、家、室、宗、隶子弟、分亲是政治治理的对象，上下一贯，构成了一个等差有序的政治结构体。儒家这种等差秩序主要体现在"礼"的规定上。荀子对"礼"的等差性阐发得最清楚："礼者，贵贱有等，长幼有差，贫富轻重皆有称者也。"（《荀子·富国》）"亲亲、故故、庸庸、劳劳，仁之杀也。贵贵、尊尊、贤贤、老老、长长，义之伦也。行之得其节，礼之序也。仁，爱也，故亲。义，理也，故行。礼，节也，故成。"（《荀子·大略》）汉儒贾谊把等差之"异"及其巨大功能说得无比巨细："奇服文章，以等上下而差贵贱。是以高下异，则名号异，则权力异，则事势异，则旗章异，则符瑞异，则礼宠异，则秩禄异，则冠履异，则衣带异，则环佩异，则车马异，则妻妾异，则泽厚异，则宫室异，则床席异，则器皿异，则食饮异，则祭祀异，则死丧异。故高则此品周高，下则此品周下。加人者品此临之，埤人者品此承之。迁则品此者进，绌则品此者损。贵周丰，贱周谦；贵贱有级，服位有等。等级既设，各处其检，人循其度。擅退则让，上僭则诛。建法以习之，设官以牧之。是以天下见其服而知贵贱，望其章而知其势，使人定其心，各著其目。故众多而天下不眩，传远而天下识祇。卑尊已著，上下已分，则人伦法矣。于是主之与臣，若日之与星以。臣不几可以疑主，贱不几可以冒贵。下不凌等则上位尊，臣不逾级则主位安。谨守伦纪，则乱无由生。"（《新书·服疑》）① "礼"始于"分"而终于"和"，源于"情"而归于"理"。"礼"所追求的秩序以分、别为前提，以等、差为特征，以顺、和为鹄的，"礼"的实质是要建构一个既包含等级差异而又和谐有序的垂直隶属结构性社会。

　　三是儒家所推行的一统思想包含着理想与现实的纠结，内在具有矛盾二重性。儒家尊王尊君、尊礼包含有尊理想的君、王、礼与尊现实的君、王、礼的区别，尽管儒家更多在现实上维护现实的君、王、礼。在儒家心中，一统政治的最低目标是实现"小康"，最高目标是实现"大同"②。比较"大同"与"小康"，存在"天下为公"与"天下为家"的差别，也就是"天下乃天下人之天下"与"天下乃一家一姓之天下"的区别。汉儒谷永的一席话可谓唱响了封建君主时代一统文化理想的最强音："臣闻天生庶民，不能相治，为立王者以统理之，方制海内非为天子，列土封疆非为诸侯，皆以为民也。垂三统，列三正，去无道，开有德，不私一姓，明天下乃天下之天下，非一人之天下也。"（《汉书·谷永传》）③ 不过，只要不

---

　　① 阎振益、钟夏：《新书校注》，中华书局2000年版，第53—54页。
　　② 孔子曰："大道之行也，与三代之英，丘未之逮也，而有志焉。大道之行也，天下为公，选贤与能，讲信修睦。故人不独亲其亲，不独子其子，使老有所终，壮有所用，幼有所长，矜寡孤独废疾者，皆有所养；男有分，女有归；货恶其弃于地也，不必藏于己；力恶其不出于身也，不必为己。是故谋闭而不兴，盗窃乱贼而不作，故户外而不闭，是谓大同。""今大道既隐，天下为家，各亲其亲，各子其子，货力为己，大人世及以为礼，城郭沟池以为固，礼义以为纪，以正君臣，以笃父子，以睦兄弟，以和夫妇，以设制度，以立田里，以贤勇知，以功为己，故谋用是作，而兵由此起。禹、汤、文、武、成王、周公，由此其选也。此六君子者，未有不谨于礼者也，以著其义，以考其信，著有过，刑仁讲让，示民有常。如有不由此者，在执者去，众以为殃。是谓小康。"（《礼记·礼运》）
　　③ 班固：《汉书》（第11册），中华书局1962年版，第2466—2467页。此等言论，可谓儒者的集体无意识。

短视，就不难发现这个最强音却有一个在今天看来最大的不协音，即"民治"不可能。儒家的一统文化是理想的，向往着大同；也是现实的，直面着小康；儒家心中高悬着的总是大同理想，儒家脚下立定的常是小康现实。① 儒家一统大同理想在形式上是复古的，实际上却是面向未来的。直到近代，康有为虽然写《大同书》，阐明大同人类公理，当时他"始终谓当以小康义救今世，对于政治问题，对于社会道德问题，皆以维持旧状态为职志。自发明一种新理想，自认为至善至美，然不愿其实现，其竭全力以抗之遏之；人类秉性之奇诡，度无以过是者。"② 康有为不愿实现大同理想，与儒家学者的传统保守性与儒家思想的乌托邦空想性不无关系。

2. 儒家伦理政治的精神特质

儒家伦理政治关注德治礼治、修己安人、内圣外王、宗法人伦，本质上归于德治主义，与法治完全相左。具体而言，一是儒家把道德伦理作为政治的首要目标和首要手段。儒家提倡的善治以"明明德、新民、止于至善"为最终目的，显示出泛道德主义色彩；要求以德树人与以德治国，始终把德性规范作为优先手段来考虑；要求以治理者本身的善为先决条件，

---

① 胡平认为："儒家之所以接受君主专制这种制度，并非因为他们认为这种制度最有利于实现其圣王理想，而是因为他们认为这种制度能够提供一种比较有效的政治秩序。儒家主张'定于一'，强调纲常名分。是这些思想，而非圣王理想，才是其认可君主专制的真正依据。而支持一统天下，纲常名分等理念的则是他们对于一种稳定的政治秩序的强烈追求。照儒家看来，有政府总胜过无政府，与其让人们成天杀来杀去，还不如让一个人君临天下。禅让之所以不可取，是因为它开启了争斗之门。皇位宁可世袭，因为它有利于稳定接班。儒家一般都倾向于承认既成政权，从不轻言造反；然而一旦反对力量成了气候，儒家又不难转过去认同新政权，因为在此时唯有新政权才能提供秩序。'成王败寇'一语在儒家那里并非仅是一句犬儒式的反讽。"［见氏著：《儒家人性论与民主宪政——与张灏教授商榷》，"中国论坛"第374期（1991年11月），第111—112页。］又说："儒家为什么会接受君主专制这种制度？严格地说，这句话是有语病的。因为它暗示着儒家'选择'了君主专制，而'选择'意味着有两种或两种以上的选择对象。然而，真正的问题在于，在儒家的经验中只存在着君主专制这种唯一的现实对象。生活在中国古代的知识分子，何尝不知道现实政治的种种弊病，何尝不清楚现实政治距离其圣王理想相去甚远。但是他们别无选择。儒家之所以赞成设立一个高高在上的专制君主，不是因为他们迷信君主是圣人，而是出于建立社会秩序的需要。儒家之所以没有提出对最高权力实行分立与制衡的办法，不是因为他们认定皇帝都是完人，因此用不着对他们的权力加以限制，而是因为囿于经验，儒家实在想不出还会有这样一种巧妙的安排，一方面能对最高权力加以必要的限制以防止他胡作非为（就像对大臣的权力加以限制一样）；另一方面同时又不致于引起混乱和失序。儒家之所以赞成皇位世袭，也决不是因为他们相信皇帝的子孙必定都英明超人，而是因为他们以为非如此则不能保证最高权力的平稳交接。在认可了这一切之后，儒家发现，他们所能对最高权力施加的影响便只剩下了一种方式，那就是造成一种道义的力量，力求皇帝尽可能的开明一些。如此而已。"（第116—117页）

② 梁启超：《清代学术概论》，上海古籍出版社1998年版，第82页。

始终重视治理者所发挥的"上行下效"德风效果。孟子反对霸道力主王道，否定暴政提倡仁政，指出"不以仁政，不能平治天下"（《孟子·离娄上》)，力倡要学"古之贤王好善而忘势"（《孟子·尽心上》)，达到"以德服人者，中心悦而诚服"（《孟子·公孙丑上》）的效果。孟子说："天下有道，小德役大德，小贤役大贤；天下无道，小役大，弱役强。斯二者，天也。顺天者存，逆天者亡。"（《孟子·离娄上》）有道的社会是一个道德文明的社会，贤德起主导作用，而不是权势武力起主导作用。荀子在君臣关系上也进一步发展孔子"以道事君"的思想，主张"从道不从君"（《荀子·臣道》），试图通过儒家以仁礼为核心的"道"来控制君主的"势"。儒家讲的天道、地道、人道、仁道、王道、君道、臣道，无不为突显"政治的善"。儒家以"伦理的善"直贯推广到政治领域。孔子的"为政以德"、"政者正也"，孟子的"王道仁政"、"民心君心"，《礼记·礼运》的"天下为公"、"选贤与能"都把政治往"善的境界"上推，往"个体的德性"上推。王道、霸道与无道，仁政、暴政与乱政，周政与秦政的对比都在凸显"政治善性"的有无，"政治境界"的高低。顺天应人的天意、民意既是对良善政治的诉求，又是对政治合法的论证，其合法又通过"受命"与"革命"的合法具体体现出来。"道"与"善"是一切政治行为合理性的判断标准。孔子讲正名安人，孟子讲民本仁政，荀子讲礼法王制，董仲舒讲德主刑辅，朱熹讲天理化育，等等，无不在谋划社会秩序稳定和谐的德性措施。伦理政治首先指向德治善治，善与德不仅是目的，而且是手段。

二是儒家把政治立足在现实的人伦基础上，把自然人伦变成宗法人伦，不仅使伦理政治化，而且使政治伦理化。周代通过嫡长子继承制、分封制、宗庙制，形成了家国同构、家国一体的宗法人伦。孔子立足宗法人伦，"仁爱"也奠基于人伦关系，人伦最核心的是君臣、父子两伦。孔子的"在家为政"之说就是根源于此："《书》云：'孝乎惟孝，友于兄弟，施于有政。'是亦为政，奚其为为政？"（《论语·为政》）当然这样做的效果也是非常好的，所以孔门弟子有子曰："其为人也孝弟，而好犯上者，鲜矣；不好犯上，而好作乱者，未之有也。"（《论语·学而》）史学家经过多次考证和研究，认为中国进入文明社会的方式是独特的，亦即中国不像古希腊那样在氏族社会充分解体的情况下建立城邦国家（氏族—个体—国家），而是通过建立宗法制度和封建制度直接由家族延伸扩大而成国家（氏族—国家）。于是，中国的家族犹如一个缩小的国家，国家犹如一个扩大的家庭，"家国同构、家国一体"，血缘关系和政治关系合而为一。儒家的"三纲五常"宗法人伦文化具有两重性，杨适指了出来："宗法人伦自身就带有二重性：既是自然的又是人为的，既是等级森严的又是讲团结和睦的，既把按尊卑上下名分分离对立起来又要人按亲爱感情联系结合起来。这分明是对立的方面，然而，由于等级名分是用人伦关系作基础和依据来建立和确定，就要受人伦自然的情理维护制约，反之，那人伦情理又渗透了支配顺从意识和规矩，于是二者又统一起来了。"[①] 儒家文化的这种矛盾体值得特别注意。

三是儒家认为政治治理的具体手段首选"仁义礼乐"四字，次选"刑政法令"。仁义礼乐既是道德范畴，又是政治范畴；既关涉个体心性，又关涉社会秩序。儒家辨群己关系、公私关系、义利关系、王霸关系、理欲关系，仁义礼乐都贯彻其中，而归根到底落实在社会生活中，都是为了实现等差秩序。仁与礼相比较而言，仁更向内指向人心，而礼更向外指向人身。礼与乐相比较而言，礼更强调异与等差，而乐更侧重同与和合。孟子重仁义，在心性上着力，更有理想主义品质，荀子重礼法，在王制上着力，更有现实主义精神，殊途同归于孔子的仁礼并重。孔子讲德治善治，体现在孟荀那里就是仁政与礼治，仁政反暴政，礼治兼法治。仁在儒家那里可谓全德，礼更无所不包，无所不能。礼在各个领域，无论是道德、政治、教育、军事、宗教乃至日常生活中，都不可或缺，至关重要，具有政治功能、道德功能、宗教功能、社会功能、教育功能、心理功能，正所谓"道德仁义，非礼不成。教训正俗，非礼不备。分争辨讼，非礼不决。君臣上下父子兄弟，非礼不定。宦学事师，非礼不亲。班朝治军，莅官行法，非礼威严不行。祷祠祭祀，供给鬼神，非礼不诚不庄。是以君子恭敬撙节退让以明礼"（《礼记·曲礼上》）。一句话说，无论是做人、行事和治国，都非礼不成："宜于时通，利以处穷，礼信是也。凡用血气、志意、知虑，由礼则治通，不由礼则勃乱提僈；食饮、衣服、居处、动静，由礼则和节，不由礼则触陷生疾；容貌、态度、进退、趋行，由礼则雅，不由礼则夷固、僻违、庸众而野。故人无礼则不生，事无礼则不成，国家无礼

---

① 杨适：《中西人论的冲突——文化比较的一种新探索》，中国人民大学出版社 1991 年版，第 28—29 页。

则不宁。"(《荀子·修身》)归结到孔子的说法,即是"非礼勿视,非礼勿听,非礼勿言,非礼勿动",即是"克己复礼为仁"(《论语·颜渊》)。仁义礼乐刑政是儒家政治文化的关键词。仁义精神与礼乐制度是儒家之所以为儒家的根本标志。

3. 儒家圣贤政治的精神特质

圣贤政治强调为政在人、圣君贤臣、道德心力、选贤与能,本质上归于人治主义,与宪政够不着边。具体而言,一是儒家始终重视王道、君道探讨,注重政治主体的名号系统与伦理要求,坚持"为政在人"的理念,始终在"为人、知人、选人、用人、治人"上着力。孔子回答齐景公问政时说:"君君、臣臣、父父、子子。"(《论语·颜渊》)君臣要实副其名,各尽义务,各有所得。孟子说:"欲为君,尽君道;欲为臣,尽臣道。二者皆法尧舜而已矣。不以舜之所以事尧事君,不敬其君者也;不以尧之所以治民治民,贼其民者也。"(《孟子·离娄上》)君臣要效法尧帝以仁心行仁政。荀子专辟君道进行详细阐发:"道者,何也?曰:君之所道也。君者,何也?曰:能群也。能群也者,何也?曰:善生养人者也,善班治人者也,善显设人者也,善藩饰人者也。善生养人者人亲之,善班治人者人安之,善显设人者人乐之,善藩饰人者人荣之。四统者俱而天下归之,夫是之谓能群。"(《荀子·君道》)君主要善群能群,善于用人治国。在古代社会,不管是贵族世袭政治,还是君主专制政治,是仁政是暴政还是乱政,关键取决于君臣,正所谓"为政在人"。《礼记·中庸》载哀公问政,孔子的回答指出了君道臣道何以如此重要的原因:"文、武之政,布在方策。其人存则其政举;其人亡则其政息。人道敏政,地道敏树。夫政也者,蒲卢也。故为政在人,取人以身,修身以道,修道以仁。仁者,人也,亲亲为大;义者,宜也,尊贤为大。亲亲之杀,尊贤之等,礼所生也。在下位不获乎于上,民不可得而治矣。故君子不可以不修身,思修身不可以不事亲,思事亲不可以不知人,思知人不可以不知天。"因此,荀子站在儒家的立场上,坚定地认为人治优于法治,因为"有治人,无治法","法不能独立,类不能自行;得其人则存,失其人则亡"(《荀子·君道》)。黄宗羲尽管认为"天下之大害者君主",但依然在"原君"上着力。一言以蔽之,儒家认为良善政治关键在于圣君贤臣,如此化政治为道德,化外王为内圣,无疑是德治、人治,而绝不可能是法治。

二是儒家始终重视臣道、儒道、大人之道的探讨,强调臣子、儒生、大人的道德理性要求，主张既能以道事君又能勤政为民。孔子说："所谓大臣者，以道事君，不可则止。"（《论语·先进》）大臣不仅指取得大权的人，更主要是道德高尚的大人。只有大人事君才有可能"格君心之非"以正天下。这就是孟子所谓"唯大人为能格君心之非"（《孟子·离娄上》）。所谓"大人"，在孟子的心目中，实指真正能"养其大体"、"从其大体"、"立乎其大"，能做到"无以小害大，无以贱害贵"，"小者不能夺"的存心、养心的道德高尚的人。大人与小人不同，因为大人具有仁性，"非礼之礼，非义之义，大人弗为"（《孟子·离娄下》）；因为大人坚守道义，"大人者，言不必信，行不必果，惟义所在"（《孟子·离娄下》）；因为大人始终存心，"大人者，不失其赤子之心者也"（同上）；因为大人首先正己，"有大人者，正己而物正者也"（《孟子·尽心上》）；因为大人志为民生，认为"杀一无罪非仁也，非其有而取之非义也。……居仁由义，大人之事备矣"（同上）。因此"大人之事"自然也不同于"小人之事"，孟子从社会分工的角度进行了分析，指出"有大人之事，有小人之事。且一人之身，而百工之所为备，如必自为而后用之，是率天下而路也。故曰，或劳心，或劳力；劳心者治人，劳力者治于人；治于人者食人，治人者食于人，天下之通义也"（《孟子·滕文公上》）。自古以来，人所从事的工作不是以劳心为主，就是以劳力为主，"格君心之非"这样的事情自然也就落在以"养心正心"为志业的"大人"身上。孟子认为，"无恒产而有恒心者，惟士为能"（《孟子·梁惠王上》）。士尚志食志，志于"养心正心"，代表了道德良知、社会良知乃至宇宙良知。士对上力劝君主正心推心，以民为贵，对下促使人民有恒产然后有恒心，民心归王，人人都能"亲亲仁民爱物"。士的心力在促进个体生命成长和构建和谐社会秩序方面也同样发挥着不可估量的作用。一直到明代，真正的大儒都认为："我之出而仕也，为天下，非为君也；为万民，非为一姓也。"（《明夷待访录·原臣》）

三是儒家始终重视选贤举能，官人入仕，力求道德优先，首选儒生。首先，儒家非常重视知人官人问题，《尚书·皋陶谟》载："知人则哲，能官人。"《论语》首篇与尾篇都谈到知人，因为不知人无法用人。其次，儒家都力主尚贤使能，这仿佛是一种集体无意识。孟子认为："尊贤使能，俊杰在位，则天下之士皆悦，而愿立于其朝矣。"（《孟子·公孙丑上》）荀子指出："故君人者，欲安，则莫若平政爱民矣；欲荣，则莫若隆礼敬士矣；欲立功名，则莫若尚贤使能矣。"(《荀子·王制》)任贤不任亲，说得最透彻者莫过于荀子："贤能不待次而举，罢不能不待须而废，元恶不待教而诛，中庸不待政而化。分未定也，则有昭缪。虽王公士大夫之子孙也，不能属于礼义，则归之庶人。虽庶人之子孙也，积文学，正身行，能属于礼义，则归之卿相士大夫。"(《荀子·王制》)再次，儒家官人要求德才兼备，且始终强调道德优先。从道德深浅比较而言，如大禹所言"日宣三德，夙夜浚明有家。日严祗敬六德，亮采有邦。翕受敷施，九德咸事，俊乂在官"(《尚书·皋陶谟》)。从有德无德而言，如孟子所言"惟仁者宜在高位。不仁而在高位，是播其恶于众也"(《孟子·离娄上》)。从道德人格比较而言，如顾炎武引言"君子得位，欲行其道；小人得位，欲济其私。欲行道者，心存于天下国家；欲济私者，心存于伤人害物。"(《日知录·言利之臣》)[①] 最后，作为儒家，主张选用大儒、君子作为官员是再也自然不过的事情。谦逊的孔子也控制不住自己的情绪说："如有用我者，吾其为东周乎？"(《论语·阳货》)豪放的孟子更是直言："如欲平治天下，当今之世，舍我其谁也？"(《孟子·公孙丑下》)现实的荀子更是专论儒效，直接为儒生做广告。先是按照儒家的标准将人分为俗人、俗儒、雅儒、大儒等不同级别，指出儒家立志做君子，君子有其所长："谪德而定次，量能而授官，使贤不肖皆得其位，能不能皆得其官，万物得其宜，事变得其应，慎、墨不得进其谈，惠施、邓析不敢窜其察，言必当理，事必当务。"(《荀子·儒效》)接着力陈大儒的德行能力与政治主张："大儒者，善调一天下者也，无百里之地则无所见其功。""法先王，统礼义，一制度，以浅持博，以古持今，以一持万……张法而度之，则晻然若合符节：是大儒者也。"(同上)最后庄严宣誓："用大儒，则百里之地久，而后三年，天下为一，诸侯为臣；用万乘之国，则举错而定，一朝而伯。"(同上)儒家积极要求参与政治，以道事君，修己以安百姓，这是自古一贯的。当然，现实政治生活有俗儒、鄙儒，那就是在儒家内部也同样会受到批判的。

4. 儒家民本政治的精神特质

儒家民本政治本质上是民心论、民生论、民服论，而始终不是民主

---

① 黄汝成集释，栾保群、吕宗力校点：《日知录集释》（中），上海古籍出版社 2006 年版，第 704 页。

论、民权论、民治论，归根到底是民众工具论。首先必须看到，儒家阐发的民本、为民、重民、爱民、富民、利民、教民、安民、惠民、使民、举民、保民等思想是非常打动民心的，也是至今都还值得非常称道的。而且，这些得民心、使民服的思想落实在具体的民众利益上，而不是要求落实在民众修养上。诚如现代新儒家徐复观所言："修己的学术上的标准总是将自然生命不断地向德性上提，绝不在自然生命上立足，绝不在自然生命的要求上安设价值。治人的政治上的标准当然还是承认德性的标准，但这只是居于第二的地位，而必以人民的自然生命的要求居于第一的地位。治人的政治上的价值，首先是安设在人民的自然生命的要求之上，其他价值，必附丽于此一价值而始有其价值。"[①] 从孔子讲"富民教民"，再到孟子讲"善政得民财，善教得民心"（《孟子·尽心上》），以及荀子讲"有社稷者而不能爱民、不能利民，而求民之亲爱己，不可得也。民不亲不爱，而求为己用、为己死，不可得也"（《荀子·君道》），先秦儒家一以贯之地强调民心的重要与民本的地位，后世儒者并围绕此阐发了关于经济民生、政治民生、文化民生的一系列思想。在儒家看来，善政实则就是民政，最终落脚点就在解决民生问题；民生问题解决了，就可以得民心；得到了民心，民就真服了；民真要服了，君王就可以王天下、安天下、治天下了。

其次必须指出，儒家从天与民、国与民、君与民、吏与民的关系对民本进行阐发，但始终不是立足民本身的政治权利和政治权力来立论的，因此从来就没有真正的民众目的论。例子不胜枚举，而汉儒贾谊说得最为简单明了。他紧扣国、君、吏、民四者关系，立足本、命、功、力四个方面对"民"进行了分析："闻之于政也，民无不为本也。国以为本，君以为本，吏以为本。故国以民为安危，君以民为威侮，吏以民为贵贱，此之谓民无不为本也。闻之于政也，民无不为命也。国以为命，君以为命，吏以为命。故国以民为存亡，君以民为盲明，吏以民为贤不肖，此之谓民无不为命也。闻之于政也，民无不为功也。故国以为功，君以为功，吏以为功。国以民为兴坏，君以民为强弱，吏以民为能不能，此之谓民无不为功也。闻之于政也，民无不为力也，故国以为力，君以为力，吏以为力。"

[①] 徐复观：《儒家在修己与治人上的区别及其意义》，《学术与政治之间》，华东师范大学出版社2009年版，第97页。

(《新书·大政上》)① 但是，贾谊依然认为民至贱至愚，而之所以要以民为本，不过是畏惧民功民力而已："天有常福，必与有德；天有常灾，必与夺民时。故夫民者，至贱而不可简也，至愚而不可欺也。故自古至于今，与民为仇者，有迟有速，而民必胜之。"（同上）"夫民者，万世之本也，不可欺。凡居于上位者，简士苦民者是谓愚，敬士爱民者是谓智。夫愚智者，士民命之也。故夫民者，大族也，民不可不畏也。故夫民者，多力而不可適也。"（同上）一句话，居于上位者的智愚不过是能否冷静清醒地认识到百姓民众为自己保全君主政权和官僚体制的手段罢了。这一点，现代新儒家徐复观也看得非常清楚："中国的政治思想除法家外都可说是民本主义，即认定民是政治的主体。但中国几千年的实际政治却是专制政治，政治权力的根源系来自君而非来自人民。于是在事实上，君才是真正的政治主体。"② 在此，"民是政治的主体"还可商榷，"君才是真正的政治主体"难以置疑。

最后必须明确，儒家虽然从民的地位和作用出发，从畏民、服民、治民的角度出发，在一定程度上重视民生，但始终没有民主、民权、民治的思想。《尚书·多方》载："天惟时求民主"，"代夏作民主"，"诞作民主"③，但这个是"民之主"，不是"民作主"。这一点，梁启超在研究后也明确指了出来："美林肯之言政治也，标三介词以擥括之曰：of the people, by the people, and for the people, 译言政为民政，政以为民，政由民出也。我国学说于 of, for 之义，盖详哉言之，独于 by 义则概乎未之有闻。"④ 中国台湾学者金耀基也有明确论述："任何一位大儒，都几乎是民本思想的鼓吹者，'天下非一人之天下，天下人之天下'，肯定了民有（of the people）的观念；'民之所好好之，民之所恶恶之'，肯定了民享（for the people）的思想；……但是，中国的民本思想毕竟与民主思想不同，民本思想虽有'民有'、'民享'的观念，但总未走上民治（by the people）的一步。"⑤ 其实，儒家不仅没有民治观念，就是民有观念，既不是指在经济

---

① 阎振益、钟夏：《新书校注》，中华书局 2000 年版。
② 徐复观：《中国的治道——读陆宣公传集书后》，《学术与政治之间》，华东师范大学出版社 2009 年版，第 44 页。
③ 李民、王健：《尚书译注》，上海古籍出版社 2004 年版，第 338、341、342 页。
④ 梁启超：《先秦政治思想史》，天津古籍出版社 2003 年版，第 6 页。
⑤ 金耀基：《从传统到现代》，中国人民大学出版社 1999 年版，第 21 页。

上真正地享有生产资料，又不是指政治上真正地享有权利，所以严格地说也没有民有观念。没有民有，就不可能有民治，民享也从根本上无法保证。林肯讲这三者的顺序是有其内在逻辑的，不能简单地进行拆分。正是因为儒家从来没有民权思想，所以革命先行者孙中山在解释民权时指出："什么叫做民权呢？简单的说，民权便是人民去管理政治。中国古代有两句古语说：'不在其位，不谋其政'，又说'庶人不议'。可见从前的政权是完全在皇帝掌握之中，不关人民的事。今日我们主张民权，是要把政权放在人民掌握之中。那么，人民成了一个什么东西呢？中国自革命以后，成立民权政体，凡事都是应该由人民作主的，所以现在的政治又可以叫'民主政治'。换句话说，在共和政体之下，就是用人民来做皇帝。"① 因此，"民国是和帝国不同的：帝国是由皇帝一个人专制，民国是由全国的人民作主；帝国是家天下，民国是公天下"。② 儒家民本政治是在帝国帝王的框架中运作的，对此必须认清。

三 儒家政治文化的双重启示

儒家政治文化的核心元素及其精神特质给予我们双重的启示：一重是要求同情性了解儒家政治文化的合理内核及其限度，并力求实现其现代性的转化；另一重是要求批判超越儒家政治文化，始终站在现代民主宪政的高度尽力克服其消极因素，警惕退回到儒家政治文化老路的危险，特别是克服儒家政治文化糟粕的死灰复燃。

1. 儒家一统政治的双重启示

儒家一统政治非常强调国家统一，突出政治权威、秩序、稳定。国家统一对于实现民族复兴和国家建设非常重要。近代中国建设实践告诉人们，如果"没有一个独立、自由、民主和统一的中国，不可能发展工业"，"如果没有独立、自由、民主和统一，不可能建设真正大规模的工业"③。国家的主权、国家的安全要始终放在第一位。就权威而言，儒家特别强调中央权威，这对于治理中国这样一个大国，至今都认为非常必要。所以，

---

① 《三民主义》，《孙中山全集》第9卷，中华书局1985年版，第325页。
② 《在广州商团和警察联欢会的演说》，《孙中山全集》第9卷，中华书局1985年版，第58页。
③ 《论联合政府》，《毛泽东选集》第3卷，人民出版社1991年版，第1080页。

改革开放的总设计师强调指出:"中央要有权威。改革要成功,就必须有领导有秩序地进行。没有这一条,就是乱哄哄,各行其是,怎么行呢?不能搞'你有政策我有对策',不能搞违背中央政策的'对策',这话讲了几年了。党中央、国务院没有权威,局势就控制不住。我赞成边改革、边治理环境整顿秩序。要创造良好的环境,使改革能够顺利进行。中央定了措施,各地各部门就要坚决执行,不但要迅速,而且要很有力,否则就治理不下来。"① 就稳定而言,经济社会发展、改革始终需要在一个稳定的环境中才能可持续地进行。"中国的问题,压倒一切的是稳定。没有稳定的环境,什么东西都搞不成,已经取得的成果也会失掉。"② 儒家的最终理想是实现大同理想,但根据实际默认的却是小康现实。改革开放一开始,根据中国长期处于社会主义初级阶段这个最大的实际,结合中国的现代化建设,儒家的"小康"概念得到了重新解释:"我们要实现的四个现代化,是中国式的四个现代化。我们的四个现代化的概念,不是像你们那样的现代化的概念,而是'小康之家'。"③ 经过五年的现代化建设,"小康之家"又换成了"小康社会";"从提出到现在,五年过去了。从这五年看起来,这个目标不会落空。翻两番,国民生产总值人均达到八百美元,就是到本世纪末在中国建立一个小康社会。这个小康社会,叫作中国式的现代化。翻两番、小康社会、中国式的现代化,这些都是我们的新概念。"④ 赋予小康社会以"现代化"内涵,突出小康社会的"新概念"话语,儒家的社会理想又获得了现代的形态。毫无疑问,马克思主义中国化进程中的小康社会建设是建立在坚持公有制为主体,多种所有制形式共同发展的社会主义基本经济制度基础上的,是建立在生产力不断发展、有明确经济目标的基础上的,是建立在"分三步走"的战略步骤基础上的。儒家的"小康"理想通过现代化的改造,已经获得了全新的意义,成为现代化建设的奋斗目标。

同时,儒家尊王尊君的专制集权思想、家长制、等级特权、官僚主义

---

① 《中央要有权威》,《邓小平文选》第3卷,人民出版社1993年版,第277页。
② 《压倒一切的是稳定》,《邓小平文选》第3卷,人民出版社1993年版,第284页。
③ 《中国本世纪的目标是实现小康》,《邓小平文选》第2卷,人民出版社1994年版,第237页。
④ 《发展中日关系要看得远些》,《邓小平文选》第3卷,人民出版社1993年版,第53—54页。

作风，必须继续进行彻底批判。在当代中国，"从党和国家的领导制度、干部制度方面来说，主要的弊端就是官僚主义现象，权力过分集中的现象，家长制现象，干部领导职务终身制现象和形形色色的特权现象"。① 这些弊端其实都指向儒家政治文化传统。其危害也是非常明显的，比如"权力过分集中，妨碍社会主义民主制度和党的民主集中制的实行，妨碍社会主义建设的发展，妨碍集体智慧的发挥，容易造成个人专断，破坏集体领导，也是在新的条件下产生官僚主义的一个重要原因"。② 又如官僚主义现象的主要表现和危害是："高高在上，滥用权力，脱离实际，脱离群众，好摆门面，好说空话，思想僵化，墨守成规，机构臃肿，人浮于事，办事拖拉，不讲效率，不负责任，不守信用，公文旅行，互相推诿，以至官气十足，动辄训人，打击报复，压制民主，欺上瞒下，专横跋扈，徇私行贿，贪赃枉法，等等。这无论在我们的内部事务中，或是在国际交往中，都已达到令人无法容忍的地步。"③ 因此，坚持集体领导，深化政治体制改革，推进民主宪政，依然是一个异常艰巨的任务。儒家垂直差序结构非常有利于社会秩序的超稳定，但是也带来社会长期停滞的结果。在建设和谐社会过程中增强社会的活力，发挥所有中国人的潜力，最终实现中国梦，同样必须深刻反省儒家的秩序固化弊端。

2. 儒家伦理政治的双重启示

儒家伦理政治充分考虑到政治的善与善的政治，大力提倡仁政、德政、善政，推崇政治伦理，等等，对于当代政治建设提供了重要的思想资源。孙中山就曾经明确指出："中国有一段最有系统的政治哲学，在外国的大政治家还没有见到，还没有说到那样清楚的，就是《大学》中所说的'格物、致知、诚意、正心、修身、齐家、治国、平天下'那一段的话。把一个人从内发扬到外，由一个人的内部做起，推到平天下止。像这样精微开展的理论，无论外国什么政治哲学家都没有见到，都没有说出，这就是我们政治哲学的知识中独有的宝贝，是应该要保存的。"④ 儒家把最大的政治当作实现道德理想，诸如修己爱人、齐家治国、协和万邦、天下为公等思想都有利于建设良善政治。在处理个人利益、集体利益和国家利益的

---

① 《党和国家领导制度的改革》，《邓小平文选》第2卷，人民出版社1994年版，第327页。
② 同上书，第321页。
③ 同上书，第327页。
④ 《三民主义》，《孙中山全集》第9卷，中华书局1985年版，第247页。

关系时，真实的国家利益的确需要处于优先地位。在依法治国的基础上实现以德治国，积极培养个人品德、家庭美德、职业道德和社会公德，儒家都可以提供直接借鉴。

同时，儒家主张"好善忘势"，比较少地直接谈论政治的根本问题"权力"，有将政治权力隐性化的倾向；主张"三纲五常"，"礼制等差"，曾在历史造成"礼教吃人"、"以理杀人"的结果；大谈王道、君道、臣道，却从来不谈"民道"，从来都不谈民众权利问题。儒家的禅让、革命、易位观念都是指向士以上的阶层，而始终与民无缘。谁敢说民"造反有理"。儒家的王道政治支撑的是国家系统，宗法政治支撑的是家族系统，儒家的天命政治支撑的是神族系统，而这一切都集中归于礼制系统。必须清醒地认识到，"中国的男子，普通要受三种有系统的权力的支配，即：（一）由一国、一省、一县以至一乡的国家系统（政权）；（二）由宗祠、支祠以至家长的家族系统（族权）；（三）由阎罗天子、城隍庙王以至土地菩萨的阴间系统以及由玉皇上帝以至各种神怪的神仙系统——总称之为鬼神系统（神权）。至于女子，除受上述三种权力的支配以外，还受男子的支配（夫权）。这四种权力——政权、族权、神权、夫权，代表了全部封建宗法的思想和制度，是束缚中国人民特别是农民的四条极大的绳索"。① 儒家提倡仁政、德政、善政，但民众依然被四大绳索牢牢捆住。这表明，超越儒家伦理政治，明确划定伦理与政治的界限，立足政治科学本身，法治的探索才能真正在中国生根结果。

3. 儒家圣贤政治的双重启示

儒家圣贤政治充分考虑到了政治生活中的人性、人格、人伦、人品问题，阐发了知人、选人、用人、治人、育人、管人的智慧，强调选贤与能，相信主体力量，关注道德修养，重视人心作用，推崇圣君贤臣，等等，在当代政治主体建设中通过合理的改造依然可以产生有益的影响。比如在每一个个体的修己和改造自己上，儒家提倡的三达德"智仁勇"化成"德智体"，无疑有助于每一个体身心的全面发展："古称三达德，智、仁与勇并举。今之教育学者以为可配德智体之三言。诚以德智所寄，不外于身；智仁体也，非勇无以为用。"② 把道德教育与劳动相结合，在劳动中改

---

① 《湖南农民运动考察报告》，《毛泽东选集》第 1 卷，人民出版社 1991 年版，第 31 页。
② 《致黎锦熙信》，《毛泽东早期文稿》，湖南出版社 1990 年版，第 58 页。

造自己，在劳动中克服空谈道德的缺陷，在改造世界中改造自己，也有助于达到修己的目的与实现人的解放。又如，在辩证法唯物论的立场上，借鉴儒家道德修养方法，可以有利于解决领导干部的道德修养问题，刘少奇《论共产党员的修养》，张闻天《论待人接物的态度》以及现代不少人的论述都是明证。特别是在人才选拔上强调德才兼备、以德为先、众望所归，至今依然是非常正确的用人原则。

同时，圣贤政治把政治寄托在圣君贤臣上，问题是历史上圣君贤臣屈指可数。对于臣民的越权、篡权、专权、行权，儒家表达过明确的立场，并设计过不少严格的礼法。但至少有两个问题一直没有解决：一是对拥有最高权力的皇帝君王进行有效限制；二是对有德者应有位的切实保障。即便被称为具有思想启蒙性质的黄宗羲在《明夷待访录》中讲《原君》、《原臣》、《原法》、《置相》、《学校》、《方镇》、《兵制》等，试图通过重申儒家的"天下为公"思想来君置于客位，通过"天下之法"来约束君主权力，通过相权来制衡君主权力，通过学校"公其非是于天下"来监督帝王官僚使用权力，通过扩大方镇地方权力来分解中央专制集权，但也不可能根本否定君主专制，更没有想过人民做主并行使监督权力。"为政在人"的圣贤政治本质上是"人治"，结果"人亡政息"，政治完全因帝王的改变而改变，因而与民主法治是根本对立的。在法治社会里，没有人可以独立于法律之外，不存在独立于法律之外的皇帝。"为了保障人民民主，必须加强法制。必须使民主制度化、法律化，使这种制度和法律不因领导人的改变而改变，不因领导人的看法和注意力的改变而改变。"[1] 最高权威同样在制度的框架中活动，用现代的话说，"领导制度、组织制度问题更带有根本性、全局性、稳定性和长期性"。[2] 实践证明，对于大多数并非圣贤的人一旦拥有公共权力，而这些公共权力仅仅依赖道德软约束而非依赖法制硬约束时，官本位情结与官僚主义就不可避免地成为政治清明、政府清正、官员清廉的巨大阻力。只要有人（哪怕是仅有皇帝一人）可以独立于制度之外，绝对权力就会导致绝对腐败，权力寻租和权力腐败就永远都无法得到真正遏制。儒家渴望通过主体的力量、道德的力量、人心的力量来

---

[1]《解放思想，实事求是，团结一致向前看》，《邓小平文选》第2卷，人民出版社1994年版，第146页。

[2]《党和国家领导制度的改革》，《邓小平文选》第2卷，人民出版社1994年版，第333页。

自我约束权力,在不想腐、不愿腐、不贪腐上着力,结果在古代社会从来没有真正实现过廉政。

4. 儒家民本政治文化的双重启示

儒家民本政治以最大热情阐发了在君主专制时代可能考虑到的以得民心、重民生、使民服为核心内容的民本思想,对于推动当代社会的民生工程与民心工程建设,提供不少可以直接借鉴的具体说法、想法和做法。当我们现在说,各级干部都要深怀爱民之心,恪守为民之职,善谋富民之策,多办利民之事时,我们无法与儒家思想明确区分开来。当代社会的民生工程建设,包括经济民生、政治民生、文化民生、社会民生乃至生态民生,儒家提出的一些原则性主张只要稍做调整都可以直接借用。问题只在,我们需要结合现代社会的物质和文化具体条件把这些主张落实到实处,并且切实使民有建立在对生产资料的真正占有上与对政治自由权利的直接享有上,使民享建立在人民自己建设成果的具体实践上,建立在政府部门真正切实地解决好老百姓最直接、最关心、最迫切的各种权益问题上。

同时,由于儒家民本政治从来都不是民众目的论,所以即便是最动人的"爱民"也免不了受到这样的批判:"不论是中国还是外国,古代还是现在,剥削阶级的生活都离不了老百姓。他们讲'爱民'是为了剥削,为了从老百姓身上榨取东西,这同喂牛差不多。喂牛做什么?牛除耕田之外,还有一种用场,就是能挤奶。剥削阶级的'爱民'同爱牛差不多。"[①] 由于民本政治从来都没有民主、民权、民治思想,民主政治建设无法从传统儒家政治文化寻找到可贵的资源。而"治之之法,即在予人民以完全之政治上权力,可分为四:①选举权:凡为中华民国人民,皆有此选举权,亦曰被选权。由人民选出官吏,担任国家或地方之立法行政机关各事务,此官吏即为公仆。②罢官权:人民对于官吏有选举之权,亦须有罢免之权,如公司中之董事,由股东选任,亦可由股东废除也。③创制权:由人民以公意创制一种法律,此则异于专制时代,非天子不议礼,不制度也。④复决权:此即废法权,法律有不便者,人民以公意废止,或修改之。以

---

① 《在中央党校第二部开学典礼上的讲话》,《毛泽东文集》第 3 卷,人民出版社 1991 年版,第 57—58 页。

上四种为直接民权。有此直接民权，始可谓之行民权"。① 毫无疑问，民主、民权、民治之法远不止这些。按照民主政治，一切权力属于人民，人民当家作主，人民制定体现人民公意的宪法与法律，人民依法参与管理国家事务并监督一切公共权力的行使；一切权力都必须受到合理限制，任何组织和个人在法律面前、制度面前与纪律面前都一律平等，都没有例外。在这些方面，如果寄希望于儒家的内圣开外王，恐怕结果总会落空的。

---

① 《在桂林对滇赣粤的演说》，《孙中山全集》第6卷，中华书局1985年版，第26页。

结　语

政治的思考方式有二：一是政治的科学思考；二是政治的哲学思考。政治的哲学思考形成政治哲学。所谓政治哲学，就是从哲学注重反思，寻根究底，追问应然等的角度或高度来探讨政治生活的基源、政治现象的本质、政治事物的本性、政治判断的标准等问题而形成的学问。

哲学思维方式在不同的国度有不同的表现，在中国古代，经学思维方式就是一种哲学思维方式。这种思维方式是指儒家通过对"六经"及其蕴含其中的"常道"进行解说、注解、引申，以探求百世不易之"至道"为中心，以实现修己治人、经世致用为最终鹄的的一种模式化、格式化的思维方式。按照经学思维，就要原道、征圣、宗经，就要求真、求善、求用。不管是原道、征圣、宗经，还是求真、求善、求用，三者是一个复合体，本不可分割的。可以说，求真以探求规律、求善以寻求价值、求用以解决问题，是经学思维的基本取向。

汉代公羊家充分运用了经学思维方式来进行政治思考，具体表现为"王"化孔子，托孔为王；"文"化实史，托鲁为王；"经"化文史，托经为王。"假托性"的主旨是王化、文化、经化，表明公羊家要对现实历史生活中的政治行为进行道德诊断，阐发出政治的应然道理。孔子素王之"素"，《春秋》当新王之"新"，托王于鲁之"托"，无不渗透着公羊家对"政治的善"与"善的政治"的独特哲学思考。在认识《春秋》文本的假托性之后，公羊家的哲学运思就指向"察微"，而"微"之所在，就是寄托在《春秋》文本中"道义"，而"义"就是孔子制定的政治伦理法则，是进行政治伦理批判的根据。察微也就是察孔子如何道义与褒贬。察微、道义、褒贬三者合为一体，充分体现了公羊家政治思考的哲学性，即借用史实表象看本质，探求政治伦理根本原则，批判政治道德实然。

任何政治的哲学思考实际上都必须具备面对两个实际：一个是铁定的

社会历史本身；一个是铁定的思想文化传统。更具体一点，则是必须面对两个政治实际：一个是铁定的政治历史现实；一个是铁定的政治文化传统。作为社会生活中最引人注目的政治生活，自古以来就带有敏感性与微妙性。汉代公羊家生活在一个政治伦理型文化中，生活在一个已经一统的社会时代里，他们的政治思考也必然面对无法选择的实际。摆在面前的"两段实史"即春秋实史和秦汉实史与"一本文史"即《春秋》文史，正是公羊家所深思的。透过政治的历史发展，公羊家展开了对政治秩序、政治伦理、政治权衡、政治敬畏等一系列问题的思考。

大一统是汉代公羊家思考的重点。在公羊家看来，大一统是一个王道由古到今，由内向外的历史发展过程，是在三世与内外的时空中具体展示的过程，是一个"文致太平"的政治理想进化过程。静态地说，大一统包括军事一统、疆土一统、经济一统、政治一统、制度一统、文化一统、宇宙一统等不同方面，而核心是政治一统，源头是宇宙一统，实质是制度一统，灵魂是文化一统与价值一统。思考大一统问题，也就是思考政治秩序性、政治合法性、政治伦理性、政治正始性等问题。虽然大一统可能被封建帝王有选择地使用，但其理想的魅力依然值得反思与关注。

察名号是汉代公羊家关注的焦点。公羊家继承了孔子的正名思想，公羊寿在传《春秋》时主要通过名号书写来探求孔子褒贬的伦理法则，董仲舒专辟深察名号来探讨各级政治主体的伦理要求，何休随文解诂《公羊传》，对各种名号进行详细分梳，名号在礼制系统中得到具体揭示。察名以正名，正名以正德，正德以正心，心正则人正，人正则政正，政者正也就名至实归。

行权道是汉代公羊家衍生的亮点。尊经、释经、明经、守经是经学时代中华文化的深层心理结构。儒家尊经守经，也力主行权达变，守经行权归根到底又在对"道"的探寻和推崇。守死善道揭示了在价值冲突过程中儒家学者守经的价值理性立场；行权合道不仅体现了儒家学者守经的价值理性立场，还体现了在具体情境中权变的工具理性智慧，尤其值得珍视。公羊家不仅承继了儒家宗经的传统，而且对儒家的行权理论进行发挥，极力提倡行权道。行权道在政治生活中充分体现了政治权衡的知性智慧，也充分体现了政治权衡的德性要求。

说灾异是汉代公羊家谈论的热点。自然灾异在公羊家的眼中绝不仅仅是一种自然现象，而是昭示天意天命的祥瑞谴告。公羊寿所著于竹帛的

《公羊传》中已有明确表达；董仲舒既结合五行进行归类解说，同时又对灾异给予了理论概括；何休详细解诂《春秋》，极尽其能事。灾异说的哲学基础是天人感应论与阴阳五行论。灾异说的政治关怀是谴告人君保持政治敬畏，检讨政治行为，调整政策政令，进行政治决策，坚持民本政治，帝王的罪己诏是灾异政治的集中体现。灾异说的道德意义是谴告人君，正心正德，为政以德，选贤与能，清君侧，正朝廷、正天下、正境内之治。唯物地说，灾异是一面自然之镜，是必须面对的铁定事实；唯心地说，灾异是一把神圣之剑，是必须敬畏的天意民心。

总起来说，汉代公羊家本着对春秋实史与《春秋》文史的沉思，在承继先秦子学与经学资源的基础上，形成了以原道、托王、宗经为表征的独特哲学思维方式。在此思维运作下，汉代公羊家立足"大一统"、"察名号"、"行权道"、"说灾异"等内容对政治秩序、政治伦理、政治权衡、政治敬畏展开了独特的哲学思考，构建了由一统政治、伦理政治、权道政治、灾异政治合成的独特王道政治哲学，突显了政治秩序性、政治伦理性、政治合法性、政治权变性、政治敬畏性、政治批判性等一系列政治应然性问题，伸张了儒家所反复强调的"政治的善"与"善的政治"，在一定程度上超越了政治实然，具有政治理想主义色彩。跳出公羊家对政治的哲学思考范式，对其政治哲学进行反省，在揭示其神秘的思维面纱与难免的时代局限之后，其合理内核也可资鉴当代政治文明建设。

附录一　孟子以求放心与得民心为核的治道

孟子的治道思想包括以存本心与求放心为核的治心论和以得民心与行仁政为核的治世论。前者侧重培育理想人格，指向个体道德生命成长发育，后者侧重建构理想社会，指向政治文明建设和社会秩序治理。两者结合为一个整体，充分体现了孟子对人心与人世进行治理的独特思考，具有哲学意蕴。

一　孟子以存本心与求放心为核的治心论

儒家非常重视修己治心，培育理想人格，指向个体道德生命成长发育。孟子从人心本善、存心养心、放心求心、尽心推心、格心得心等方面进行思考，形成了以"存本心"与"求放心"为核的治心论，深入拓展了儒家的治道理论。

（一）人心本善：治心的价值源头

孟子的治心论基于对人性本善，心同理同的理性认知。他从"凡同类者，举相似"（《孟子·告子上》）的一般事理出发，得出了"圣人，与我同类"（同上）的结论，并进而阐发了"心同理同"的道理："口之于味也，有同耆焉；耳之于声也，有同听焉；目之于色也，有同美焉。至于心，独无所同然乎？心之所同然者何也？谓理也，义也。圣人先得我心之所同然耳。故理义之悦我心，犹刍豢之悦我口。"（同上）在孟子看来，圣凡同类，人心同理，人之所以为人，就在人心有理。

人心的这个"理"表现为"义"，但是人心的这个"理"也不限于"义"。人心同理之处还在"人皆有不忍人之心"（《孟子·公孙丑上》），而且"恻隐之心，人皆有之；羞恶之心，人皆有之；恭敬之心，人皆有之；是非之心，人皆有之"（《孟子·告子上》）。孟子进而指出，"恻隐之心，仁也；羞恶之心，义也；恭敬之心，礼也；是非之心，智也"（同上）。有无这"四心"是"人"与"非人"的根本标志，即所谓"无恻隐之心，非人也；无羞恶之心，非人也；无辞让之心，非人也；无是非之心，非人也"（《孟子·公孙丑上》）。只要是人，就一定会有此"四心"，因为"仁义礼智，非由外铄我也，我固有之也"（《孟子·告子上》）。不过，孟子也清醒地认识到，"恻隐之心，仁之端也；羞恶之心，义之端也；辞让之心，礼之端也；是非之心，智之端也"（《孟子·公孙丑上》）。这意味着，人之善心固然自有，但还只是一种可能性，要变为现实，还需要不断扩充，因为"苟能充之，足以保四海；苟不充之，不足以事父母"（同上）。把人心固有的四端不断向外扩充，使潜在的可能性不断获得现实的规定性，这就是孟子所说的"君子所性，仁义礼智根于心，其生色也睟然，见于面，盎于背，施于四体，四体不言而喻"（《孟子·尽心上》）。如此，一切善行都奠基于人性自身，都是人的道德本质力量的确证。

值得特别提出的是，孟子强调人的善心德心的先天性，并提出了"良心"、"良能"、"良知"的概念，而且给予了一种先天性的解释："人之所不学而能者，其良能也；所不虑而知者，其良知也。孩提之童无不知爱其亲者，及其长也，无不知敬其兄也。亲亲，仁也；敬长，义也；无他，达之天下也。"（同上）这就是说，人从一出生就从本质上与非人区别开来，具有道德理性，具有与实然不同的应然追求本性。抽象人性论尽管在现实中并不存在，但作为一种理论假设，却始终具有迷人的力量。

（二）存心养心：治心的先天要求

既然人人固有善心，那么，为什么还存在恶呢？问题就在，是否保存并如何保存这颗善心。孟子既从"人禽之别"的高度指出了存心的重要性以及如何存心，即"人之所以异于禽兽者几希，庶民去之，君子存之。舜明于庶物，察于人伦，由仁义行，非行仁义也"（《孟子·离娄下》），又从"圣凡之别"的高度指出了存心的重要性以及如何存心，即"君子所以异于人者，以其存心也。君子以仁存心，以礼存心。仁者爱人，有礼者敬人。爱人者，人恒爱之；敬人者，人恒敬之"（同上）。真正存心者，在忧患的时候或者在价值冲突的时候最能体现出来。孟子对此有特别深刻精辟的论述，堪称至理名言：一曰"舜发于畎亩之中，傅说举于版筑之间，胶鬲举于鱼盐之中，管夷吾举于士，孙叔敖举于海，百里奚举于市。故天将降大任于斯人也，必先苦其心志，劳其筋骨，饿其体肤，空乏其身，行拂乱其所为，所以动心忍性，曾益其所不能。人恒过，然后能改；困于心，衡于虑，而后作；征于色，发于声，而后喻。入则无法家拂士，出则无敌国外患者，国恒亡。然后知生于忧患而死于安乐也"（《孟子·告子下》）；二曰"人之有德慧术知者，恒存乎疢疾。独孤臣孽子，其操心也危，其虑患也深，故达"（《孟子·尽心上》）；三曰"鱼，我所欲也，熊掌亦我所欲也；二者不可得兼，舍鱼而取熊掌者也。生亦我所欲也，义亦我所欲也；二者不可得兼，舍生而取义者也。生亦我所欲，所欲有甚于生者，故不为苟得也；死亦我所恶，所恶有甚于死者，故患有所不辟也"（《孟子·告子上》）。由此可见，真正存心的人自然能挺立自身的道德主体性，成为贤圣，成就自己的道德人格，做出可贵的道德行为。反之，不存心的人则沦为凡人、小人、乃至禽兽，做出可恶的不善行为。

　　恶产生的一个原因是没有存心，还有一个原因就是没有养心。高度认识养心的重要性并掌握养心的方法至关重要。孟子说："养心莫善于寡欲。其为人也寡欲，虽有不存焉者，寡矣；其为人也多欲，虽有存焉者，寡矣。"（《孟子·尽心下》）孟子深刻地认识到，恶的产生与人的欲望的多寡有直接的关联，人的欲望越多，人的善心就可能被遮蔽得更厉害。孟子还深刻地认识到，恶的产生与"耳目之官不思，而蔽于物"，而"心之官则思，而不思"有直接的关联，所以他说："耳目之官不思，而蔽于物。物交物，则引之而已矣。心之官则思，思则得之，不思则不得也。此天之所与我者。先立乎其大者，则其小者不能夺也。此为大人而已矣。"（《孟子·告子上》）养心其实就是要"立乎其大者"，就是要"养其大体"，就是要"从其大体"。有道德与无道德的人，"大人"与"小人"的区别就在是否养心，能否以心制身，以大制小，所以他又说："人之于身也，兼所爱。兼所爱，则兼所养也。无尺寸之肤不爱焉，则无尺寸之肤不养也。所以考其善不善者，岂有他哉？于己取之而已矣。体有贵贱，有小大。无以小害大，无以贱害贵。养其小者为小人，养其大者为大人。"（同上）"从其大体为大人，从其小体为小人。"（同上）小人只顾养小体，满足自然身体饮食男女的欲望；大人养大体，注重人心固有善端的扩充，始终不"以小夺大"，"以小害大"，即不"心随欲转"，"心蔽于物"。在这里，孟子是理性的，没有否定正当的自然欲望和生理需求，只是强调要将自然欲望和生理需求受到应有的控制，重点放在养心上。

与养心联系非常紧密的还有养气。孟子在谈"我善养吾浩然之气"时说："其为气也，至大至刚，以直养而无害，则塞于天地之间。其为气也，配义与道；无是，馁也。是集义所生者，非义袭而取之也。行有不慊于心，则馁矣。我故曰，告子未尝知义，以其外之也。必有事焉，而勿正，心勿忘，勿助长也。"（《孟子·公孙丑上》）孟子所言"养浩然之气"说到底也就是要"养正义道心"。李泽厚曾有一个解释，认为孟子的"集义""养气"是伦理实践中"理性凝聚为意志，使感性行动成为一种由理性支配、主宰的力量"的"理性的凝聚"活动，可谓是对这段话的绝好注脚。① 孟子所理解的"气"是"配义与道"、"集义所生"、"持志"的"正义之气"。正是因为这种气充满心体身体，满心全身都是正气，所以能产生强烈的意志定向功能，始终立志为善，止于至善，不为外物所动，因而"不动心"。但这个"不动心"又不是刻意地去做个"不动心"，刻意地生怕忘记了"不动心"，这个"不动心"只是"志于道与义，止于至善"而不动，实际却随着"本心良知"的自然流露发布和呈现，扩充到日常的各种事物中，随着"必有事焉"而像"气"那样自然而然地不管遇到什么事情都流动不息，并能做出不离善的正确判断。孟子因此特别强调："夫志，气之帅也；气，体之充也。夫志至焉，气次焉；故曰：'持其志，无暴其气。'""志壹则动气，气壹则动志也。今夫蹶者趋者，是气也，而反动其心。"（同上）人的心志一旦定于道义，道义便主宰感性的气，可以"动气"以应变万物而无不善，反之，如果感性的气没有"配道"与"集义"，任凭感性欲望周流发布，则可以动摇人心本有的"良知"而不知所守，即所谓"反动其心"，感性欲望左右道德理性。因此，养气的功夫需要日夜坚持，配道集义，正所谓"其日夜之所息，平旦之气，其好恶与人相近也者几希，则其旦昼之所为，有梏亡之矣。梏之反覆，则其夜气不足以存；夜气不足以存，则其违禽兽不远矣"（《孟子·告子上》）。善养夜气，心中充满道义，也就越发显示出人之所以为人的道德本质和道德

---

① 李泽厚透过孟子言语的神秘面纱，将孟子的"集义""养气"解之为伦理实践中"理性凝聚为意志，使感性行动成为一种由理性支配、主宰的力量"的"理性的凝聚"活动，是切中孟子思想本原的。（李泽厚：《中国思想史论》（上），安徽文艺出版社1999年版，第55页。）

操守。

(三) 放心求心：治心的后天诉求

如果一心志于存心养心，就能成为君子、大人、圣贤，但在实际的日常社会生活中，小人不存心养心姑且不说，不少凡人也未必都想成为君子、大人、圣贤，因而"放其良心"者自然大有人在。孟子对此深为忧患。他多次发出感慨："仁，人心也；义，人路也。舍其路而弗由，放其心而不知求，哀哉！人有鸡犬放，则知求之；有放心而不知求。"（同上）"仁，人之安宅也；义，人之正路也。旷安宅而弗居，舍正路而不由，哀哉！"（《孟子·离娄上》）"虽存乎人者，岂无仁义之心哉？其所以放其良心者，亦犹斧斤之于木也，旦旦而伐之，可以为美乎？"（《孟子·告子上》）"乡为身死而不受，今为宫室之美为之；乡为身死而不受，今为妻妾之奉为之；乡为身死而不受，今为所识穷乏者得我而为之，是亦不可以已乎？此之谓失其本心。"（同上）在孟子看来，人们放其良心、失其本心，原因不能向外探求，而要在每个人自己身上找。"放心"是自暴自弃的结果，是自放良心、自失本心。贤人之所以为贤人，并非是什么外在力量作用的结果，而是能保持其本心没有丧失，此即"非独贤者有是心也，人皆有之，贤者能勿丧耳"（同上）。孟子认为："自暴者，不可与有言也；自弃者，不可与有为也。言非礼义，谓之自暴也；吾身不能居仁由义，谓之自弃也。"（《孟子·离娄上》）如果说"存心养心"是从积极的意义上来进行治心，那么，"求其放心"就是从消极的意义上来进行"治心"。在现实生活中，能自觉自愿且先知先觉进行存心养心的君子无疑是难能可贵的，但时刻劝勉并帮助更多的凡人"求其放心"更是任重道远。

人自觉地存心养心能成为圣贤，即便是失其本心、放其良心，只要能求其放心也照样可以成为圣贤，即所谓"人皆可以为尧舜"。问题的关键就在"求不求"或"为不为"而已。"可不可以为尧舜"是一个可能性问题，"求不求放心"或"为不为尧舜"则是一个现实性问题，是一个实践性问题。孟子特别强调的就是这个"求不求"或"为不为"的现实实践问题。所以他说："有人于此，力不能胜一匹雏，则为无力人矣；今日举百钧，则为有力人矣。然则举乌获之任，是亦为乌获而已矣。夫人岂以不胜为患哉？弗为耳。徐行后长者谓之弟，疾行先长者谓之不弟。夫徐行者，岂人所不能哉？所不为也。"（《孟子·告子下》）孟子最担心的就是"人病不求"，缺乏道德主体性和道德实践性。道德自我挺立与道德行为实践与人心的志向直接关联，问题就在人心是否志于尧舜之道，而"尧舜之道，孝弟而已矣。子服尧之服，诵尧之言，行尧之行，是尧而已矣。子服桀之服，诵桀之言，行桀之行，是桀而已矣"（同上）。"求放心"、"为尧舜"在孟子的治心思想中处于核心地位，一言以蔽之，"学问之道无他，求其放心而已矣"（《孟子·告子上》）。

到底如何求其放心，又到哪里求其放心呢？如前所述，孟子认为本心之失与良心之放是自暴自弃的结果，因而求放心必须指向每一个生命个体本身，指向"我自己"，指向"本心"。对此，孟子的逻辑是前后一贯的："求则得之，舍则失之，是求有益于得也，求在我者也。求之有道，得之有命，是求无益于得也，求在外者也。"（《孟子·尽心上》）"万物皆备于我矣。反身而诚，乐莫大焉。强恕而行，求仁莫近焉。"（同上）只有"求在我者"、"反身而诚"、"强恕而行"，才能"万物皆备于我"，挺立道德自我主体性，享受到自我道德人格不断完善的无比快乐。所谓"万物皆备于我"，一方面是说，万物的德性都在我身上得到了最完备的体现，万物因我的德性完美而显示出完美；另一方面是说，万事万物都听命于我本善良心的主宰，我本心的仁义礼智等德性自然发布流行，贯彻到世界万事万物的活动中，无不完备体现出我的价值命意和道德善性。成仁之人的道德力量无比巨大，不受物欲多寡、气禀厚薄的影响乃至奴役。孟子论道："夫仁，天之尊爵也，人之安宅也。莫之御而不仁，是不智也。不仁、不智，无礼、无义，人役也。人役而耻为役，由弓人而耻为弓，矢人而耻为矢也。如耻之，莫如为仁。仁者如射：射者正己而后发；发而不中，不怨胜己者，反求诸己而已矣。"（《孟子·公孙丑上》）只有不断"反求诸己"，深造自得，求其完备，才能身正心正，心安理得，如果施行天下，就可以治国平天下，运用起来左右逢源。此即所谓"爱人不亲，反其仁；治人不治，反其智；礼人不答，反其敬——行有不得者皆反求诸己，其身正而天下归之"（《孟子·离娄上》）。此即所谓"君子深造之以道，欲其自得之也。自得之，则居之安；居之安，则资之深；资之深，则取之左右逢其原，故君子欲其自得之也"（《孟子·离娄下》）。道德的事情是个体的事情，高尚的私德挺立起来了，公德也就可有可无了。

（四）尽心推心：治心的境界提升

存心、养心、放心、求心、正心之后，进一步尽心、推心于天下，使天下人都尽心，侍奉天人，这是治心境界的提升。孟子说："尽其心者，知其性也。知其性，则知天矣。存其心，养其性，所以事天也。夭寿不贰，修身以俟之，所以立命也。"（《孟子·尽心上》）所谓尽心知性知天，也就是竭尽全力来自觉人心本心良心，挺立仁义礼智等德心，如果做到了，自然也就知道了人之所以为人的本质属性，知道了这个"不虑而知"、"我固有之"的天生本性。存养本心善性，也就能侍奉天人万物，找到个体的安身立命之本。

尽心需要竭尽全力，竭尽全力的精神就是诚的精神。这种精神本质上也是天生于我的，自觉并发挥这种精神来竭尽全力修身立命养心，就可以感动天地，感动君上，得君行道治民，实现德治仁政的目的。孟子说："居下位而不获于上，民不可得而治也。获于上有道，不信于友，弗获于上矣。信于友有道，事亲弗悦，弗信于友矣。悦亲有道，反身不诚，不悦于亲矣。诚身有道，不明乎善，不诚其身矣。是故诚者，天之道也；思诚者，人之道也。至诚而不动者，未之有也；不诚，未有能动者也。"（《孟子·离娄上》）"居于下位"的人要实现自己的人生理想，劝勉全天下人来尽心，既要时刻诚心反求自己，挺立道德自我善性，又要获得君上的重用、支持，通过君王来替天行道，遍布仁心。孟子说："人皆有所不忍，达之于其所忍，仁也；人皆有所不为，达之于其所为，义也。人能充无欲害人之心，而仁不可胜用也；人能充无穿逾之心，而义不可胜用也；人能充无受尔汝之实，无所往而不为义也。"（《孟子·尽心下》）竭尽心力推行仁心于天下，个体的生命价值就超越个体的狭隘性，进一步获得社会性的丰富内涵。

在君主统治的社会，得君行道，还不如君王自己推仁心、行仁政。如果君王们能够"举斯心加诸彼"，推己及人，那么，善更能遍布天下。孟子在劝勉齐宣王时说："今恩足以及禽兽，而功不至于百姓者，独何与？然则一羽之不举，为不用力焉；舆薪之不见，为不用明焉；百姓之不见保，为不用恩焉。故王之不王，不为也，非不能也。……老吾老，以及人之老；幼吾幼，以及人之幼。天下可运于掌。《诗》云：'刑于寡妻，至于兄弟，以御于家邦。'言举斯心加诸彼而已。故推恩足以保四海，不推恩无以保妻子。古之人所以大过人者,无他焉,善推其所为而已矣。"(《孟子·梁惠王上》)正如求放心的关键在"求不求"一样,君王推仁心、行仁政的关键也全在"为不为"。君王是人,人心本善,哪怕君王具有好货、好色、好乐、好勇的固疾也没关系,只要君王与民同好,仁民爱物,将心比心,以民之好恶为好恶,不以天下奉一己私欲,照样是推心行仁由义。

(五)格心得心:治心的绝对命令

君王要推善心谋善政,首先取决于君王本身是否存心、养心、求心。如果君心不正,君子、大人从外施加力量来格君心、正君心虽然是不得已而为之的事情,但却是应尽心去做的本分工作和重要义务,此即所谓"君子之事君也,务引其君以当道,志于仁而已"(《孟子·告子下》)。如果"事君无义,进退无礼,言则非先王之道者,犹沓沓也。故曰,责难于君谓之恭,陈善闭邪谓之敬,吾君不能谓之贼"(《孟子·离娄上》)。作为人臣,对君的"恭"与"敬"绝不是唯命是从,不敢"格君心之非",而是"责难于君",智慧地指出君主的心歪身斜,引导其不断正心正身。与此相反,如果认为君主不能正心正身,那就是贼害君主,不恭不敬。对于不愿正心推心的君主,要力行谏诤,特别是有大过的君主,更要反复谏诤。当然,对于有大过的君主,不同身份的人谏诤可以采取不同的态度和措施。如果是贵戚之卿,当"君有大过则谏;反覆之而不听,则易位"(《孟子·万章下》);如果是"异姓之卿",当"君有过则谏,反覆之而不听,则去"(同上)。应该说,这个务必要"格君心之非"的思想是比较激烈的,怪不得齐宣王听了立马"勃然变乎色"。之所以如此一定要"格君心之非"以使君身正心正,志仁当道,因为这是促使君王推仁心、行仁政的先决条件,此即所谓"君仁,莫不仁;君义,莫不义;君正,莫不正。一正君而国定矣"(《孟子·离娄上》)。在君主专制社会,君心的力量在某种程度上的确具有决定性作用。

问题是,只有怎样的臣子才会乐意并主动去"格君心之非"呢?孟子的答案是"唯大人为能格君心之非"(同上)。所谓"大人",在实际政治中,多指有地位权势的人,然而在孟子的心目中,实指真正能"养其大体"、"从其大体"、"立乎其大",能做到"无以小害大,无以贱害贵","小者不能夺"的存心、养心的道德高尚的人。大人与小人不同,因为大人具有智慧,"非礼之礼,非义之义,大人弗为"(《孟子·离娄下》);因为大人坚守道义,"大人者,言不必信,行不必果,惟义所在"(同上);因为大人始终存心,"大人者,不失其赤子之心者也"(同上);因为大人首先正己,"有大人者,正己而物正者也"(《孟子·尽心上》);因为大人志为民生,认为"杀一无罪非仁也,非其有而取之非义也。……居仁由义,大人之事备矣"(同上)。因此"大人之事"自然也不同于"小人之事",孟子从社会分工的角度进行了分析,指出"有大人之事,有小人之事。且一人之身,而百工之所为备,如必自为而后用之,是率天下而路也。故曰,或劳心,或劳力;劳心者治人,劳力者治于人;治于人者食人,治人者食于人,天下之通义也"(《孟子·滕文公上》)。自古以来,人所从事的工作不是以劳心为主,就是以劳力为主,"格君心之非"这样的事情自然也就落在以"养心正心"为志业的"大人"身上。孟子认为,"无恒产而有恒心者,惟士为能"(《孟子·梁惠王上》)。士尚志食志,志于"养心正心",代表了道德良知、社会良知乃至宇宙良知。士对上力劝君主正心推心,以民为贵,对下促使人民有恒产然后有恒心,民心归王,人人都能"亲亲仁民爱物"。士的心力在促进个体生命成长和构建和谐社会秩序方面也同样发挥了不可估量的作用。

格君心之非的一个最重要任务,就是使君主始终铭记《尚书·五子之歌》中的八个字——"民惟邦本,本固邦宁",始终明白"诸侯之宝三:土地,人民,政事。宝珠玉者,殃必及身"(《孟子·尽心下》)的道理,始终认清"民为贵,社稷次之,君为轻。是故得乎丘民而为天子,得乎天子为诸侯,得乎诸侯为大夫"(同上)的道理,始终反思"桀纣之失天下也,失其民也;失其民者,失其心也。得天下有道:得其民,斯得天下矣;得其民有道:得其心,斯得民矣;得其心有道:所欲与之聚之,所恶勿施,尔也。民之归仁也,犹水之就下、兽之走圹也。……苟不志于仁,终身忧辱,以陷于死亡"(《孟子·离娄上》)的道理。能以民心为君心,把"格君心"与"得民心"结合起来,"心"之"劳"就会功莫大焉。

二 孟子以行仁政与得民心为核的治世论

儒家非常重视治世,建构理想社会,指向政治文明建设和社会秩序治理。孟子治世论的总纲是"以不忍人之心,行不忍人之政,治天下可运之掌上"(《孟子·公孙丑上》),发挥"上有好者,下必有甚焉者"(《孟子·滕文公上》)的"德风效应",实现上行下效的"德治仁政";取向是"好善忘势"、"尊德贱力"、"乐义轻利"、"尊贤使能";硬核是"与民偕乐"与"以民为本"相结合的"得民心"思想。

(一) 行仁政的价值偏好

孟子在研究三代之治时曾做过这样的总结:"尧舜之道,不以仁政,不能平治天下"(《孟子·离娄上》);"三代之得天下也以仁,其失天下也以不仁。国之所以废兴存亡者亦然。天子不仁,不保四海;诸侯不仁,不保社稷;卿大夫不仁,不保宗庙;士庶人不仁,不保四体。今恶死亡而乐不仁,是犹恶醉而强酒。"(同上)他在研究君道和臣道的时候进一步认定:"规矩,方员之至也;圣人,人伦之至也。欲为君,尽君道;欲为臣,尽臣道。二者皆法尧舜而已矣。不以舜之所以事尧事君,不敬其君者也;不以尧之所以治民治民,贼其民者也。孔子曰:'道二,仁与不仁而已矣。'暴其民甚,则身弑国亡;不甚,则身危国削,名之曰'幽''厉',虽孝子慈孙,百世不能改也。《诗》云:'殷鉴不远,在夏后之世。'此之谓也。"(同上)如果说上面是从反面讲不行仁政的弊端的话,那么,从正面来看行仁政可以收到"事半功倍"的效果:"地不改辟矣,民不改聚矣,行仁政而王,莫之能御也。且王者之不作,未有疏于此时者也;民之憔悴于虐政,未有甚于此时者也。饥者易为食,渴者易为饮。孔子曰:'德之流行,速于置邮而传命。'当今之时,万乘之国行仁政,民之悦之,犹解倒悬也。故事半古之人,功必倍之,惟此时为然。"(《孟子·公孙丑上》)基于对行仁政正反两面历史经验的总结以及对仁政与虐政暴政的比较,孟子极力主张行仁政,为民"解倒悬",同时也非常痛恨那些不仁的君主,不无感慨地说:"不仁哉梁惠王也!仁者以其所爱及其所不爱,不仁者以其所不爱及其所爱。"(《孟子·尽心下》)就是对于三代之治中的武王,也多有不满,并认为"尽信《书》,则不如无《书》。吾于《武成》,取二三策而已矣。仁人无敌于天下,以至仁伐至不仁,而何其血之流杵也"(《孟子·尽心下》)。

仁政首先表现为"好善忘势"。一方面,君王不能以势压人,而要礼贤下士;另一方面,君子也不能为势所压,而要挺立尊严。孟子说:"古之贤王好善而忘势;古之贤士何独不然?乐其道而忘人之势,故王公不致敬尽礼,则不得亟见之。见且由不得亟,而况得而臣之乎?"(《孟子·尽心上》）不管是君道，还是臣道，都要建立在"敬"的善德上："用下敬上，谓之贵贵；用上敬下，谓之尊贤。贵贵尊贤，其义一也。"（《孟子·万章下》）君臣的关系是相互的，不能建立在"权势"的不对等基础上，孟子在与齐宣王交谈时说得非常真切："君之视臣如手足，则臣视君如腹心；君之视臣如犬马，则臣视君如国人；君之视臣如土芥，则臣视君如寇仇。"（《孟子·离娄下》）本来就处于权势下位的臣子更要讲求臣道，更要尊德乐道，不断存养自己的德心仁性，把"德"提高到"达尊"的高度予以重视，敢做"不召之臣"，而有为之君也要允许"不召之臣"的存在："天下有达尊三：爵一，齿一，德一。朝廷莫如爵，乡党莫如齿，辅世长民莫如德。恶得有其一以慢其二哉？故将大有为之君，必有所不召之臣；欲有谋焉，则就之。其尊德乐道，不如是，不足与有为也。故汤之于伊尹，学焉而后臣之，故不劳而王；桓公之于管仲，学焉而后臣之，故不劳而霸。"（《孟子·公孙丑下》）"不召之臣"有气节、有圣贤气象，富贵不能淫，贫贱不能移，威武不能屈。孟子曾有两次回答充分体现了"好善忘势"的价值意义与人的道德尊严：一是"彭更问曰：'后车数十乘，从者数百人，以传食于诸侯，不以泰乎？'孟子曰：'非其道，则一箪食不可受于人；如其道，则舜受尧之天下，不以为泰——子以为泰乎'"（《孟子·滕文公下》）；二是"公都子曰：'滕更之在门也，若在所礼，而不答，何也？'孟子曰：'挟贵而问，挟贤而问，挟长而问，挟有勋劳而问，挟故而问，皆所不答也。滕更有二焉'"（《孟子·尽心上》）。众所周知，在封建社会，治世的真正主体是君臣，人民是被治的对象。因此，儒家治道始终不可能不在君道与臣道上立论。把权势隐性化，把道德显性化，化政治为道德，化治世为治心，虽然在赤裸裸的权力逻辑面前常常显得苍白无力，但的确闪耀着道德理想主义与政治理想主义的迷人光辉，特别引人注目。

与"好善忘势"紧密相连的是"尊德贱力"。如果说前者侧重的是道德与权势对比的话，那么后者侧重的是道德与武力的对比，殊途同归的是都反对强权政治和霸道主义。孟子曾清醒地认识到尊德有道与强力无道的区别："天下有道，小德役大德，小贤役大贤；天下无道，小役大，弱役强。斯二者，天也。顺天者存，逆天者亡。"（《孟子·离娄上》）王道以贤德大小为本，霸道以强弱大小为本，这可谓是一个"顺存逆亡"的"天律"。而且，孟子也清醒地认识到"以德服人"王道与"以力服人"霸道的不同效果："以力假仁者霸，霸必有大国；以德行仁者王，王不待大——汤以七十里，文王以百里。以力服人者，非心服也，力不赡也；以德服人者，中心悦而诚服也，如七十子之服孔子也。《诗》云：'自西自东，自南自北，无思不服。'此之谓也。"（《孟子·公孙丑上》）两相比较，孟子选择王道德治。正因为此，他以行霸道暴政的"君"为"一夫"，根本不能当"君"看。他在回答齐宣王"汤放桀，武王伐纣"的问题时言语激烈："贼仁者谓之'贼'，贼义者谓之'残'。残贼之人谓之'一夫'。闻诛一夫纣矣，未闻弑君也。"（《孟子·梁惠王下》）春秋战国时代，是一个暴力横行的时代。孟子对于当时的暴力战争做了非常严厉的评述与审判："争地以战，杀人盈野；争城以战，杀人盈城，此所谓率土地而食人肉，罪不容于死。故善战者服上刑，连诸侯者次之，辟草莱、任土地者次之。"（《孟子·离娄上》）一句话说，"春秋无义战"（《孟子·尽心下》）。行仁政，最好是没有战争，不用暴力。

行仁政不仅要"忘势"、"贱力"，还要"轻利"。《孟子》一书开篇就讨论了这个问题。孟子针对梁惠王见面就谈如何"以利吾国"给予了意味深长的回答："王！何必曰利？亦有仁义而已矣。王曰，'何以利吾国？'大夫曰，'何以利吾家？'士庶人曰，'何以利吾身？'上下交征利而国危矣。万乘之国，弑其君者，必千乘之家；千乘之国，弑其君者，必百乘之家。万取千焉，千取百焉，不为不多矣。苟为后义而先利，不夺不餍。未有仁而遗其亲者也，未有义而后其君者也。王亦曰仁义而已矣，何必曰利？"（《孟子·梁惠王上》）这是针对君主的话，指出了"惟利是谈"的危害，"先义先利"的益处。同时，孟子自己不"以利进谏"，也不赞成君子"以利进谏"。当他在宋国石丘遇到君子宋牼"以利进谏"时，又进一步阐发了王道仁政不可利字当头的观点："先生以利说秦楚之王，秦楚之王悦于利，以罢三军之师，是三军之士乐罢而悦于利也。为人臣者怀利以事其君，为人子者怀利以事其父，为人弟者怀利以事其兄，是君臣、父子、兄弟终去仁义，怀利以相接，然而不亡者，未之有也。先生以仁义说秦楚之王，秦楚之王悦于仁义，而罢三军之师，是三军之士乐罢而悦于仁义也。为人臣者怀仁义以事其君，为人子者怀仁义以事其父，为人弟者怀仁义以事其兄，是君臣、父子、兄弟去利，怀仁义以相接也，然而不王者，未之有也。何必曰利？"（《孟子·告子下》）值得注意的是，由于古代治世的真正政治主体是君主，因此，孟子反对君主言利，与民争利，却主张制民之产，富民恤民。言利看对谁而言，这是不可不察的。

行仁政还需要尊贤使能。孟子对此极力提倡，并对尊贤使能的巨大作用不厌其烦地进行了详细阐发："仁则荣，不仁则辱；今恶辱而居不仁，是犹恶湿而居下也。如恶之，莫如贵德而尊士，贤者在位，能者在职，国家闲暇，及是时，明其政刑。虽大国，必畏之矣"（《孟子·公孙丑上》）；"尊贤使能，俊杰在位，则天下之士皆悦，而愿立于其朝矣"（同上）。总而言之，"惟仁者宜在高位。不仁而在高位，是播其恶于众也"（《孟子·离娄上》）。作为君主，应当礼贤下士，善待贤能，比如贤能"谏行言听，膏泽下于民；有故而去，则君使人导之出疆，又先于其所往；去三年不反，然后收其田里。此之谓三有礼焉"（《孟子·离娄下》）。

（二）得民心的现实关怀

行仁政的核心是"得民心而天下归往"。孟子从经济、政治、教育等多个方面对如何"得民心"进行了思考，形成了一套内容比较丰富的民心论。这是其治世论的主体部分，也是历来最受称道的部分。分而言之，表现在如下几个方面。

一是重民之生。人民的生命非常宝贵，是诸侯三宝之一。如前所述，孟子反对战争。他宣判"善战者服上刑，连诸侯者次之，辟草莱、任土地者次之"（《孟子·离娄上》），就是因为好战者无异于"率土地而食人肉"，不把百姓的生命当回事。孟子对"嗜杀人者"表示无比痛恨，而对"不嗜杀人者"表示无比向往："今夫天下之人牧，未有不嗜杀人者也。如有不嗜杀人者，则天下之民皆引领而望之矣。诚如是也，民归之，由水之就下，沛然谁能御之？"（《孟子·梁惠王上》）直接杀人是无视百姓生命，让民饿死同样是无视百姓生命。孟子曾说："狗彘食人食而不知检，涂有饿莩而不知发；人死，则曰，'非我也，岁也。'是何异于刺人而杀之，曰，'非我也，兵也。'王无罪岁，斯天下之民至焉。"（同上）孟子非常反对漠视生命的非人道主义做法，认为杀人以梃与刃和以刃与政并无分别，都是"率兽而食人"："庖有肥肉，厩有肥马，民有饥色，野有饿莩，此率兽而食人也。兽相食，且人恶之；为民父母，行政，不免于率兽而食人，恶在其为民父母也？仲尼曰：'始作俑者，其无后乎！'为其象人而用之也。如之何其使斯民饥而死也？"（同上）如果在一个国家，"无罪而杀士，则大夫可以去；无罪而戮民，则士可以徙"（《孟子·离娄下》）。生命何其珍贵，不尊重生民性命，最终只会失民心，反革其命。

二是制民之产。得民心关键是民有恒心。与专门"劳心"、"食志"的士不一样，百姓要有恒心必须有恒产，换言之，道德教化需要以经济恒产为基础。孟子对此做了如下论述："无恒产而有恒心者，惟士为能。若民，则无恒产，因无恒心。苟无恒心，放辟邪侈，无不为已。及陷于罪，然后从而刑之，是罔民也。焉有仁人在位罔民而可为也？是故明君制民之产，必使仰足以事父母，俯足以畜妻子，乐岁终身饱，凶年免于死亡；然后驱而之善，故民之从之也轻。"（《孟子·梁惠王上》）行仁政，要以农为本，解决民生问题，此即所谓"五亩之宅，树之以桑，五十者可以衣帛矣。鸡豚狗彘之畜，无失其时，七十者可以食肉矣。百亩之田，勿夺其时，八口之家可以无饥矣"（同上）；"夫仁政，必自经界始。经界不正，井地不钧，谷禄不平，是故暴君污吏使必慢其经界。经界既正，分田制禄可坐而定也"（《孟子·滕文公上》）；"易其田畴，薄其税敛，民可使富也。食之以时，用之以礼，财不可胜用也。民非水火不生活，昏暮叩人之门户求水火，无弗与者，至足矣。圣人治天下，使有菽粟如水火。菽粟如水火，而民焉有不仁者乎？"（《孟子·尽心上》）通过富民政策，确保民有恒产，百姓才有可能存养善心，民心才会归顺。

三是取民之制。为了保障民生，孟子不仅主张"贤君必恭俭礼下，取于民有制"（《孟子·滕文公上》)，还主张"省刑罚，薄税敛"（《孟子·梁惠王上》)。关于取民之制，孟子赞成三代的税收制度："夏后氏五十而贡，殷人七十而助，周人百亩而彻，其实皆什一也。彻者，彻也；助者，藉也。龙子曰：'治地莫善于助，莫不善于贡。'贡者，校数岁之中以为常。乐岁，粒米狼戾，多取之而不为虐，则寡取之；凶年，粪其田而不足，则必取盈焉。为民父母，使民盼盼然，将终岁勤动，不得以养其父母，又称贷而益之，使老稚转乎沟壑，恶在其为民父母也？夫世禄，滕固行之矣。《诗》云：'雨我公田，遂及我私。'惟助为有公田。由此观之，虽周亦助也。"（《孟子·滕文公上》）关于薄税敛，孟子希望尽力做到"市，廛而不征，法而不廛，则天下之商皆悦，而愿藏于其市矣；关，讥而不征，则天下之旅皆悦，而愿出于其路矣；耕者，助而不税，则天下之农皆悦，而愿耕于其野矣；廛，无夫里之布，则天下之民皆悦，而愿为之氓矣"（《孟子·公孙丑上》）。

四是敬民之事。老百姓的事情无小事，以民为本自然要以民事为本，不耽误民事，取民有时。孟子在回答滕文公问治国时说："民事不可缓也。

《诗》云：'昼尔于茅，宵尔索绹；亟其乘屋，其始播百谷。'"（《孟子·滕文公上》）针对梁惠王为自己雪耻报仇发动战争，夺其民时，孟子进行了晓之以理的劝告："彼夺其民时，使不得耕耨以养其父母。父母冻饿，兄弟妻子离散。彼陷溺其民，王往而征之，夫谁与王敌？故曰：'仁者无敌。'王请勿疑！"（《孟子·梁惠王上》）敬民之事，不违农时，从生态经济的角度来看，是保持经济实现可持续发展的重要条件。孟子对此深有洞察："不违农时，谷不可胜食也；数罟不入洿池，鱼鳖不可胜食也；斧斤以时入山林，材木不可胜用也。谷与鱼鳖不可胜食，材木不可胜用，是使民养生丧死无憾也。养生丧死无憾，王道之始也。"（同上）在农业经济社会，民以食为天，食以农为本，不缓农事，不违农时，是顺民意、得民心的重要方面。

五是新民之教。重视教化是儒家的最大特色。孟子的治心论从个体心性生命成长角度已经进行了颇费心思的阐发，但从治世论来看，设立学校集中地进行教化活动不是个体的行为，而是社会的事情。孟子考察了三代的学校与教育，力主大兴教育，教化民心，乃至培育"王者师"："设为庠序学校以教之。庠者，养也；校者，教也；序者，射也。夏曰校，殷曰序，周曰庠；学则三代共之，皆所以明人伦也。人伦明于上，小民亲于下。有王者起，必来取法，是为王者师也。"（《孟子·滕文公上》）在孟子的教育理念中，教育是体现人别于禽兽，确证人的本质力量的根本手段，是安民忧民的重要表现。"教民稼穑"使百姓掌握农业生产技术，"教以人伦"使百姓懂得处理社会人际关系，挺立人的道德自我，构成了孟子知识与德性并重的教育目的论。他对此言之切切："后稷教民稼穑，树艺五谷；五谷熟而民人育。人之有道也，饱食、暖衣、逸居而无教，则近于禽兽。圣人有忧之，使契为司徒，教以人伦，——父子有亲，君臣有义，夫妇有别，长幼有叙，朋友有信。"（同上）孟子从"善政"与"善教"的比较中得出了"政令"不如"教化"的结论，指出"得民心"当提倡"善教"："仁言不如仁声之入人深也，善政不如善教之得民也。善政，民畏之；善教，民爱之。善政得民财，善教得民心。"（《孟子·尽心上》）针对"鲁欲使慎子为将军"，孟子也表达了自己的鲜明立场："不教民而用之，谓之殃民。殃民者，不容于尧舜之世。一战胜齐，遂有南阳，然且不可。"（《孟子·告子下》）富民后教，孟子完全继承了孔子的思想。

六是恤民之患。人生在世，最痛苦的莫过于遭遇天灾人祸。落难之时，赈灾救民于水火之中；无助之时，抚恤困难群体以弘扬人道主义；这是王政仁政得民心的最恰当时机。就抚恤困难群体而言，孟子在论王政时说得扣人心弦："昔者文王之治岐也，耕者九一，仕者世禄，关市讥而不征，泽梁无禁，罪人不孥。老而无妻曰鳏，老而无夫曰寡，老而无子曰独，幼而无父曰孤。此四者，天下之穷民而无告者。文王发政施仁，必先斯四者。《诗》云：'哿矣富人，哀此茕独。'"(《孟子·梁惠王下》)就拯救凶年灾民而言，孟子与穆公的一次对话道出了"上不救下"则必遭"下不救上"的报应结果。这就是穆公遭到"有司死者三十三人，而民莫之死"的报应，因为"凶年饥岁，君之民老弱转乎沟壑，壮者散而之四方者，几千人矣；而君之仓廪实，府库充，有司莫以告，是上慢而残下也"（同上）。不重视民政，不爱民恤民，何以得民心。

七是除民之害。治世与治心的最大区别是一定要见诸于外，一定要与人身之外的自然、社会、思想打交道。人也不能仅仅在个体的意义上被理解，还要在整体的意义上被理解。老百姓面对自然灾害、社会危害、思想毒害时，设法为民除害，是仁政最重要的内容。孟子认为，在中国历史上，有三个人分别在为民除自然灾害、社会危害、思想毒害中做出了最杰出的贡献，这就是"禹抑洪水而天下平，周公兼夷狄、驱猛兽而百姓宁，孔子成《春秋》而乱臣贼子惧"(《孟子·滕文公下》)。为民除自然灾害，大禹是代表，孟子进行了详细记录："当尧之时，天下犹未平，洪水横流，泛滥于天下，草木畅茂，禽兽繁殖，五谷不登，禽兽逼人，兽蹄鸟迹之道交于中国。尧独忧之，举舜而敷治焉。舜使益掌火，益烈山泽而焚之，禽兽逃匿。禹疏九河，瀹济漯而注诸海，决汝汉，排淮泗而注之江，然后中国可得而食也。当是时也，禹八年于外，三过其门而不入，虽欲耕，得乎？"(《孟子·滕文公上》)为民除社会危害，周公是代表。孟子也不惜笔墨："尧舜既没，圣人之道衰，暴君代作，坏宫室以为污池，民无所安息；弃田以为园囿，使民不得衣食。邪说暴行又作，园囿、污池、沛泽多而禽兽至。及纣之身，天下又大乱。周公相武王诛纣，伐奄三年讨其君，驱飞廉于海隅而戮之，灭国者五十，驱虎、豹、犀、象而远之，天下大悦。"(《孟子·滕文公下》)为民除思想毒害，孔子是代表。孟子更是感同身受："世衰道微，邪说暴行有作，臣弑其君者有之，子弑其父者有之。孔子惧，作《春秋》。《春秋》，天子之事也；是故孔子曰：'知我者其惟《春秋》乎！罪我者其惟《春秋》乎！'"（同上）作为一个食志的士君子，孟子曾说"予岂好辩哉？予不得已也"。"不得已"就是因为要"正人心，息邪说，距诐行，放淫辞"（同上），担负起为民除思想毒害的历史责任，"距杨墨"，做"圣人之徒"。民害得除，经济民生、政治民生、文化民生就可以得到保障，民心自然归顺。以上所论重民之生、制民之产、取民之制、敬民之事、新民之教、恤民之患、除民之害七个方面构成了孟子得民心以治世安邦的核心内容，涉及经济、政治、文化、教育、军事等各个方面，贯穿在以后儒家的治道思想中，充分体现了儒家经世致用的现实主义精神。

（三）同民好的仁性诉求

值得一提的是，在孟子那里，"以民为本"还和"与民偕乐"相伴而行，"得民心"和"格君心"结为一体。自古以来，帝王莫不好色、好货、好乐、好勇。针对这种自然人性欲求，孟子虽然从养心的角度提倡寡欲，但那是针对道德生命境界提升而提出的要求。一旦针对君主，讨论治世的政治问题，孟子却转换视角，从民生的角度来进行思考，主张"与民同好"，而不是"以天下奉一人"，显得特别务实。

在孟子的时代，君王好色、好货、好乐、好勇者实有不少，而齐宣王是一个典型，集"四好"于一身。有一次，孟子见齐宣王，齐宣王一连直言不讳自己"好货"与"好色"两个毛病。孟子非但没有指出"好货"与"好色"为毛病，而是在肯定的前提下做出了"与民同好"的对答："昔者公刘好货，《诗》云：'乃积乃仓，乃裹糇粮，于橐于囊。思戢用光。弓矢斯张，干戈戚扬，爰方启行。'故居者有积仓，行者有裹囊也，然后可以爰方启行。王如好货，与百姓同之，于王何有？""昔者太王好色，爱厥妃。《诗》云：'古公亶父，来朝走马，率西水浒，至于岐下，爰及姜女，聿来胥宇。'当是时也，内无怨女，外无旷夫。王如好色，与百姓同之，于王何有？"（《孟子·梁惠王下》）与民同好，不与民争利，不产生怨女旷夫，无疑有利于得民心。

至于好乐，齐宣王在庄暴与孟子面前都直言不讳过，庄暴不知如何回答，而孟子则从"独乐乐"到"与人乐乐"，从"与少乐乐"到"与众乐乐"，一步一步诱导齐宣王"与民同乐"，并指出"与不与民同乐"对于"民心"产生的不同反应和不同效果："今王鼓乐于此，百姓闻王钟鼓之声，管籥之音，举疾首蹙頞而相告曰：'吾王之好鼓乐，夫何使我至于此极也？父子不相见，兄弟妻子离散。'今王田猎于此，百姓闻王车马之音，兄羽旄之美，举疾首蹙頞而相告曰：'吾王之好田猎，夫何使我至于此极也？父子不相见，兄弟妻子离散。'此无他，不与民同乐也。""今王鼓乐于此，百姓闻王钟鼓之声，管籥之音，举欣欣然有喜色而相告曰：'吾王庶几无疾病与，何以能鼓乐也？'今王田猎于此，百姓闻王车马之音，见羽旄之美，举欣欣然有喜色而相告曰：'吾王庶几无疾病与，何以能田猎也？'此无他，与民同乐也。今王与百姓同乐，则王矣。"（同上）在孟子看来，"乐民之乐者，民亦乐其乐；忧民之忧者，民亦忧其忧。乐以天下，忧以天下，然而不王者，未之有也"（同上）。与民忧乐，自然是得民心的重要体现。

至于好勇，孟子建议齐宣王不要停留于"匹夫之勇"，而要效法"文王之勇"与"武王之勇"："王请无好小勇。夫抚剑疾视曰，'彼恶敢当我哉！'此匹夫之勇，敌一人者也。王请大之！《诗》云：'王赫斯怒，爰整其旅，以遏徂莒，以笃周佑，以对于天下。'此文王之勇也。文王一怒而安天下之民。《书》曰：'天降下民，作之君，作之师，惟曰其助上帝宠之。四方有罪无罪惟我在，天下曷敢有越厥志？'一人衡行于天下，武王耻之。此武王之勇也。而武王亦一怒而安天下之民。今王亦一怒而安天下之民，民惟恐王之不好勇也。"（同上）如果面对外敌，而且力量薄弱，需要与民一起勇敢地保家卫国。孟子曾针对小国国君滕文公面对齐、楚强敌，主张"凿斯池也，筑斯城也，与民守之，效死而民弗去，则是可为也"（同上）。在治世方面，孟子的"与民同好"思想立足人的物质、欲望、情感、意志，仿佛与治心、养心、寡欲的理论相矛盾。其实，这正是孟子的高明之处，因为他试图通过"与民同好"这个途径使君主的欲望得到有效控制，实际上是"格君心"与"得民心"的有机组成部分。

三 孟子治道思想的合理内核与天然局限

从坚信人心皆同，经由存心养心、求心正心、尽心推心、格心得心，孟子的治心论充分反映了孟子的心官心思，体现了人心的良贵，张扬了心力的作用，展示了心境的宽广。每一个生命个体时刻高扬"欲贵者，人之同心也"，也就能"既醉以酒，既饱以德"（《孟子·告子上》）。不管社会或自己处于什么状态，依靠人的本心良知定力，也就能做到"仰不愧于天,俯不怍于人"(《孟子·尽心上》),无愧于心。这样的话,"天下有道,以道殉身;天下无道,以身殉道"(同上);"居天下之广居,立天下之正位,行天下之大道;得志,与民由之;不得志,独行其道。富贵不能淫,贫贱不能移,威武不能屈"(《孟子·滕文公下》);"得志,泽加于民;不得志,修身见于世。穷则独善其身,达则兼善天下"(《孟子·尽心上》)。孟子的治心论高度张扬了道德修养的可能性,认为"人皆可以为尧舜",好色、好货、好乐、好勇的人都可以通过修养而成就道德自我;高度张扬了道德修养的自我性,主张"反身而诚","万物皆备于我",一切道德修为都要归根到我自己,完善个体心性生命和道德人格;高度张扬了道德修养的主体性,要求"深造自得",发挥自我主体的巨大心力;高度张扬了道德修养的内在性,认为仁义礼智根于心,我固有之,要求"求在我者",在我自己的心上着力,在我自己的志上磨砺;高度张扬了道德修养的实践性,认为"治心"的关键在"思不思"的精神活动与"为不为"的直接行为,在内圣外王两个方面都要有直接的行为表现。这一切对于道德心理建设、精神生命成长和道德境界提升都具有直接的资鉴作用。

孟子治世思想的一个最大特色是高度重视人心的巨大力量,高度重视道德的巨大力量。重视人心,也就是重视主体性作用,重视内在性品质,重视精神性生命;重视道德,也就是重视人类的本质属性,重视社会的价值取向,重视政治的良善基础。把治道奠定在人心道德的基础上,无疑是善治的内在要求。而且,在以"求心"为核心的修己方面与在以"得心"为核心的安人方面,孟子还对人心道德的标准做了不同的要求,前者始终不断要求境界提升,而后者立足民生保障。诚如现代新儒家徐复观所言:"修己的学术标准总是将自然生命不断地向德性上提,绝不在自然生命上立足,绝不在自然生命的要求上安设价值。治人的政治上的标准当然还是承认德性的标准,但这只是居于第二的地位,而必以人民的自然生命的要求居于第一的地位。治人的政治上的价值,首先是安设在人民的自然生命的要求之上,其他价值,必附丽于此一价值而始有其价值。"[①]儒家在修己与安人标准上的这种恰当区分在孟子这里有比较充分的体现,因而道德理想主义与政治现实主义并行不悖,但又始终坚定道德价值中心不动。

孟子的治世思想高度张扬了儒家的民本主义,而且做了相当全面细致

---

① 徐复观:《学术与政治之间》,华东师范大学出版社2009年版,第97页。

的考察，涉及了治世主体、治世内容、治世途径、治世效果等多个方面，而其"民心论"始终立足在"民生论"的基础上，特别有利于推动经济民生、政治民生和文化民生等的保障工作，以及对政治合法性的民意基础进行探索。徐复观曾经指出："中国的政治思想除法家外都可说是民本主义，即认定民是政治的主体。但中国几千年的实际政治却是专制政治，政治权力的根源系来自君而非来自人民。于是，在事实上，君才是真正的政治主体。"[1]尽管孟子并没有意识到权力来自人民，只是强调得民心可以定天下，但孟子直面现实的无道社会和暴力事实，提出了"好善忘势"、"尊德贱力"、"乐义轻利"、"尊贤使能"等一系列主张，对王道、君道和臣道进行了深入阐发，有效地夯实了政治的伦理道德基础，为消解政治专制，反对强权政治、霸权主义，提供了另一个不可或缺的思维路径。而其"不召之臣"、"谏过易位"、"诛一独夫"等思想非常大胆，是专制政治时代的自由之声，至今依然振聋发聩。

当然，孟子的治道思想也有明显的缺陷，这个缺陷也是那个时代所有人的缺陷。孟子的民心论不可能是民主论，德治论不可能是法治论，归根到底是人治论。将治世完全寄托在君心与民心上是不够的，试图化政治为道德，忽视政治治理本身的探讨，也是无法真正解决治理本身的各种问题的。真切地思考治世的主体权利和权力来源，探求如何有效保障政治权利以及限制与使用政治权力，还没有真正纳入孟子的治道思想中，这也是今人不能苛求孟子的。孟子虽然也有现实主义的一面，但理想主义始终占有更重要的位置。至于美丽的理想总是被残酷的现实碾得粉碎，这恐怕对孟子和今人来说都会觉得无可奈何。历史在说，理想永远是理想，绝不能完全用现实来评判。对孟子，也应如是。把孟子的德治、民本思想置于当代法治、民主的视野中来考量，并实现现代性的转化创造，以服务当代社会建设，当是孟子对今人的期望。

---

[1] 徐复观：《学术与政治之间》，第44页。

附录二　儒家"礼"文化基因再探

中国素以"礼义之邦"而享誉天下，有其独特的礼乐文化和礼法文化。制礼、明礼、知礼、好礼、重礼、学礼、习礼、行礼、"视听言动思"绝不离"礼"，已经积淀成中华民族的集体无意识、个体无意识和文化心理结构，成为"中华"之所以为"华"的标志性象征。而一切无礼、非礼、弃礼、失礼、违礼的思想和行动也始终受到社会舆论的蔑视、非议和谴责，严重违礼者乃至被绳之以严厉的家法族规和国法刑罚。论及中华文化，不知"礼"者，可谓未登堂奥，"入乎其内"，自然也难以发微阐幽，"出乎其外"了。

何谓礼，据《仪礼》、《礼记》、《周礼》所载，礼有十多种，如冠、婚、丧、祭、射、乡、朝、聘、宾、军等，涵盖了宗教、政治、道德、军事、文化、外交、民俗、体育、日常生活等各个领域的各个方面。礼内在地交织着人神关系、人际关系、政治关系，具有神圣性、规范性和权威性，实际上发挥着宗教、政治、伦理、社会、教育五合一的功能，支配着整个古代中国社会的思想和行动，贯穿在整个社会生活的全过程和多方面。正如有的学者所指出的，"'礼'在中国，乃是一个独特的概念，为其他任何民族所无。其他民族之'礼'一般不出礼俗、礼仪、礼貌的范围。而中国之'礼'，则与政治、法律、宗教、思想、哲学、习俗、文学、艺术，乃至于经济、军事，无不结为一个整体，为中国物质文化和精神文化之总名"。[①]

值得注意的是，中国的礼乐文化与礼法文化是以自给自足农业经济为物质基础，以宗法社会为生活土壤，以社会分化为基本前提，以和谐秩序为终极目的的，内在蕴含着矛盾因素和自我否定因素，犹如一把双刃剑，在中国的文化思想和社会生活中发挥正反效应，影响着中国文化和社会的

[①] 邹昌林：《中国礼文化》，社会科学文献出版社2000年版，第14页。

发展。因此，对"礼"的理论研讨和实践改造也有一个不断发展的过程，这进一步增加了对"礼"的诠释难度。

自从周公"制礼作乐"以来，经过孔子的精神反思，孟子的隐性获得和荀子的显性阐发，到秦汉之际《仪礼》、《周礼》、《礼记》的系统整理，"礼"的内在精神和外在表现大要以备，基本奠定后代中国"礼学"的基本概念框架和主体思想内容。对于"礼"，欲获得全面的了解和理性的把握，当然需要理解"礼"所产生的物质条件、社会基础、政治状况、文化传统，但为了更为清晰地再现"礼"自身的内在发展线索和本质规定属性，下面几个方面似乎不可不察，即所谓礼之"源流"，礼之"本用"，礼之"因革"，礼之"经权"，礼之"知行"，礼之"义仪"，礼之"制立"等。尽管"礼"本身的这多个维度可能交叠纠结、难解难分，但为了叙述和理解的方便，分而论之想必也不无必要。

一 究元：礼之源

按照社会生产发展的现实运动和人类思维发展的内在逻辑，礼的发生、发展经历了一个漫长而复杂的过程，对"礼"的认识亦如是。而一般认为，礼的发生与古老原始的"巫史传统"有关，它源于带有宗教意味的祭祀活动，后来不断人文化为个体的道德品性，并成为政治领袖的权力象征，从内在和外在两方面规范着人们的行为，成为一套系统的具有普遍约束力的规范体系。关于礼的来源，可从三个方面理解。

首先从字源字义上考察，"礼"源于宗教祭祀活动，是上古社会的主要文化生活方式。《说文解字》载："豊，行礼之器也。从豆，象形。"又，"禮，履也，所以事神致福也。从示从豊，豊亦声。"礼的本义是"行礼之器"，目的是"事神致福"，通过沟通神人关系以预测人间的吉凶祸福。王国维的考释与《说文解字》所言基本一致："殷墟卜辞有豊字，……象二玉在器之形。古者行礼以玉，故《说文》曰：'豊，行礼之器'。其说古矣。……盛玉以奉事神之器谓之丶若豊。推之而奉神人之酒醴亦谓之醴，又推之而奉神人之事通谓之礼。其初，当皆用丶若豊二字，其分化为醴、礼二字，盖稍后矣。"[①] 郭沫若亦有同感，不过更突出了从神到

---

① 王国维：《观堂集林》，河北教育出版社2001年版，第177—178页。

人、从宗教到人文的理性化和世俗化特征:"'禮'是后来的字。在金文里面我们偶尔看见有用'豊'字的,从字的结构来说,是在一个器皿里面盛两串玉具以奉事于神。《盘庚篇》里面所说的'具乃贝玉',就是这个意思。大概礼之起于祀神,故其字后来从示。其后扩展而为对人,更其后扩展而为吉、凶、军、宾、嘉的各种仪制。"① 在远古时代,由于生产力水平低下,人们的认识水平不高,加上当时"国之大事在祀与戎",礼之起源于宗教祭祀活动,也就在情理之中。

其次从人性根源上发掘,礼既根源于人的情欲,又取决于人的理性,而要津就在据"理"制"礼"以"分","养情养欲"、"以礼制欲"、"以理导欲",使社会各个阶级和阶层各有所得,各安其分。把"礼"归结于对人类生活困境的反应、对现实社会问题的解决,当作是人类理性人为的设置,也许就是"人最为天下贵"的自由本质力量的现实确证。所以荀子写道:"礼起于何也?曰:人生而有欲,欲而不得,则不能无求。求而无度量分界,则不能不争;争则乱,乱则穷。先王恶其乱也,故制礼义以分之,以养人之欲,给人之求。使欲必不穷于物,物必不屈于欲。两者相持而长,是礼之所起也。"(《荀子·礼论》)班固也认为:"人函天地阴阳之气,有喜怒哀乐之情。天禀其性而不能节也,圣人能为之节而不能绝也,故象天地而制礼乐。"(《汉书·礼乐志》)荀子和班固的论述一方面突出从人性上探究礼的起源;另一方面又注重现实的物质生活实际和由此带来的社会纷争的现实进行思考,显然充满了客观、冷静的理智精神,应该说击中了问题的实质,"言之有理,持之有故",成"一家之言"。大凡注重客观实际生活和当下历史境遇的学者,基本上都接受荀子的这种主张。其理论基础就是性恶论,而症结就在"性伪之别"。不过持"性善论"的孟子则与之相反,认为"礼"是根于心的先验品,我固有之,非由外铄,即所谓"仁义礼智,非由外铄我也,我固有之也,弗思耳矣"。(《孟子·告子上》)

最后从社会生活上探究,人类在远古时代往往在生产、生活、交往的过程中必然会养成一些习惯、风俗,"礼"从这些习俗当中脱胎而出也就自然而然。杨宽就曾对此有过探究:"'礼'的起源很早,远在原始氏族公社中,人们已经惯于把重要行为加上特殊的礼仪。原始人常以具有象征意

---

① 郭沫若:《郭沫若全集·历史卷》第二卷,人民出版社1982年版,第96页。

义的物品，连同一系列的象征性动作，构成种种仪式，用来表达自己的感情和愿望。这些礼仪，不仅长期成为社会生活的传统习惯，而且常被用作维护社会秩序、巩固社会组织和加强部落之间联系的手段。进入阶级社会后，许多礼仪还被大家沿用着，其中部分礼仪往往被统治阶级所利用和改变，作为巩固统治阶级内部组织和统治人民的一种手段。我国西周以后贵族所推行的'周礼'，就是属于这样的性质。"①

事实上，远古时代，原始人群为了生存生活，首先必须解决吃、喝、住、穿的问题。"礼"来源于饮食男女可谓由来久矣！《礼记·礼运》对此就有详细论述："夫礼之初始诸饮食。其燔黍捭豚，汙尊而抔饮，蒉桴而土鼓，犹若可以致其敬于鬼神。及其死也，升屋而号告曰：'皋某复'，然后饭腥而苴孰，故天望而地藏也，体魄则降，知气在上。故死者北首，生者南乡，皆从其初。……故玄酒在室，醴、醆在户，粢醍在堂，澄酒在下。陈其牺牲，备其鼎俎，列其琴、瑟、管、磬、钟、鼓，修其祝嘏，以降上神与其先祖，以正君臣，以笃父子，以睦兄弟，以齐上下，夫妇有所，是谓承天之祜。"正因为此，由于"礼"产生于人类社会生活的各种需要，因此便有各种意义上的"礼"。如"工艺技术文明意义的礼，祭祀礼仪意义的礼，生活行为规范意义的礼，习俗庆典意义的礼。在此之外，还有制度意义的礼"。②毫无疑问，完全有必要从人类的社会生活"原始处"中去探求"礼"的这种现实根源。这也是人类学、民族学、社会学研究的一项非常重要的工作。不过，人们在研究"礼"的起源时，还可以结合思想发展的内在逻辑来揭示其文化思想的根源和历史演变。

如果沿着上述比较客观化描述再往前推，"礼"则与"巫君合一"的"巫史传统"有关。原始社会的大多数物质生产活动、政治军事活动、人际交往活动，都与"巫术礼仪"结下了不解之缘。李泽厚先生的最近研究颇值得引起注意。他认为，"巫术礼仪"的"主观目的是沟通天人，和合祖先，降福氏族；其客观效果则是凝聚氏族，保持秩序，巩固群体，维系生存"③。"巫的特质"是：1."巫术礼仪"主要是直接为群体的人间事物而活动的，具有非常具体的现实目的和物质利益，绝非仅为个体的精神需

---

① 杨宽：《古史新探》，中华书局1965年版，第234页。
② 陈来：《古代宗教与伦理——儒家思想的根源》，生活·读书·新知三联书店1996年版，第245页。
③ 李泽厚：《历史本体论·己卯五说》，生活·读书·新知三联书店1993年版，第163页。

要或灵魂慰安之类而作。2."巫术礼仪"是极为复杂的整套行为、容貌、姿态和语言，其中包括一系列繁细动作和高难技巧。3. 最值得重视的是，人（氏族群体）的"吉"、"福"，被想象是通过这种"巫术礼仪"的活动，作用、影响、强迫甚至控制、主宰了鬼神、天地而发生的。4. 在"巫术礼仪"中，情感因素极为重要①。中国古代的礼直接来源于这种"巫术礼仪"活动，这种活动本身具有"政教合一"、"情理交融"的特征，是上古社会的最重要的社会活动。因此，中国文化形成独特的"礼"文化有其自身的发展逻辑，对此，李泽厚先生的最近研究值得引起注意。他特别考察了"礼"与"巫术礼仪"的关系，认为中国古代的礼直接来源于这种"巫术礼仪"活动，这种活动本身具有"政教合一"、"情理交融"的特征，是上古社会的最重要的社会活动。因此，中国文化形成独特的"礼"文化有其自身的发展逻辑："西方由'巫'脱魅而走向科学（认知，由巫术中的技艺发展而来）与宗教（情感，由巫术中的情感转化而来）的分途。中国则由'巫'而'史'，而直接过渡到'礼'（人文）'仁'（人性）的理性化塑建。"②

礼之源的问题实可从多个层面来考究，但从唯物史观的角度来看，首先当从社会生活本身寻求答案，结合人的本性和精神的发展，并借助语言才能不断予以揭示，任何偏执一方，都不免属于一"蔽"，当注意"解之"。当然，仅仅知道"礼来源"还不足以对"礼"的理性自觉和正式确立获得清晰的观念，因此，进一步追问"礼之流"从而明确"礼之立"也就显得不可或缺。

二 索隐：礼之本

礼的本质内涵和内在精神，是好礼、学礼者首先需要明确的一个大问题。难怪孔子的弟子林放问"礼之本"时，孔子说："大哉问！礼，与其奢也，宁俭；丧，与其易也，宁戚。"（《论语·八佾》）礼之本，显然不同于具体的礼之仪、礼之制、礼之器。礼之本是礼之所以为礼的内在规定

---

① 参阅李泽厚《历史本体论·己卯五说》，生活·读书·新知三联书店1993年版，第163—165页。

② 李泽厚：《历史本体论·乙卯五说》，生活·读书·新知三联书店2003年版，第165页。

和精神实质。

总而言之,"礼有三本:天地者,生之本也;先祖者,类之本也;君师者,治之本也。无天地恶生?无先祖恶出?无君师恶治?三者偏亡焉,无安人。故礼上事天,下事地,尊先祖而隆君师,是礼之三本也"。(《荀子·礼论》)"礼"通天人、神人、人人,而又以人、人事为核心,涵盖了"礼"的微言大义和根本所在,即天人关系的规范化、人伦关系的规范化、政治关系的规范化,通常所说的"天地君亲师"五字大抵来源于此。形而上地寻思,礼之本则更突出表现在礼的人文性、秩序性、情感性和互主体性上。正因为此,"礼"才"经天纬地",成为沟通神人关系、天人关系、人人关系的内在灵魂。

1. 礼的人文性

这表现为对人这个目的本身的珍重,注重人的内在精神,而不仅是表面的明器、祭祀物品。如果"礼"本身没有体现对人的珍重,珍视人的生命,那么礼的合法性和合理性也就大打折扣,"礼"亦非"礼"了,即使有"礼"也不过是孟子所谓"大人弗为"的"非礼之礼"(《孟子·离娄下》)。而礼的内在精神就是仁,即爱人。正所谓,"礼云礼云,玉帛云乎哉?乐云乐云,钟鼓云乎哉?"(《论语·阳货》)"人而不仁,如礼何?人而不仁,如乐何?"(《论语·八佾》)《礼记·檀弓下》载:"丧礼,哀戚之至也。节哀,顺变也。君子念始生之者也。复,尽爱之道也,有祷祠之心焉。望反诸幽,求诸鬼神之道也,北面,求诸幽之义也。……丧有死之道焉,先王之所难言也。丧之朝也,顺死者之孝心也,其哀离其室也,故至于祖考之庙而后行。殷朝而殡于祖,周朝而遂葬。孔子谓'为明器者,知丧道矣,备物而不可用也。哀哉,死者而用生者之器也!不殆于用殉乎哉?其曰明器,神明之也。涂车、刍灵,自古有之,明器之道也'。孔子谓'为刍灵者善',谓'为俑者不仁,殆于用人乎哉'。"这几句话,如果从抽象的一般意义上讲,倒与康德所言"人是目的"有异曲同工之妙,其"重人轻神",重视内在真挚和虔诚的敬仰之情,重视人类世俗生活世界,可以说是人同此心、心同此理的生活智慧。

2. 礼的秩序性

中国人所讲的"礼"是按照一定的等级顺序,确定社会中人的不同地位、不同职业、不同义务、不同权利,从而使社会中的每一个人各司其职、各行其事、各安其位的一套秩序规范系统。它有利于确立政治秩序的合法性，也有利于确立社会秩序的合法性，还有利于确立心理秩序的合法性。这种秩序以分、别为前提，以等、差为特征，以顺、和为鹄的，"礼"的实质就是要实现一个既包含等级差异而又和谐有序的政治秩序和社会秩序。

"礼"实在是始于"分"而终于"和"，源于"情"而归于"理"。下列材料依次道来，说得直截了当。其一："楚王其不没乎！为礼卒于无别，无别不可谓礼，将何以没？"（《左传·僖公二十二年》）其二："国家之败，有事而无业，事则不经。有业而无礼，经则不序。有礼而无威，序则不共。有威而不昭，共则不明。不明弃共，百事不终，所由倾覆也。是故明王之制，使诸侯岁聘以志业，间朝以讲礼，再朝而会以示威，再会而盟以显昭明。志业于好，讲礼于等。示威于众，昭明于神。自古以来，未之或失也。存亡之道，恒由是兴。"（《左传·昭公十三年》）其三："礼者，贵贱有等，长幼有差，贫富轻重皆有称者也。"（《荀子·富国》）其四："亲亲、故故、庸庸、劳劳，仁之杀也。贵贵、尊尊、贤贤、老老、长长，义之伦也。行之得其节，礼之序也。仁，爱也，故亲。义，理也，故行。礼，节也，故成。"（《荀子·大略》）

3. 礼的情感性

礼虽然必须通过外在的礼仪、礼器和礼制而表现出来，并落实在人们的思想观念和行为实践中，但"礼"之所以是"礼"而不是"法"，关键就在于礼主要通过社会舆论发挥作用，通过主体内心深处的情感发挥作用，即通过诸如畏、敬、恭、诚、忠、爱、让、信等情感活动发挥作用。没有这种内在的情感产生效应，也就难以"有耻且格"，心悦诚服，所谓"齐之以礼"也就化为乌有了。

儒家学者对此多有明言。孔子说："道之以政，齐之以刑，民免而无耻。道之以德，齐之以礼，有耻且格。"（《论语·为政》）"信近于义，言可复也。恭近于礼，远耻辱也。因不失其亲，亦可宗也。"（《论语·学而》）"居上不宽，为礼不敬，临丧不哀，吾何以观之哉？"（《论语·八佾》）荀子也说："礼以顺人心为本，故亡于礼经而顺人心者，皆礼也。"（《荀子·大略》）《礼记·檀弓下》更是说得具体鲜活："礼有微情者，有以故兴物者。有直情而径行者，戎狄之道也。礼道则不然。人喜则斯陶，陶斯咏，咏斯犹，犹斯舞，舞斯愠，愠斯戚，戚斯叹，叹斯辟，辟斯踊矣。品节斯，斯之谓礼。"要之，礼的圭臬就在那情，那生于心、顺乎心的情，那真诚无妄、直在心中的敬、恭、爱、孝之情，舍此，"礼"便成没有灵魂的干枯的外壳，可谓"礼之本"丧矣！

4. 礼的互主体性

礼如果仅仅是单向的，则不可能长久地起到约束性，因此按照不同的礼制规定，相同或不同层次和地位的人之间，也须"礼尚往来"，彼此尽各自的义务。先哲对此也有自觉："定公问：'君使臣，臣事君，如之何？'孔子对曰：'君使臣以礼，臣事君以忠。'"（《论语·八佾》）《左传·昭公二十五年》也有论述："君令臣共，父慈子孝，兄爱弟敬，夫和妻柔，姑慈妇听，礼也。君令而不违，臣共而不贰，父慈而教，子孝而箴；兄爱而友，弟敬而顺；夫和而义，妻柔而正；姑慈而从，妇听而婉：礼之善物也。"《礼记·曲礼上》更是直接说明："太上贵德，其次务施报。礼尚往来：往而不来，非礼也；来而不往，亦非礼也。人有礼则安，无礼则危，故曰'礼者，不可不学也'。夫礼者，自卑而尊人。虽负贩者，必有尊也，而况富贵乎？富贵而知好礼，则不骄不淫；贫贱而知好礼，则志不慑。"

礼的这种"主体际性"，在一定程度体现了义务平等的人文主义因素，表明"礼"在调节社会关系、人际关系和血缘关系时具有相对性和权变性，对遏制片面强调单向服从和屈服，导致"以礼杀人"、"以理杀人"具有一定的作用。不过，当"礼"一旦被政治泛化之后，在现实的理论和实践方面却常常演成单向的义务，结果在事实上造成"礼教吃人"的可怕悲剧！在泛政治主义和泛道德主义盛行的古代中国，这一点或许更体现了"礼之本"。二重性的分析，对于中国的"礼"来说，似乎始终具有特别的价值。

三　明宗：礼之用

"礼"作为中华文化之所以为中华文化的标志性象征，自然具有弥散性功能，渗透到政治、道德、宗教等社会生活的各个方面。为了多维度审视礼的价值功能，下面总分结合，略举其要。

综合权衡，礼在各个领域，无论是道德、政治、教育、军事、宗教乃至日常生活中，都不可或缺，至关重要，具有政治功能、道德功能、宗教功能、社会功能、教育功能、心理功能。正所谓，"道德仁义，非礼不成；教训正俗，非礼不备；分争辨讼，非礼不决；君臣、上下、父子、兄弟，非礼不定；宦学事师，非礼不亲；班朝治军，莅官行法，非礼威严不行；祷祠祭祀，供给鬼神，非礼不诚不庄。是以君子恭敬、撙节、退让以明礼"（《礼记·曲礼上》）。化约而言，无论是做人、行事和治国，都非礼不成："宜于时通，利以处穷，礼信是也。凡用血气、志意、知虑，由礼则治通，不由礼则勃乱提僈；食饮、衣服、居处、动静，由礼则和节，不由礼则触陷生疾；容貌、态度、进退、趋行，由礼则雅，不由礼则夷固僻违，庸众而野。故人无礼则不生，事无礼则不成，国家无礼则不宁。"（《荀子·修身》）

具体而言，礼的作用首先表现在"为国以礼"（《论语·先进》），即所谓礼可以"经国家，定社稷，序民人，利后嗣"，"定亲疏，决嫌疑，别同异，明是非"，"通神明，立人伦，正情性，节万事"，"嫌明微，傧鬼神，考制度，别仁义"，从而实现政治稳定、维护社会秩序、调节人际关系、加深血缘亲情。典籍对此多有明确记载。如《左传·隐公十一年》："礼，经国家，定社稷，序民人，利后嗣者也。许无刑而伐之，服而舍之，度德而处之，量力而行之，相时而动，无累后人，可谓知礼矣。"又如《左传·僖公十一年》："礼，国之干也。敬，礼之舆也。不敬则礼不行，礼不行则上下昏，何以长世？"再如《礼记·曲礼上》："夫礼者，所以定亲疏，决嫌疑，别同异，明是非也。礼，不妄说人，不辞费。礼，不踰节，不侵侮，不好狎。修身，践言，谓之善行。行修，言道，礼之质也。礼闻取于人，不闻取人。礼闻来学，不闻往教。"还如《礼记·礼运》："是故礼者，君之大柄也，所以别嫌明微，傧鬼神，考制度，别仁义，所以治政安君也。"更如《汉书·礼乐志》："人函天地阴阳之气，有喜怒哀乐之情。天禀其性而不能节也，圣人能为之节而不能绝也，故象天地而制礼乐，所以通神明，立人伦，正情性，节万事者也。"

抽象而言，"礼"体现的是人之所以为人，圣人之所以为圣人，智者之所以为智者，贵族之所以为贵族，乃至国家之所以和平安定的本质规定性。有礼无礼、好礼弃礼、隆礼失礼、行礼违礼乃是人禽之别、圣凡之别、治乱之别的根本标志。见之于人禽之别，儒者曰："鹦鹉能言，不离飞鸟；猩猩能言，不离禽兽。今人而无礼，虽能言，不亦禽兽之心乎？夫唯禽兽无礼，故父子聚麀。是故圣人作，为礼以教人，使人以有礼，知自别于禽兽。"（《礼记·曲礼上》）见之于圣凡之别，儒者曰："君子所以异于人者，以其存心也。君子以仁存心，以礼存心。……舜，人也；我，亦人也。舜为法于天下，可传于后世，我由未免为乡人也，是则可忧也。忧之如何？如舜而已矣。若夫君子所患则亡矣。非仁无为也，非礼无行也。如有一朝之患，则君子不患矣。"（《孟子·离娄下》）又曰："凡所贵尧、禹、君子者，能化性，能起伪，伪起而生礼义。然则圣人之于礼义积伪也，亦犹陶埏而生之也。"（《荀子·性恶》）"虽王公士大夫之子孙，不能属于礼义，则归之庶人。虽庶人之子孙也，积文学，正身行，能属于礼义，则归之卿相士大夫。"（《荀子·王制》）见之于治乱之别，儒者曰："君子治治，非治乱也。曷谓邪？曰：礼义之谓治，非礼义之谓乱也。故君子者，治礼义者也，非治非礼义者也。"（《荀子·不苟》）

就方法言，礼的主要作用在于"正名"、"制中"、"中和"、"明分"。按照纲常名教、等级秩序、具体规定，使社会中的每一个人各安其位、各司其职、各行其事、各得其利。只有这样，整个社会才会井然有序，和谐融洽。下列材料讲得甚明。如孔子说"正名"、"制中"、"中和"："礼之用，和为贵。先王之道斯为美，小大由之。有所不行，知和而和，不以礼节之，亦不可行也。"（《论语·学而》）"名不正，则言不顺；言不顺，则事不成；事不成，则礼乐不兴；礼乐不兴，则刑罚不中；刑罚不中，则民无所措手足。故君子名之必可言也，言之必可行也。"（《论语·子路》）"礼乎礼，夫礼所以制中也。"（《礼记·仲尼燕居》）如荀子说"明分"："故先王案为之制礼义以分之，使有贵贱之等，长幼之差，知愚能不能之分，皆使人载其事而各得其宜，然后使悫禄多少厚薄之称，是夫群居和一之道也。"（《荀子·荣辱》）《礼记·坊记》说"别微"："夫礼者，所以章疑别微，以为民坊者也。故贵贱有等，衣服有别，朝廷有位，则民有所让。"

就修养言，礼是敦厚民性、控制欲望、节制情感、安身立命之本。依礼行事、"注错习俗"、"礼尚往来"、"有耻且格"，才能心性清净、安身安心、各得其所、各享其乐。儒家经典者语焉甚详，如《左传·成公十六年》："德以施惠，刑以正邪，详以事神，义以建利，礼以顺时，信以守物。民生厚而德正，用利而事节，时顺而物成。"又如《礼记·王制》："司徒修六礼以节民性，明七教以兴民德，齐八政以防淫，一道德以同俗，养耆老以致孝，恤孤独以逮不足，上贤以崇德，简不肖以绌恶。"再如《礼记·缁衣》："夫民教之以德，齐之以礼，则民有格心；教之以政，齐之以刑，则民有遁心。故君民者，子以爱之，则民亲之；信以结之，则民不倍；恭以涖之，则民有孙心。"还如《礼记·乐记》："是故先王之制礼乐也，非以极口腹耳目之欲也，将以教民平好恶，而反人道之正也。"

透视"礼之本"和"礼之用"，中国的礼文化俨然是一个无所不包、无所不在、无所不能的具有整体性结构和功能的独特文化形态和文化模式，其中既包含有温情脉脉的人文因素，也包含有等级森严的非理因素；既包含着对理想和谐的执着追求，也包含着服务当下政治的直接目的；既包含着合情合理的价值诉求，也包含着屈从现实境遇的保守本性。

四 立章：礼之制

"制礼"和"立礼"在古代是王者圣者之事。为了使"礼"成为王者实现政治统治、和谐社会秩序和进行道德教化的有效约束机制，"制礼"也需遵守一些基本的原则，"礼"也需要尽可能具有现实的社会基础、群众基础、心理基础。也就是说，在不触动统治者基本权利和权力的情况下，"制礼"也需要从整体上充分考虑礼的人文性、和谐性、秩序性、情感性和互主体性，等等。大体说来，以下几个方面常常受到重视：

一明"礼之本"和"礼之文"，"依本据文"而立。《礼记·礼器第十》中说得甚明："先王之立礼也，有本有文。忠信，礼之本也；义理，礼之文也。无本不立，无文不行。礼也者，合于天时，设于地财，顺于鬼神，合于人心，理万物者也。是故天时有生也，地理有宜也，人官有能也，物曲有利也。故天不生，地不养，君子不以为礼，鬼神弗飨也。居山以鱼鳖为礼，居泽以鹿豕为礼，君子谓之不知礼。故必举其定国之数，以为礼之大经，礼之大伦。以地广狭，礼之薄厚，与年之上下。是故年虽大杀，众不匡惧，则上之制礼也节矣。"（《礼记·礼器》）《礼记·檀弓上》指出："礼不忘其本。"因此，在"制礼"的过程中，必须以仁、爱、敬、忠、诚、孝为本。否则，礼就失去了它本身的价值，宁可"礼不足"而不可忘其本。子路的一段话发人深省，可见一斑："吾闻诸夫子：丧礼，与其哀不足而礼有余也，不若礼不足而哀有余也。祭礼，与其敬不足而礼有余也，不若礼不足而敬有余。"（同上）礼制、礼仪、礼器若不能反映礼的内在精神和人文底蕴，"合于天时，设于地财，顺于鬼神，合于人心"，也就无以为"礼之大经，礼之大伦"，自然也就无法在宗教、道德、政治、军事、教育和日常生活中发挥应有的作用。

二明"礼之经"与"礼之权","依经权变"而立。亦即根据礼的经义和精神,"以称为贵",使"礼器"、"礼仪"、"礼制"的制作符合礼重视和谐、人文、秩序、分别的经义,而又能根据实际的现实需要进行变化,体现出一定的灵活性。比如在礼器的制作上,根据不同的礼义,以多为贵或以少为贵、以大为贵或以小为贵、以高为贵或以下为贵、以文为贵或以素为贵。比如,"礼有以多为贵者:天子七庙,诸侯五,大夫三,士一。天子之豆二十有六,诸公十有六,诸侯十有二,上大夫八,下大夫六。诸侯七介、七牢,大夫五介、五牢"(《礼记·礼器》)。之所以如此,乃是因为"礼之以多为贵者,以其外心者也。德发扬,诩万物,大理物博,如此,则得不以多为贵乎?故君子乐其发也。礼之以少为贵者,以其内心者也。德产之致也精微。观天下之物无可以称其德者,如此,则得不以少为贵乎?是故君子慎其独也"(同上)。又如:"礼有以文为贵者。天子龙衮,诸侯黼,大夫黻,士玄衣纁裳。天子之冕,朱绿藻十有二旒,诸侯九,上大夫七,下大夫五,士三。此以文为贵也。有以素为贵者。至敬无文,父党无容,大圭不琢,大羹不和;大路素而越席,牺尊疏布鼏,单杓。此以素为贵也。"(同上)要而言之,"先生之制礼也,不可多也,不可寡也,唯其称也"(同上)。如果礼仪和礼器设置不当,倒不如没有。所以孔子说:"礼也者,犹体也。体不备,君子谓之不成人。设之不当,犹不备也。"(同上)依"经义"不同,则形式自当多变,以称其宜。诚如孔子所言:"故经礼三百,曲礼三千,其致一也。未有入室而不由户者。君子之于礼也,有所竭情尽慎,致其敬而诚若,有美而文而诚若。君子之于礼也,有直而行也,有曲而杀也,有经而等也,有顺而讨也,有手斩而播也,有推而进也,有放而文也,有放而不致也,有顺而摭也。"(同上)

三明"礼之因"与"礼之革","修古因时"而立。所因所革者既包括适应中国宗法社会和小农经济形态,有利于维护秩序稳定和人际和谐的礼义精神,也包括外在的礼仪形式、礼器设备和规范制度。比如孔子,对周礼就有很多损益之处,钟肇鹏先生就指出了以下几点:1. 周礼主"亲亲",孔子提出"爱人";2. 周礼举"亲故",孔子举"贤才";3. 周礼"礼不下庶人",孔子主张"礼下庶人";4. 周礼以刑政治民,孔子主张以德礼治民;5. 周礼教育施于贵族,孔子主张教育及于平民。[①] 但总的说

---

① 参见钟肇鹏《孔子研究》,中国社会科学出版社1983年版,第33—41页。

来，礼之大要以备，经孔子所做损益后，后世"因多革少"，"反本修古"一直成为主流。

四明"礼之源与礼之流"，"援情因实"而立。关于这一点，荀子言之甚详，司马迁几乎全盘接受。《史记·礼书》有两段话说得通透："礼由人起。人生有欲，欲而不得则不能无忿，忿而无度量则争，争则乱。先王恶其乱，故制礼义以养人之欲，给人之求，使欲不穷于物，物不屈于欲，二者相待而长，是礼之所起也。""礼因人心，非从天下。合诚饰貌，救弊兴雅。以制黎甿，以事宗社。情文可重，丰杀难假。仲尼坐树，孙通蕝野。圣人作教，罔不由者。"

归根到底，礼的制定是为了解决人生问题，它根源于人性，根源于人的社会现实，根源于人的物质需要和精神需要。因此，礼不仅需要分之以义，合情合理；而且需要满足社会的基本物质需要和精神需要，个体需要和社会需要。古代先哲对"礼"有过深度的哲学自觉，所以把"礼"这个文化基因通过历代而不断承继下来，形成了中国独特的"礼"文化。"以礼治国"自然就成了中国古代最重要的治理方略。

参考文献

一 古典文献

1. 《十三经注疏》整理委员会：《春秋公羊传注疏》，北京大学出版社1999年版。
2. 《十三经注疏》整理委员会：《春秋穀梁传注疏》，北京大学出版社1999年版。
3. 《十三经注疏》整理委员会：《春秋左传正义》，北京大学出版社1999年版。
4. 《十三经注疏》整理委员会：《孝经注疏》，北京大学出版社1999年版。
5. 孔广森：《春秋公羊通义》，上海书店1988年版。
6. 刘逢禄：《公羊何氏释例》，上海书店1988年版。
7. 黄奭：《春秋纬》，上海古籍出版社1993年版。
8. 陈立：《公羊义疏》，上海书店1988年版。
9. 庄存与：《春秋要指》，上海书店1988年版。
10. 上海师范大学古籍整理研究所校点：《国语》，上海古籍出版社1998年版。
11. 苏舆：《春秋繁露义证》，中华书局1992年版。
12. 陈立：《白虎通疏证》，中华书局1998年版。
13. 司马迁：《史记》，中华书局1959年版。
14. 班固：《汉书》，中华书局1962年版。
15. 范晔：《后汉书》，中华书局1965年版。
16. 刘宝楠：《论语正义》，中华书局1990年版。
17. 朱熹：《四书章句集注》，中华书局1983年版。
18. 陈奇猷：《韩非子集释》，上海人民出版社1974年版。
19. 王先谦：《荀子集解》，中华书局1988年版。

20. 汪荣宝：《法言义疏》，中华书局 1987 年版。
21. 黄晖：《论衡校释》，中华书局 1990 年版。
22. 王利器：《盐铁论校注》，中华书局 1992 年版。
23. 真德秀：《大学衍义》，山东友谊书社 1989 年版。
24. 丘濬：《大学衍义补》，京华出版社 1999 年版。
25. 杨天宇：《礼记译注》，上海古籍出版社 1997 年版。
26. 陆醇：《春秋集传纂例》，文渊阁四库全书（影印本）。
27. 赵汸：《春秋属辞》，文渊阁四库全书（影印本）。
28. 康有为：《春秋笔削大义微言考》，宏业书局 1987 年版。
29. 康有为：《春秋董氏学》，河北教育出版社 1996 年版。
30. 杨伯峻：《春秋左传注》，中华书局 1990 年版。
31. 浦起龙：《史通通释》，上海古籍出版社 1978 年版。
32. 黎靖德编：《朱子语类》（三），岳麓书社 1997 年版。

二 现代文献

1. 李宗侗：《春秋公羊传今注今译》，天津古籍出版社 1988 年版。
2. 王维堤、唐书文：《春秋公羊传译注》，上海古籍出版社 2004 年版。
3. 段熙仲：《春秋公羊学讲疏》，南京师范大学出版社 2002 年版。
4. 邓红：《董仲舒的春秋公羊学》，中国工人出版社 2001 年版。
5. 蒋庆：《公羊学引论》，辽宁教育出版社 1995 年版。
6. 陈其泰：《清代公羊学》，东方出版社 1997 年版。
7. 赵生群：《〈春秋〉经传研究》，上海古籍出版社 2000 年版。
8. 姚曼波：《〈春秋〉考论》，江苏古籍出版社 2002 年版。
9. 巩红玉、刘黎明：《〈春秋〉之谜》，四川教育出版社 2000 年版。
10. 梁启超：《梁启超全集》（第一册），北京出版社 1999 年版。
11. 顾颉刚：《春秋三传及国语之综合研究》，巴蜀书社，1988 年版。
12. 赵伯雄：《春秋学史》，山东教育出版社 2004 年版。
13. 沈玉成、刘宁：《春秋左传学史稿》，江苏古籍出版社 1992 年版。
14. 钱钟书：《钱钟书集》（卷一下），生活·读书·新知三联书店 2001 年版。
15. 马勇：《汉代春秋学研究》，四川人民出版社 1992 年版。
16. 陈苏镇：《汉代政治与〈春秋〉学》，中国广播电视出版社 2001 年版。

17. 皮锡瑞：《经学通论》，中华书局1954年版。
18. 皮锡瑞：《经学历史》，中华书局2004年版。
19. 钱基博：《经学通志》，上海书店1996年版。
20. 熊十力：《读经示要》，上海书店1996年版。
21. 钱穆：《两汉经学今古文平议》，商务印书馆2001年版。
22. 周予同：《周予同经学史论著选集》，上海人民出版社1983年版。
23. 蒙文通：《经史抉原》，巴蜀书社1995年版。
24. 马宗霍：《中国经学史》，商务印书馆1936年版。
25. 徐复观：《徐复观论经学史二种》，上海书店出版社2002年版。
26. 何耿镛：《经学概说》，湖北人民出版社1984年版。
27. 杨伯峻等：《经书浅谈》，中华书局2004年版。
28. ［日］本田成之：《中国经学史》，上海书店出版社2001年版。
29. 章权才：《两汉经学史》，广东人民出版社1990年版。
30. 严正：《五经哲学及其文化学的阐释》，齐鲁书社2001年版。
31. 朱维铮：《中国经学史十讲》，复旦大学出版社2002年版。
32. 孙筱：《两汉经学与社会》，中国社会科学出版社2002年版。
33. 吴雁南等编：《中国经学史》，福建人民出版社2001年版。
34. 干春松：《制度化儒家及其解体》，中国人民大学出版社2003年版。
35. 徐复观：《两汉思想史》，华东师范大学出版社2001年版。
36. 金春峰：《汉代思想史》，中国社会科学出版社1997年版。
37. 汤志钧：《近代经学与政治》，中华书局2000年版。
38. 刘师培：《刘师培经典文存》，上海大学出版社2004年版。
39. 王国维：《观堂集林》，河北教育出版社2001年版。
40. 蒋伯潜：《十三经概论》，上海古籍出版社1983年版。
41. 钱穆：《中国史学名著》，生活·读书·新知三联书店2000年版。
42. 钱穆：《秦汉史》，生活·读书·新知三联书店2004年版。
43. 徐复观：《中国人性史论》（先秦卷），上海三联书店2001年版。
44. 刘小枫：《儒家革命精神源流考》，上海三联书店2000年版。
45. 蔡方鹿：《中华道统思想发展史》，四川人民出版社2003年版。
46. 韩德民：《荀子与儒家的社会理想》，齐鲁书社2001年版。
47. 黄俊杰：《中国孟学诠释史论》，社会科学文献出版社2004年版。
48. 于振波：《秦汉法律与社会》，湖南人民出版社2000年版。

49. 李泽厚：《中国思想史论》（上），安徽文艺出版社1999年版。
50. 杨荣国：《中国古代思想史》，人民出版社1954年版。
51. 侯外庐等：《中国思想通史》（卷二），人民出版社1957年版。
52. 钱穆：《中国历代政治得失》，生活·读书·新知三联书店2001年版。
53. 萧公权：《中国政治思想史》，辽宁教育出版社1998年版。
54. 刘泽华：《中国政治思想史》（卷二），浙江人民出版社1996年版。
55. 刘泽华：《中国的王权主义：传统社会与思想特点考察》，上海人民出版社2000年版。
56. 任继愈：《中国哲学发展史》（秦汉卷），人民出版社1995年版。
57. 郭沫若：《十批判书》，人民出版社1982年版。
58. 谢松龄：《天人象——阴阳五行学说史导论》，山东文艺出版社1989年版。
59. 刘长林：《中国系统思维：文化基因的透视》，中国社会科学出版社1990年版。
60. 蒋庆：《政治儒学：当代儒学的转向、特质与发展》，生活·读书·新知三联书店2003年版。
61. 邹昌林：《中国礼文化》，社会科学文献出版社2000年版。
62. 周光庆：《中国古典解释学导论》，中华书局2002年版。
63. 康有为：《与沈刑部子培书》，蒋贵麟编《万木草堂遗稿》（卷四），成文出版社1978年版。
64. 康有为：《长兴学记 桂学答问 万木草堂口说》（合刊本），中华书局1988年版。
65. 康有为：《康子内外篇》，中华书局1988年版。
66. 康有为：《新学伪经考》，古籍出版社1955年版。
67. 康有为：《康有为全集》（二），上海古籍出版社1990年版。
68. 康有为：《孔子改制考》，上海古籍出版社1992年版。
69. 陈克明：《群经要义》，东方出版社1996年版。
70. 顾颉刚：《汉代学术史略》，上海书店1996年版。
71. 毛泽东：《毛泽东选集》（第四卷），人民出版社1991年版。
72. 钱玄同：《钱玄同文集》（第四卷），中国人民大学出版社1999年版。
73. 刘师培：《刘师培学术论著》，浙江人民出版社1998年版。
74. 童书业：《春秋史》，上海古籍出版社2003年版。

75. 刘梦溪主编：《廖平蒙文通卷》（中国现代学术经典），河北教育出版社 1996 年版。
76. 张涛：《经学与汉代社会》，河北人民出版社 2001 年版。
77. 汤志钧等：《西汉经学与政治》，上海古籍出版社 1994 年版。
78. 王葆玹：《今古文经学新论》，中国社会科学出版社 1997 年版。
79. 李耀仙编：《廖平选集》，巴蜀书社 1998 年版。
80. 陆侃如、牟世金：《文心雕龙译注》，齐鲁书社 1995 年版。
81. 任剑涛：《政治哲学讲演录》，广西师范大学出版社 2008 年版。
82. ［美］列奥·施特劳斯、约瑟夫·克罗波西主编：《政治哲学史》（上册），河北人民出版社 1993 年版。
83. 范文澜：《范文澜全集》（卷一），河北教育出版社 2002 年版。
84. 詹姆·古尔德等主编：《现代政治思想》，商务印书馆 1985 年版。
85. 章太炎：《国故论衡》，上海古籍出版社 2003 年版。
86. 李强：《自由主义》，中国社会科学出版社 1998 年版。
87. 萧公权：《宪政与民主》，清华大学出版社 2006 年版。
88. 牟宗三：《政道与治道》，广西师范大学出版社 2006 年版。
89. 罗荣渠：《从西化到现代化》，北京大学出版社 1990 年版。
90. 亚里士多德：《政治学》，商务印书馆 1981 年版。
91. 韦政通：《中国思想传统的创造转化：韦政通自选集》，云南人民出版社 2002 年版。
92. 余英时：《现代儒学的回顾与展望》，生活·读书·新知三联书店 2004 年版。
93. 杨适：《中西人论的冲突：文化比较的一种新探求》，中国人民大学出版社 1991 年版。
94. 徐复观：《学术与政治之间》，华东师范大学出版社 2009 年版。
95. 傅伟勋：《"文化中国"与中国文化》，东大图书股份有限公司 1988 年版。
96. 傅隶朴：《春秋三传比义》，中国友谊出版公司 1984 年版。